海南省高等学校教育教学改革研究资助项目"面向基础美育的海南高校音乐教育学科改革研究"成果（项目编号 Hnjg2024ZC-21）

中小学音乐美育新思维
面向基础教育的音乐教育学科改革研究

董婷婷　张燚　易爽　刘诗雨　彭屿嘉　著

中国纺织出版社有限公司

图书在版编目（CIP）数据

中小学音乐美育新思维：面向基础教育的音乐教育学科改革研究 / 董婷婷等著． -- 北京：中国纺织出版社有限公司，2025.5． -- ISBN 978-7-5229-2636-0

Ⅰ．G633.951.2

中国国家版本馆CIP数据核字第2025DY3152号

责任编辑：房丽娜　　责任校对：王蕙莹　　责任印制：王艳丽

中国纺织出版社有限公司出版发行
地址：北京市朝阳区百子湾东里A407号楼　邮政编码：100124
销售电话：010—67004422　传真：010—87155801
http://www.c-textilep.com
中国纺织出版社天猫旗舰店
官方微博 http://weibo.com/2119887771
河北延风印务有限公司印刷　各地新华书店经销
2025年5月第1版第1次印刷
开本：710×1000　1/16　印张：15.5
字数：170千字　定价：88.00元

凡购本书，如有缺页、倒页、脱页，由本社图书营销中心调换

前言

AI 技术的发展令人"惶恐"。在音乐方面，AI 作曲已经能够轻松达到职业作曲家的水准，AI 演奏已经能够轻松达到职业器乐家的水准。在这样的背景下，我们不禁要问：职业音乐从业者在未来还会有市场吗？音乐培训机构还能如昨日般炙手可热吗？音乐美育，这门古老而充满人文情怀的学科，还能在当前以及未来的中小学教育中找到自己的位置吗？

答案是肯定的。

中小学生是一个拥有最细腻的感受力、最强大的想象力、乐观且极具韧性的群体。他们注重情感的丰沛和人生的自洽，对追寻生命的目标和意义有着强烈的愿望。因此，美育对其的重要性不言而喻。同时，素质教育重视科技人才培养，美育教育也同样被重视。音乐作为美育的一部分，其隐性价值正在凸显。音乐不仅是作为知识技能方式的存在，在发展感性、温润心灵、健全人格、激发创造、培养想象力和同理心等方面，更彰显出其强大的价值。我们预测，音乐美育在 AI 时代将焕发出更为绚烂和绵延的光彩。不过有一个前提：我们必须以全新的思维来定义和实践音乐美育。

作为基础教育，中小学音乐课堂属于非职业音乐教育。音乐美育不仅要教会学生欣赏和创作音乐，而且要为他们提供感知世界、表达情感和激发想象的渠道，提供发展创意、充盈灵魂的支撑，让他们在理性的科技世界中，感受美、热爱美，保持人性的温度和尊严，继续做"有血有肉有灵魂"的人。因此，中小学音乐教育作为美育的重要组成部分，其学科建设面临着新的机遇和挑战。音乐教师需要迅速转换观念，探索路径，为中小学生音乐美育重新赋能。我们需要打破传统的教学模式，采用更加灵活和契合时代的教学方法，使音乐美育真正成为孩子们成长环境中的重要部分。我们需要为孩子们提供更多的机会和方式去接触音乐、体验音乐、创造音乐。在这个过程中，教师的角色也发生了变化，我们不再只是知识的传授者，而是孩子们探索人生的引导者和伙伴。我们需要不断学习和更新自己的知识能力，掌握最具适宜性的教育技术和方法，以便更好地支持孩子们通过音乐课堂来探索人生和促进自身成长。

  本书基于音乐基础美育的实践，从高校音乐教育学科的发展实际出发，强调面向基础教育，通过五育融合与课程优化，实现并提升基础音乐美育的价值。本书以基础美育为导向，探讨音乐美育的学理依据及其在高校音乐教育中的落实路径，认为音乐教育应从时代需要出发，注重感性体验、人格培养和创造能力开发，促进学生全面发展。在积极心理学视野下，本书进一步探索基础音乐美育的新路径，通过积极心理学的观念与方法，促进少儿身心健康与人格成长，并设计相应的音乐教学方式方法。本书对音乐教师的专业角色与职责进行了重新审视，呼吁教师不仅应具备专业技能，还应承担美育使命，积极推动音乐教育的行业变革与路径创新。

  本书还聚焦体态律动和多维互动在音乐教学中的应用，强调体态律动对中小学生音乐感知与创造力的促进作用，并通过运动觉、内心听觉与即兴创作的练习，探索体态律动的实践路径。在多维互动教学方面，本书调查其在音乐鉴赏课中的应用现状，并提出了具体的实践策略，以增强课堂互动性，提升学生的审美能力与批判思维。同时，本书探讨了音乐游戏在激发学生创造性思维方面的独特价值，提出了音乐游戏的设计与实施策略，强调通过游戏化的教学方式，培养学生的创新意识与实践能力。

如今人工智能迅捷发展，时代对美育提出了更多和更高的要求。高校音乐教育学科必须脚踏实地而目光长远，在支持少儿全面发展的宏伟事业中真正实现自我价值。AI可以代替人类做很多事情，但不能代替我们去生气勃勃地过完我们的一生。我们的力量很微小，但我们的努力可以很可贵。无论是哲学思考、终极信仰，还是个人追求、星辰宇宙，人类对意义的发掘和拓展独一无二。这本书，即是我们对自身意义发掘和拓展的一种努力。

伟大的作曲家贝多芬曾说："音乐是比一切智慧、一切哲学更高的启示。"愿每一个孩子都能在音乐中找到属于自己的那份启示，愿音乐美育的光芒照亮他们和我们的未来！

著者

2025年2月

目录

绪 论 1

第一章 高校音乐教育学科存在的问题 7
第一节 问题的主要表现 7
第二节 问题的解决策略 16

第二章 面向基础美育促进音乐教育学科综合革新 24
第一节 音乐美育的依据 25
第二节 高校音乐教育学科的美育落实 31

第三章 基础音乐美育的积极心理学探索 40
第一节 积极心理学促进少儿成长 41
第二节 积极心理学的音乐教学方式方法 46

第四章 音乐教育学科的专业反思 55
第一节 重新认识音乐教师的"专业" 56
第二节 重新认识音乐教师的专业职责 69
第三节 积极促进音乐教育的行业变革 81

第五章　体态律动在基础音乐美育中的应用 …………………… 92
第一节　中学音乐课堂需要体态律动 …………………… 92
第二节　运动觉、内心听觉与即兴创作的练习 …………………… 96
第三节　体态律动的音乐教学实践反思 …………………… 111

第六章　多维互动教学在基础音乐鉴赏课中的实践 …………………… 118
第一节　多维互动教学概述 …………………… 119
第二节　多维互动教学的应用现状 …………………… 130
第三节　多维互动教学的实践探索 …………………… 153

第七章　以音乐游戏激发学生的创造性思维 …………………… 184
第一节　音乐游戏激发创造性思维的策略 …………………… 185
第二节　音乐游戏激发创造性思维的实施 …………………… 203

后　记 …………………… 237

绪 论

一、研究背景

中国高等音乐教育主要由独立建制的音乐学院和综合高校中的音乐院系来实施开展。无论是何种形式的音乐院系，音乐教育学科都是其中最为重要的部分[1]。即便是音乐表演专业的学生，其就业也多在音乐教育行业，面对的主要是中小学生。然而，主要以培养基础教育音乐教师的高校音乐教育学科却被广泛诟病与基础教育脱节严重，"远远滞后于基础音乐课程改革"[2]。这是因为高校音乐教育学科简单复制了音乐表演学科的理念及模式，缺少教育性，更缺少与基础教育的衔接。基础教育改革的核心是素质教育，目标是学生核心素养的发展，由此美育及作为美育重要组成的音乐教育的地位明显上升。但是问题依旧："大学教育不改革，从音乐院系毕业的老师能够胜任中小学音乐教育工作吗？"在中国，音乐院系是音乐教育的枢纽，向上影响中国音乐教育的政策和活动实施，向下输送基层音乐教师，向周边高校和研究机构提供音乐教育和音乐研究工作者。21世纪以来，不能说音乐院系没有触动和改变，但与实现改变应该带来的触动和改变相比，这触动和改变还是太轻薄。总之，面向基础教育的我国高校

---

[1] 独立建制音乐学院中的音乐教育系（或称"音乐教育学院"）在中国又被戏称为"小音乐学院"，指其专业设置之多、人数之众。
[2] 陈培刚. 我国高师音乐课程改革的问题、挑战与应战——从基础音乐教育的视觉谈起[J]. 中国音乐教育，2019(12): 25.

音乐教育学科改革并不是"恰逢其时",而是"为时已晚""亟待补救"。

二、概念界定

(一) 音乐教育学科

广义上,一切通过音乐来影响人的身心发展的社会实践活动皆是"音乐教育"。狭义上,由专门组织的学校通过音乐开展的社会实践活动方被称为"音乐教育"。在我国的音乐院系中,音乐教育主要分为两种类型:①专业音乐人才的培养(包括作曲家、音乐表演家、音乐学家);②音乐教师人才的培养。在中国音乐院系中,专门音乐人才的培养属于音乐表演学科和音乐学学科,音乐教师人才的培养属于音乐教育学科。本文"音乐教育学科"主要指这样一种知识体系:以音乐教育问题、音乐教育现象为研究对象,以归纳总结和推进音乐教育理论与实践、探索解决音乐教育活动过程中遇到的实际教育问题的实践性学科。

(二) 基础教育

广义"教育"是指一切影响人的身心发展的社会实践活动,狭义"教育"则指专门组织的学校教育。本文标题中"基础教育"的"教育"是指后者的学校教育。

学校教育一般可分为学前教育、基础教育、高等教育、研究生教育以及职业教育、继续教育等。其中,基础教育是指中小学阶段的非职业教育,是高校教师教育的主要出口。我国高校音乐教育学科(即音乐教师教育学科)应是牢牢抓住"面向基础教育"这个核心的灵活的教育。

本文面向的"基础教育"主要是基础教育领域的音乐方面。之所以选用"面向基础教育"而不是"面向基础音乐教育",主要基于以下三点考虑:第一是语法,标题中前后两次出现"音乐"显得累赘,从后面的"音乐教育学科"即可知"面向"的服务内容主要是音乐方面；第二是现实情况，基础教育尤其是小学阶段提倡学科综合（中学阶段也反对过度分科），在标题中刻意强调"基础音乐教育"不符合现实情况；第三是呼吁，呼吁高校音乐教育学科具有更宏观的视野，在整体的"基础教育"视野下思考音乐所能发挥的教育作用、所能实现的教育价值。

基础音乐教育是"普通音乐教育"，即音乐美育或素质教育范畴下的音乐教育，而不是职业音乐教育或专业音乐教育。其主要是在学校中发生的（当然也鼓励与社会音乐教育、家庭音乐教育的融合），通过音乐来影响学生的思想情感活动、人格品质提升、知识技能增进的一切教育。简而言之，基础音乐美育是指"用音乐培养人才"，而非"培养音乐人才"。所以，此处的"基础音乐教育"的涵义可概括为：在中小学校通过音乐开展的普通教育，即美育的音乐教育，而不是专业的音乐教育。

（三）美育

"美育"的通常定义以《简明教育辞典》为代表："培养学生认识美、爱好美和创造美的能力的教育，又称美感教育或审美教育。"❶然而，包括以上定义在内的任何美育定义都不能一劳永逸地解决美育的概念问题。比如，中共中央办公厅、国务院办公厅颁发的《关于全面加强和改进新时代学校美育工作的意见》开篇即指出："美育是审美教育、情操教育、心灵教育，也是丰富想象力和培养创新意识的教育，能提升审美素养、陶冶情操、温润心灵、激发创新创造活力。"❷这个概念在《简明教育辞典》"美育"的基础上扩展了美育的属性和作用，是"丰富想象力和培养创新意识的教育"，能"激发创新创造活力"。之所以重

---

❶ 周德昌. 简明教育辞典 [Z]. 广州：广东高等教育出版社，1992：42.
❷ 中共中央办公厅，国务院办公厅，关于全面加强和改进新时代学校美育工作的意见 [Z].2020-10-15.

新界定美育，是因为不同时代、不同现实必然对同一名称的事物（能指）有着不同的具体诉求（所指）。

三、研究现状

我国高校音乐教育学科与基础音乐教育存在严重割裂，音乐教育研究也并没有真正得到重视，缺少高质量的面向基础教育的中国高校音乐教育学科转型之研究。与之相关的著作仅有李晶的《高等音乐教育人才培养模式研究》（2016），并且其与基础教育的关联度也不大。学位论文主要有张惠萍的《高校音乐教师教育课程研究——基于中小学音乐教材分析》（西安音乐学院2017年硕士学位论文），从中小学音乐教材的角度探讨了中国高校音乐教师教育课程的设置与施行问题。期刊论文主要有以下文章：王德芳的《〈音乐课程标准〉冲击下的高校音乐教育改革》[《西华大学学报（哲学社会科学版）》2005年第6期]、聂国红的《构建适应新课程改革的高师音乐教育课程体系》[《邵阳学院学报（社会科学版）》2008年S1期]、罗俊毅的《新课程背景下地方高校音乐学专业课程改革初探》（《丽水学院学报》2009年第3期）、赵英的《基于新〈音乐课程标准〉的高师音乐教育专业教学改革》（《四川文理学院学报》2009年第6期）、曹昆的《从〈音乐课程标准〉的解读中省思高师音乐教学改革》（《艺术教育》2014年第6期）等，皆是从中国教育部制定的《义务教育音乐课程标准》入手探讨了高校音乐教育的整体变革、高师院校音乐教育课程体系改革、地方高校音乐学专业课程改革等问题；周涵的《高校现代音乐教育改革与实践策略》（《中国高等教育》2019年第18期）从美育的角度探讨了高校音乐教育思想与艺术相融合、内容与实践相对接、素质教育与审美教育相结合的原则；韩忠岭的《核心素养教改背景下高校音乐教育课程群问题与改革对策》（《中国音乐教育》2020年第1期），从中国教育部主导的《中国学生发展核心素养》入手来探讨高校音乐教育课程群所存在的问题及其解决;《河南中小学生音乐教育现状的调查与分析》(《北方音乐》2018年第24期)则调研了河南省中小学音乐教育的情况,能反映出高校音乐教育学科与基础教育的衔接情况。

总体来说,真正基于中小学音乐教育实践的高校音乐教育学科研究工作做得还很不够。当前的研究或者系统性不足,或者针对性较弱,与高校音乐教育人才培养的重要性相比,我们的研究力度亟待加强。

四、研究思路与方法

(一)研究思路

高校音乐教育学科建设的主体在我国由音乐院系承担,大多数音乐院系囿于自身定位偏差,往往更重视音乐表演人才培养,轻视音乐教育人才培养,缺少教育学领域的学科师资与文化的积累。这种历史惯性的结果便是我国高校音乐院系缺少面向基础音乐教育的学科传统,音乐教育学科发展滞后,呈现低水平重复的特点,需要系统性补课。为此,需要力促我国高校音乐教育学科面向基础教育的转型,重新审视其发展的方向和重心。

据此,本文以问题为导向,通过调查阐释我国高校音乐教育学科面临的新形势,提出需要解决的新任务,探索高校音乐教育的人才培养目标的新内涵,并在此基础上结合实际需要探讨中小学音乐教学中的实际操作等。

(二)研究方法

本文以音乐教育学的研究方法和研究成果为基础,注重实证性研究和定性研究相结合,在大量实地调查资料的基础上进行分析研究,以求得研究成果的科学性、可靠性。具体研究方法有:

(1)文献研究法。搜集、鉴别、整理高校音乐教育学科文献,并通过对文献的研究形成对事实的科学认识。①选题阶段,大范围搜集高校音乐教育学科学术文献，从中发现高度相关的资料和观点。②确定选题后，查找与基础教育相关的音乐教育研究文献，了解别人在此领域的研究成果，确定自己的切入角度和研究方法。③写作中查找能够证明、解决文章写作中涉及问题的关键文献，完成研究工作。

（2）实地调查法。针对我国高校音乐教育实践，在海南省几所代表性高校和中小学进行实地考察，并搜集大量资料予以统计分析。这里的实地调查主要分为现场观察法和访谈法。①现场观察法，在调查现场直接记录正在发生的音乐教育实践状况，过程中不仅观察音乐行为，还观察音乐行为依赖的自然环境与人文环境，基本程序包括：确定观察对象和内容——制订观察计划——实施观察——做好观察记录——分析并得出结论。②访谈法，设计好访谈提纲，对音乐教育实践中的师生进行询问，采取有目的性、个别化的研究性访谈，还包括电话访谈、电子邮件访谈等形式。

（3）音乐分析法。分析我国高校音乐教育和中小学音乐教学中所使用的音乐作品，包括曲式分析、和声分析、旋律分析、节奏分析、配器分析、作曲分析等，以此作为音乐教材、教学内容、教学方法等改革的基本依据。

第一章 高校音乐教育学科存在的问题

我国高校音乐教育学科存在的问题很多，但是究其大者，当是与教育脱节，尤其是与基础教育及基础音乐教育脱节。我国高校音乐教育学科的发展则应彰显教育适宜性，结合基础音乐教育，为中小学生的核心素养发展做好服务工作。

第一节 问题的主要表现

在中国教育部2012年和2020年颁发的两版《普通高等学校本科专业目录》中，都明确指出：音乐教育是"教育学"（序号04）门类中的一级学科"教育学类"（序号0401）的下属学科。也就是说，音乐教育学科的上位学科是"教育学"，并不是"音乐学"。我们还可以参考体育学科，体育学科也是"教育学"门类下的下属学科。

这一分类符合国际惯例。但我国高校的音乐教育学科历来是在音乐院系开展工作，与世界高校音乐教育学科主要在教师教育学院大为不同。这种特殊体制带来我国音乐教育学科建设的巨大问题，鲜明地表现为三个层面：与教育脱节；与基础教育脱节；与基础音乐教育脱节。

针对我国音乐教育学科建设存在的问题，本研究借海南省音乐学科"双五百"人才工程项目（培养500名以上高层次人才和500名以上实用型技能人才)的便利,向海南省中小学音乐教师发放100份调查问卷,回收有效问卷93份。为计算方便,遂继续发放并回收有效问卷7份,使最终达到100份。这一问卷调查虽然样本数量较小,却也能在一定程度上反映中小学音乐教育存在的现实问题。其中,"你在大学所接受的音乐教育学科训练存在哪些明显不足"一项的数据如表1-1所示(每人可填写3条)。

表1-1 音乐教育学科存在的不足

不足	占比
与基础音乐教育结合不紧密	57%
缺少教学实践	55%
缺少音乐教学法	44%
专业单一	38%
缺少音乐剪辑、制作能力学习	28%
钢琴学习偏专业,不实用	27%
没有行业导师(中小学教师)	19%
缺少板书、教师语言学习	12%
其他	19%

从上表可以看出,排名前四项的"不足"都与脱离基础音乐教育相关。第五项看似与基础音乐教育无关,但结合访谈,发现其所指也主要是基础音乐教育实践中所需要的简单的音乐剪辑与制作。其他方面,亦是高校音乐教育学科脱离基础教育实际情况的体现。以下基于本人的教学实践和实地调查,对以上现象进行分析和总结。

一、与教育脱节

在我国高校音乐教育学科建设的现实中,其由音乐院系负责,而音乐院系无一例外在《普通高等学校本科专业目录》中都属于"艺术学"(序号13)门类中的一级学科"音乐与舞蹈学类"(序号1302)。也就是说,在我国高校中,音乐教育学科事实上成为"艺术学"门类中的一级学科"音乐与舞蹈学类"的下属学科,具有与教育脱节的先天不足。

事实上,我国音乐院系具有重视音乐表演人才培养、轻视音乐教育人才培养的历史惯性,也一直缺少教师教育学科的师资与文化之积累。如此一来,我国高校音乐教育学科建设与教育脱节由"倾向"彻底变为"现实"。音乐教育学科与教育脱节在中国很难通过教育学科(主要由教师教育学院负责)增强音乐教育能力的途径去弥合,而主要靠音乐与舞蹈学科(由音乐院系负责)增强教育能力的途径来改正。然而更为严重的问题是,音乐院系对此已经习以为常,并没有认识到这是什么问题,即便认为是问题也"不是什么大问题"。实际上早在2002年,中国教育部基础教育司主持编写的《全日制义务教育音乐课程标准(实验稿)解读》就已经指出中国高校音乐教育学科普遍存在"违背普通音乐教育的规律,导致音乐教育的专业化"❶的严峻问题。但学习《全日制义务教育音乐课程标准(实验稿)解读》的主要是中小学音乐教师,这个问题在二十多年后依然未被我国音乐院系的老师们充分认识。2021年7月,在天津举办的"国民音乐教育大会暨国际音乐生活展"上,年届八旬的著名音乐教育家李妲娜发出呼吁:"我认为从音教理论学者来讲,我国音教大环境是最好的时候,目前我认为教改的关键是师资培养的高校、高师课程改革问题。现在的毕业生不接地气,上岗不会教(尤其是硕士博士毕业生)!怎能期望大中小幼教改有新局面?"

我国高校音乐院系的音乐教育学科直接复制了音乐表演学科的课程设置。很多"音乐教育专业"只是在音乐表演课程的基础上加了几门"教育类"课程

---

❶ 教育部基础教育司. 全日制义务教育音乐课程标准解读[M]. 北京:北京师范大学出版社,2002:5.

（6学分），比如"教育学基础""教育心理学"等。这些课程皆为32学时的大班课，班级人数达到几十人甚至上百人，教学效果只能说是聊胜于无。其教学方式多为口头上讲解教材，侧重于概念和历史，疏于应用；教师则可能是来自教育学院，对音乐教育并不精通，只是一种"完成上级交付的任务"行为，学生普遍反映"不知道有什么用""不知道怎么用"。以新乡学院音乐学院为例，其音乐教育学科的主干课程包括："声乐基础""钢琴基础""基础乐理""视唱练耳""初级和声学""艺术概论""中国音乐简史""西方音乐简史""键盘和声与即兴伴奏""合唱指挥""歌曲分析与写作"等，与中小学音乐教育有关的只有一门名为"音乐教学法与实践"的选修课。其他教育类必修课包括"中小学职业能力训练""教育学基础""心理学基础""现代教育基础"，皆由没有音乐教育经验的大教育学的老师任教。

我们曾在2020年调研独立建制的声名卓著的武汉音乐学院，其音乐教育学院有66名音乐教师，其中音乐技巧小课型老师占了绝大多数，但视唱练耳、音乐史论以及音乐教师教育课程的大课老师不足10名，音乐教育学院院长感叹："这让我们怎么开展教师教育？"我们还在其他师范类大学听到音乐技巧教师这样的言论："我们完成我们各自的课程，学生不是有教育类的课程吗？他们自己去组装就行了。"高校教师自己都不去"组装"、都无力"组装"，却要推给学生去"组装"，这带给学生的负面示范作用极为严重。更为严重的是，这足以说明我们对音乐教师教育认识普遍存在偏差，音乐教育学科的主流依然行驶在音乐表演教学的航道上，可谓是低质版的"音乐表演学科"。

我们还听到音乐教育专业学生的反映："在中小学实习一个月学到的东西比在大学四年学到的东西都多。"细问下去，这里的"学得多"的东西并不是音乐知识和技能，而是现实学情和"如何教"。这同样反映了高校音乐教育学科与教育的严重脱节。

目前，我国高校音乐院系中的音乐教育学科执业教师几乎皆是音乐院系毕业，多未曾接受过教育学或音乐教师教育的系统训练，音乐院系中的教师本身即与师范教育脱节。此外，老师们普遍喜欢闭门在小琴房里进行一对一的"专业授课"，不愿意在大教室进行一对多的"理论授课"（排大课成为各个音乐院系的难题），更不愿意做的是带学生进行课堂外的音乐教学实践活动，比如到中小学进行音乐教学实习等。

二、与基础教育脱节

在音乐院系，包括音乐教育学科在内，教师普遍不了解基础教育的基本现实，也并不关心大学生未来的需要。音乐院系都有资料室，资料室排着各类乐谱和各种"高深的学术著作"，却可能没有与音乐教育学科关系最为密切的中小学音乐教材。即便是有，其是否得到充分利用？一般来说也是否定的。我们随机调研过6所音乐院系的资料室，当时有2所资料室未开门，3所资料室没有读者，仅有1所资料室有1名教师（音乐学博士）在看书。当音乐教育学科复制音乐表演学科的教学模式，也就没有动力去了解基础教育。

基础教育的学生处在特殊的身心发展阶段，高校任何教师教育学科都应认识到中小学教育的普遍性和特殊性。当前基础教育处在激烈的变革之中，整体而言更为弱化学科、突出学生的终身发展，具有以下三个特点：第一是综合性。小学阶段以综合课程为主，初中阶段设置分科与综合相结合的课程，从小学至高中都设置有综合实践活动作为必修课程。第二是选择性。各地区、各学校根据实际情况来选择合适的课程和教学形式，让每一所学校具有自己的特色。第三是均衡性。学生的发展不是孤立、片面的，而是以核心素养为基础相互促进、协同发展的。

基础教育改革本身也充满了各种问题，甚至存在"停止实施新课程的呼吁甚至动议"❶，亟待包括高校教师在内的各种力量的积极介入。邢红军在《教育科学研究》连续发表三篇"中国基础教育课程改革"的研究，认为其陷入"方向迷失的危险之旅"：中国基础教育课程改革的指导理论、教学方式、教学内容、训练形式及研究行为偏离了基础教育的正确方向，均存在需要认真反思的问题❷；在课程改革的教学走向、国情反思、理论基础、课程目标、能力培养和教学评价等方面，我国基础教育课程改革均存在严重问题❸；在基础教育课程改革的国内比较、因材施教、思维训练、教材编写、讲授教学、教师教育等方面，我国基础教育课程改革已经成为一个方向迷失的危险之旅❹……不认识基础教育课程改革，就很难认清基础教育音乐课程改革的来龙去脉；高校音乐教育学科疏离了基础教育课程改革的实践与可能性探索，也就很难想象能够实现基础教育音乐课程改革和音乐基础教育改革；不了解基础教育改革的内在动因和逻辑并灵活结合当下实际，那么即便高校音乐教育学科了解中小学音乐课堂也很难取得优异的教育效果。

基础教育课程改革的根本问题是应试教育，但症结在于高校教师教育。早在2019年，中国高等教育毛入学率即超过50%，正式迈入高等教育普及化阶段；同时，随着考试改革的逐步推进，应试教育压力已经在逐渐缓解。然而整体来说，目前高校教师教育并没有引领这一趋势，甚至没有跟上这一趋势，而是严重滞后于趋势的发展。高校中不仅是音乐课程，其他课程的老师也存在教育观念、课程内容、教学手法等不适应课程改革的情况，尤其是无法在素质教育和升学之间找到平衡。基础音乐教育目前不存在"应试"的问题，却也很难说其就属于素质教育或者有利于"学生核心素养发展"。可以看到不少音乐老师

---

❶ 曹俊军. 深化基础教育课程改革的沉思 [M]. 武汉：华中科技大学出版社，2015：1.
❷ 邢红军. 中国基础教育课程改革：方向迷失的危险之旅 [J]. 教育科学研究，2011(4)：5-21.
❸ 邢红军. 中国基础教育课程改革：方向迷失的危险之旅 [J]. 教育科学研究，2011(10)：5-22.
❹ 邢红军. 中国基础教育课程改革：方向迷失的危险之旅 [J]. 教育科学研究，2012(10)：5-23.

在为音乐课程"争取地位",提供的方法却是"把音乐成绩纳入升学考试",完全没有认清基础教育的性质和音乐教育的作用。中小学音乐教师习惯于"应试"或"专业音乐技能传授"的教学方式,并不习惯于素质教育或"学生核心素养发展"的教育模式。基础教育改革已经进入深水区和新阶段,超然"应试"之外的音乐教育本应为基础教育改革提供更为灵活的教学内容与方法,以及更为高远的教育目标的支持,但事实令人失望。这看似是中小学音乐教师的问题,究其本质却是高校音乐教育学科的问题。在很多音乐院系,音乐教育学科努力的方向几乎可以说是和基础教育的发展背道而驰,比如争取发表更多的"高级别论文",把申报硕士点、博士点作为功绩,积极参加各类音乐技能大赛等。

三、与基础音乐教育脱节

21世纪以来,随着基础教育改革的不断深入,我国基础教育音乐教师在教育实践中遇到多方面的困惑,迫切希望高校音乐教育学科专家、学者的帮助,但现实令人失望❶。并且,高校音乐教育学科本身就存在严重的与基础音乐教育脱节的问题,自顾尚且不暇,甚至不予自顾。

(一)教学中普遍存在低水平的"专业化"问题

在音乐院系中,音乐教育学科简单复制了音乐表演学科的教学内容与方式,导致培养的不是基础教育阶段的音乐教师而是专业音乐人才。这里之所以在"专业化"上加引号,是因为其模式是"专业音乐人才培养",其水平却很低下,远谈不上"专业"。在这里,教师不是在解决"教会学生如何教基础教育阶段的音乐"的问题,而依然停留在"教学生音乐"的阶段;其课程和教学并不是从育人的角度开展,而是依据音乐逻辑来开展;完全不顾基础教育阶段学生身心

---

❶ 陈培刚. 我国高师音乐课程改革的问题、挑战与应战——从基础音乐教育的视觉谈起[J]. 中国音乐教育,2019(12):25-26.

发展规律和基础教育阶段音乐课程的性质，在教学内容、目标、形式和方法等方面，皆有严重的"专业化倾向"，以低水平的"教音乐专业学生"方式来开展非职业、非专业音乐教学活动。

这种做法很少在音乐教育学科内部形成反思，主要还是被其他学科的"旁观者"质疑："现行小学音乐、美术教学大纲和据此编写的多种版本的音乐、美术教材，无论在内容、体例上，还是在要求上，受专业艺术院校的相关影响比较深。内容和要求追求全面、系统、高难度，既超出小学生的现有水平和接受能力，也超出小学生在艺术方面发展的需要。在体例安排上，各类艺术知识往往成条块分割状态，学生接触到的大多是一些孤立的知识点而不是真正的、完整的艺术。同时，教材编排过分强调自身严密的逻辑体系和时序安排，没有给教师和学生留下创造的余地，与艺术学科本身的创造性严重相悖。"这种"单调的、具有专业化倾向"的教学模式，"不可能为小学生提供足够的主动参与艺术活动的机会，不可能有效地培养小学生的艺术兴趣爱好，不可能使小学生真正获得审美愉悦体验和成功的满足，也就不可能实现艺术课程的自身价值和目标"。❶

事实上，2001年教育部即出台了《全日制义务教育音乐课程标准（实验稿）》，2002年教育部基础教育司又发行了《全日制义务教育音乐课程标准（实验稿）解读》，2022年的《义务教育课程方案和课程标准》已是第三次修改。在国家教育政策层面，可以说音乐育人的理念已经得到了很大改变，但到今天为止，依然严重缺乏与之匹配的教材和教师。在基础音乐教育的教学观察中，很容易发现重教师的控制、轻学生的主动参与，重知识技能的讲解和传授、轻学生的体验和表现，重视示范和模仿、轻引导和创造，重考核结果、轻教学过程等各种问题。究其根本，这依然是高校音乐教育学科的问题。

---

❶ 刘效东，闫林德. 小学艺术教师继续教育研究[M]. 兰州：甘肃文化出版社，2010：44.

(二) 音乐教育的非素质教育问题

基础音乐教育是素质教育的重要组成，宣称具有开发潜能、提升创造力、美化人生、完善人格等作用，但在施行过程中往往并非从其宣传作用的角度来展开教育。在音乐学科外的基础教育工作者看来，其"难以适应素质教育的要求，在培养学生创新精神和实践能力方面难以发挥艺术教育所特有的作用"❶。基础教育音乐课程中兴趣的培养才是关键，但音乐课程的效果却可能是相反的，存在90%的学生"喜欢音乐，但不喜欢音乐课"的现象。❷

究其原因，这与中小学音乐教学以教师为中心、以教材为中心、以课堂为中心有关，并没有做到以学生为中心、以体验为中心、以活动为中心。更根本的原因则在于，他们在高校音乐院系接受教育时，就是以教师为中心、以教材为中心、以课堂为中心。《全日制义务教育音乐课程标准》倡导以学生为中心、以体验为中心、以活动为中心，其理念和思路在中小学已经得到认可，但是贯彻、执行有很大难度，其症结在于作为中枢的高校音乐教育学科没有发挥出其应有的作用。

以上这两个现象反映出的是中小学音乐教师视野窄、理念偏、方法少的问题。基础音乐教育存在的问题的主因在高校音乐教师教育。无论是高校还是中小学，音乐教师都普遍存在自我合理化现象，"音乐学科具有特殊性，你们不懂……"但我们更应该进行音乐教育反思：中小学音乐也没多难，不见得别人不懂；我们可能只懂一点点音乐知识和技能，却并不懂音乐教育，更不懂育人。

---

❶ 刘效东，闫林德. 小学艺术教师继续教育研究 [M]. 兰州：甘肃文化出版社，2010：43.
❷ 吴洪彬. 为什么学生喜欢音乐，却不喜欢音乐课？[N]. 音乐周报，2017-06-22：A2.

第二节　问题的解决策略

我国高校音乐院系缺少教育学的学科传统，因而需要补的课极多。那么，如何找到有效抓手从而迅速完善音乐教育学科就成为重中之重，这也是本书选题的动因。其实，高校音乐教育学科的目标很清晰，就是培养中小学音乐教师。不过，高校对"中小学音乐教师"所应具备的能力却不够清晰。

一、具有大教育观

21世纪以来，我国第八次与第九次基础教育课程改革分别以"素质教育"和"学生发展核心素养"为主题，皆是在改变以知识为出发点和归宿的分科教育的弊端。2018年，中国教育部发布了20个学科的普通高中课程标准，皆明确强调以学科"大教育观"作为基点来促进学科核心素养的落实，并首次使用统合观念整合各学科课程内容，构建学科课程体系，引领课程与教学改革。

统合观念较大程度上改变了原有的教育问题提问方式与解释框架，为教学实践与研究的困局提供了破解的契机，使得一些依靠以前解释框架无法取得的发展现在成为可能，因此成为指向学生发展核心素养教学改革的亮点，也是撬动"深水区"教学改革的支点。大教育观重视理念培养和思维情境创设，改变了以往教学研讨习惯于研磨零碎知识点而忽略学科本质与学生思维和人格发展的过程，对教学研究和实践具有方法论意义，是深化教学理论与学科教学改革的元研究[1]。

法国著名社会学家、哲学家奥古斯特·孔德认为，"不应当从人出发给人

---

[1] 李学书. 指向核心素养培育的大概念：课程意蕴及其价值[J]. 教育研究与实验，2020(4)：74.

类下定义,相反的,应当从人类出发给人下定义"❶。给音乐教育下定义也同样如此,应该在大教育的统合中思考音乐教育的特点和价值,"不应当从音乐教学出发给音乐教育下定义,相反的,应当从教育出发给音乐教育下定义"。在基础教育阶段,音乐教育是通过音乐培养人才而不是培养音乐人才。在基础教育阶段,教师的学科专业能力并不是非常重要❷,而教育能力、社会交往与沟通能力、元认知能力等在大教育观中具有与学科专业能力同等的地位。"元认知"对于当代教育具有重要意义,因为当前的世界是变动不居的世界,教育目的已从"制造螺丝钉"转到"发展具有未来适应力的人"。经合组织 PISA 项目部主任安德里亚斯·施莱克尔(Andreas Schleicher)指出:"在过去,教育是指教给人们某些东西。现在,教育必须培养个体具备可靠的能力和探究技能,以使他们在不确定性、多变性和模糊性日益增加的世界中找到自我之路。如今,我们不再确信世界将以何种方式向我们呈现。"❸

  "元认知能力"是一种高阶认知能力,"元"意指"根本","元认知"即"对认知的认知"。例如,学生在学习中,一方面进行着各种认知活动(感知、操作程序、记忆、思维等),另一方面又要对自己的各种认知活动进行积极的监控和调节,这种对自己的感知、操作、记忆、思维等认知活动本身的再感知、再操作、再记忆、再思维就称为元认知。元认知使我们具有宏观把握能力、深层体验能力、未来预测能力、省思能力和调适能力,也在信息爆炸时代具有信息筛选能力而不被虚假信息带偏。以元认知来认知中小学音乐教学,就要在全脑教育、身心协同发展、社会能力发展中思考音乐教育的特点和价值。

---

❶ 列维-布留尔. 原始思维 [M]. 丁由, 译. 北京: 商务印书馆, 1981: 7.
❷ 于海洪, 张婷, 李加峰. 基础教育课程改革的可持续发展研究 [M]. 北京: 科学出版社, 2017: 78.
❸ 安德里亚斯·施莱克尔. 为什么反思教育内容如此重要? [A]. 查尔斯·菲德尔、玛雅·比亚利克, 伯尼·特里林. 四个维度的教育: 学习者迈向成功的必备素养 [M]. 罗德红, 译. 上海: 华东师范大学出版社, 2016: 1.

在基础教育阶段,"不管什么学科,最后的出口一定不是专业知识,而应是教育"❶,音乐学科概莫能外。音乐教师亟需实现从"学科人"到"教育人"的转变,不能停留在自己所教授的学科,而要有一种大教育观,不仅要有学科教学能力,还要具备基本的教师信念与责任,教育知识与能力(不是音乐教学知识与能力),以及社会组织能力、与学生情感交流的能力、周边支持能力等。然而不幸的是,无论是在中小学还是大学,音乐老师的分科思维根深蒂固,早已跟不上现实的发展。更为不幸的是,这些问题在高校音乐院系中还很难被意识到。

二、重视《教师教育课程标准》和《义务教育艺术课程标准》

2011年10月,国家教育部正式颁发《教师教育课程标准(试行)》(教师〔2011〕6号)。这是中国历史上第一部关于教师教育课程的国家标准,其不仅明确了国家对教师教育课程的要求,也体现了新时代中小学教师教育的理念、目标、行动、方法和趋势。音乐教育学科从《教师教育课程标准(试行)》中可以汲取中小学教师知识基础、课程理念、教育目标、实施路径等多方面的养料。与《教师教育课程标准(试行)》配套的还有《幼儿园教师专业标准(试行)》《小学教师专业标准(试行)》和《中学教师专业标准(试行)》,这些也可以作为重要的参考资料。这些标准都是超学科的具有共性的教师标准,当然也是中小学音乐教师培养所应借鉴的指导原则和方针、路径。在专门的《中小学音乐教师专业标准》出台之前,《教师教育课程标准(试行)》是我国高校音乐教育学科在"教师教育"领域最为方便和有效的指导性文件。

对于中小学音乐教师来说,其最重要的能力表现在音乐课程教学方面,那

---

❶ 于海洪,张婷,李加峰. 基础教育课程改革的可持续发展研究[M]. 北京:科学出版社,2017:79.

么中国教育部2011年颁发的《义务教育音乐课程标准》就成为最重要的抓手。《义务教育音乐课程标准》是中国教育部制定的中小学音乐教学的指导文件,《教育部关于印发义务教育语文等学科课程标准（2011年版）的通知》❶明确指出,"课程标准是教学的主要依据","全面落实义务教育各学科课程标准是贯彻落实《教育规划纲要》任务要求、深化基础教育课程改革、全面推进素质教育的重要举措,是促进学生健康成长、提高义务教育质量的重要保障,各地要充分重视,统筹规划,全面做好动员、宣传和培训工作,切实解决好师资、实验仪器设施设备配备等条件保障,确保义务教育各学科课程标准的全面落实"❷。高校音乐教育学科需要认真研究《义务教育音乐课程标准》,这样才能迅速从"经验式"或"脚踩西瓜皮滑到哪里是哪里式"教学转为"有的放矢"。《义务教育音乐课程标准》的制定可以分为三个阶段。第一阶段的时间节点是2001年7月1日,教育部印发《全日制义务教育音乐课程标准（实验稿）》（2001年版）。第二阶段的时间节点是2011年11月28日,教育部印发《义务教育音乐课程标准》（2011年版）。第三阶段是2022年4月8日,教育部印发《义务教育艺术课程标准》（2022年版）。与2011年的"音乐课程标准"相比,新的"艺术课程标准"更重视综合性,将音乐、美术、舞蹈、戏剧、影视等教学内容整合为一个"艺术课程标准"。

我们可以看出,音乐课程标准并非一成不变,而是会有调整,并且还将继续优化。但"变化"绝不是我们不去学习和落实《义务教育艺术课程标准》的理由,而是我们以《义务教育艺术课程标准》为基础并加以阐释、落实和发展的依据。如今来看,不仅是2011年版,即便是2001年版的音乐课程标准整体上也超前于当下中小学音乐教师的能力。为何如此?症结依然在于高校音乐教育

---

❶ 涵盖19门课程,《义务教育音乐课程标准》是其中之一。
❷ 中华人民共和国教育部. 教育部关于印发义务教育语文等学科课程标准（2011年版）的通知[Z]. 教基二〔2011〕9号, 2011-12-28.

学科与教育脱节、与基础教育脱节。

为更好地理解2022年版《义务教育艺术课程标准》，有必要"前后对照，左右联系"。"前后对照"的重要文本主要有2001年版《全日制义务教育音乐课程标准（实验稿）》、2011年版《义务教育音乐课程标准》和2017年版《普通高中音乐课程标准》，"左右联系"的重要文本主要有2011年的《义务教育艺术课程标准》、2016年的《中国学生发展核心素养》，以及现行中小学音乐教材（在后期还可以浏览语言、历史与社会、思想品德等同级的课程标准）。

当然，2022年版《义务教育艺术课程标准》也有不足，比如制订人员来源较为单一、缺少教育心理学研究的支撑、缺少基础教育的宏观视野、缺少与中国音乐传统的真实结合等。但从目前来说，我国中小学能够落实《义务教育艺术课程标准》甚至2001年版《义务教育音乐课程标准（实验稿）》就不啻为巨大的进步。如果能将其与《教师教育课程标准》及相应的中小学教师专业标准结合起来，则能让《义务教育艺术课程标准》发挥出更大的教育价值。

三、处理好三对关系

通过研读《教师教育课程标准》《义务教育艺术课程标准》等文本和调查多所高校音乐教育学科情况，我们认为，高校音乐教育学科的发展亟须解决的问题是以《教师教育课程标准》和《义务教育艺术课程标准》为抓手处理好"教师—学生""知识—素养""课堂—活动"这三对重要关系。

这里的三对关系来源于新旧"教育三中心论"。旧的"教育三中心论"由德国著名心理学家、教育家赫尔巴特提出，是指教育以教师、知识、课堂为中心。后来美国的著名哲学家、教育家杜威则批判了赫尔巴特的教育三中心论，提出教育应以学生、经验、活动为中心的"新教育三中心论"。赫尔巴特"教育三中心"以教师为主体，强调以课堂为中心、以教材为依据的学生被动的单向灌输学习方式，杜威的"教育三中心"则以学生为主体，强调以"经验"为中心、以活动为依据的教师主导、共同合作的探究式学习方式，较为符合《义务教育音乐课程标准》的精神。相对而言，旧的"教育三中心"教师居于权威地位、控制地位，是可控、易行的，"新教育三中心论"则需要教师有更高的能力、更多的付出。虽然在"新教育三中心论"提出百余年后大家亦普遍公开表示接受，但国内现实中盛行的模式依然是以旧的"教育三中心论"为指导的灌输式教学。需要补充的是，杜威提出的"经验"对应的英文是 experience，具有"经历""体验"的意思，强调"亲身的体验"。这并不同于我们对"经验"这一词汇的一般理解和运用。我们对"经验"的一般理解和"反经验主义"话语联系在一起，"经验"包含了"过去的个人的经历"，一般强调的是其局限性。所以，本文联系《中国学生发展核心素养》，将"经验"以"素养"代之，随之教育目标从"经验增长"转为"素养发展"。这里的"素养"与"经验"并无本质不同，可谓"经验"的"在地化"(localization)表述，在后文的具体论述中，学生的"亲身体验"依然是教育的重点。

"教育三中心"大体是按重要程度由高到低来排序，结合实践，本书依据应用的先后顺序将其分为知识、课程、学习三大部分。在这里，"知识"对应于"知识—素养"这一对关系，"课程"对应于"课堂—活动"这一对关系，"学习"对应于"教师—学生"这一对关系。如何处理好这三对关系，也是本书的重心。

四、面向基础教育推进高校音乐教育学科改革

高校音乐教育学科不但需要而且必须为基础音乐教育服务，不但需要而且必须与基础音乐教育深度融合。整个中国正在变革的"新高考"将打破"应试教育一条龙"的格局，这为基础音乐教育提供了广阔的发展空间，但也对基础音乐教师提出了巨大的挑战，当然也向高校音乐教育学科建设提出了巨大的

挑战。

(一) 需要找准高校音乐教育学科建设的突破口

此方面的主要做法如下：①接地气。没有调查就没有发言权，高校音乐教育学科要开展更为广泛的实地调查来切实研究基础音乐教育的现实。改革开放以来，我国基础音乐教育的变化很大。基础音乐教育现在是什么样？未来会是什么样？只有熟悉这些情况，我们才会真正知道该怎么做。目前，高校音乐教育学科还缺少服务意识，往上看得多，往下看得太少。②打开门。一方面是把中小学优秀音乐教师请进来，作为课程的指导教师，另一方面是要高校音乐教育学科的老师带领学生多参与到基础音乐教育的多样教学中。音乐院系要和基础教育部门开展广泛、多元的互动才能形成良性音乐教育生态。③跟上步。基础音乐教育是为中小学生的核心素养发展服务的，核心素养虽然版块清晰，但是具体载体一直在变化更新。音乐院系要避免好高骛远，要随时关注这些动态变化。高校音乐教育学科也有高屋建瓴的优势，可以跳出来看基础音乐教育这个"庐山"，更容易把握音乐教育的真面目。要落实这个优势就要在接地气、打开门的前提下研究世界先进的音乐素质教育的理念与方法，这样才能跟得上基础教育的变革，跟得上世界音乐素质教育的变革。④占高地。对于高校音乐教育学科来说，它要占领基础音乐教育引领者的高地，主动和当地教育管理部门联系，甘愿做教育管理部门的免费智库和免费劳动力，来更好地影响基础音乐教育的良性发展。

(二) 需要加强高校音乐教育学科建设的保障措施

此方面的主要做法如下：①形成教师主导的机制。在教师绩效评价方面往"高等教育基础教育深度融合"方面引导甚至倾斜，在学院内部设立"高等教育基础教育深度融合"方面的课题，学院领导以身作则来实践"高等教育基础教育深度融合"，起到模范带头作用。②实现学生的主体地位。学生要发挥主动性，主动亲近和热爱基础音乐教育。现在很多学生不了解、不接触基础教育，当然也就不可能热爱基础教育。音乐学院要帮助大学生认识到基础教师的重大育人价值以及教师待遇提升的趋势，把大学生的定岗实习和双导师制做实，使音乐教育学科的大学生体验到基础教师助力少儿成长的强烈使命感和巨大成就感，并实实在在地树立起基础教师的责任意识。③改造课程主渠道。我国教育部一再发文要求大学淘汰"水课"，音乐教育学科则要以"深度融合基础教育"为导向来精炼课程，要做到：与基础教育部门深度合作，修订培养方案，优化培养目标；做实和优化基础教育类课程，提供"少儿发展与认知心理学""少儿教育心理学""基础教育学""教师职业道德与专业发展""教师信息素养"等课程，以供音乐教育专业大学生选修；与基础教育优秀音乐老师深度合作，联合开发音乐学科课程，与他们联合施教，比如"中小学音乐课程教学论""中小学音乐课程标准解读""中小学音乐课程的理念与实施""中小学音乐优质课赏析""基础音乐教学技能实训""中小学校园音乐活动指导""音乐创新创业教育"等。没有的课要补上，现有的课要做实做优，否则就淘汰，优秀的课要持续反思并切实发挥榜样带头作用。④优化教学主载体。以上种种最后都要归结到教学上，教学的主导在于教师。在教师培养方面，督促老师认清音乐教育学科的使命，往"高等教育与基础教育深度融合"方面引导。教师不仅要有一定的音乐能力，更要有高超的教育能力，尤其是支持大学生实现中小学优秀音乐教师角色转换的高超教育能力。教学在保证学生掌握扎实的音乐基础知识与能力之外，还要提升学生的创新教育的意识与能力，合作发展的意识与能力。

总之，我国高校音乐教育学科有很多工作可做，有很多工作要做，在实践过程中也会有很多工作需要调整。但无论如何，我们都要认清和坚持"面向基础教育"的方向，努力把融合工作做实、做好。

第二章 面向基础美育促进音乐教育学科综合革新

美育是当前中国教育的热点，也是重点。

早在2013年，《中共中央关于全面深化改革若干重大问题的决定》即对全面改进美育教学作出重要部署；2015年，国务院颁发《关于全面加强和改进新时代学校美育工作的意见》进一步明确了美育的巨大作用，"潜移默化影响人的情感、趣味、气质、胸襟，激励人的精神，温润人的心灵"；2019年，教育部印发《关于切实加强新时代高等学校美育工作的意见》则指出"学校美育是培根铸魂的工作，全面加强和改进美育是当前和今后一个时期的重要任务"。更重要的是，2020年中共中央办公厅、国务院办公厅联合印发《关于全面加强和改进新时代学校美育工作的意见》。

然而，美育更是当前中国教育的难点。正如《关于全面加强和改进新时代学校美育工作的意见》的判断，"美育仍是整个教育事业中的薄弱环节"，"急需改进"。我国高校音乐教育学科也要在这一基本判断下做出改变。

调查显示，即便音乐课是没有应试压力的课程，也并没有受到学生多大程度的欢迎。如果以美育的眼光来看待音乐课，那么有多少音乐课堂落实为优质的音乐美育呢？河南省安阳市龙安中学教师、河南省基础教研室音乐学科中心教研组成员宋宏群的看法比较有代表性："很少。大多数音乐教师对美育目标、美育方法、美育路径等都不是很清楚。"

高校音乐教育学科担负着培养未来音乐美育教师的职责，其需要面向基础教育趋势来谋求自身的革新。

第一节 音乐美育的依据

近年来，美育地位越来越重要，我国各地中小学的音乐课更受重视了，音乐教师的地位比以前更高了，音乐课程也基本能开齐开足了。然而，音乐等艺术学科的教学是不是就一定是美育？美育是不是仅为"美的教育"，还是负有其他重要功能？美育的音乐课堂与原来的音乐课堂具有什么样的差异？可以说，音乐美育理念在其源头——高校音乐教育学科——就没有得到一个基本的厘清，这就带来音乐美育路径的不畅。

一、"美育"的特征

美育具有以下三大特征。①以美感教育为基础。美的起点是感性的，直接诉诸人的视觉、听觉、味觉、嗅觉、触觉、运动平衡觉等。美育不能脱离"美"这一直观的审美对象，要以美感为基础开展教育活动。②审美实践不同于一般的实践活动，体现为精神上的满足。比如"美食艺术"，食物虽然能满足生理上的饥饿感，但停留于此还不能称之为美食艺术，还需在色、香、味、形、意、养等方面赋予内容方为美食艺术。③美育具有融合性，不是封闭的审美教育，而是情操教育、心灵教育，在当前尤其要彰显丰富想象力和培养创新意识方面的价值。

我们在这里主要讨论的是学校美育，即狭义的美育，因此在以上特征之外还包括"规范"的特点,即自觉、能动地规划,是有意识进行的体系化的审美教育,并不是随机的审美教育。此外,学校美育还具有开放性。美可以是封闭的,比如著名的龚自珍《病梅馆记》记述了梅以"病"为美,还有太湖石以"漏"为美、金字塔以"大"为美、健美比赛以"壮"为美等;但美育必须是开放的,以发展学生美感的多种可能。艺术家可以偏执一端,比如梵高的激情、朱耷的疏旷、卡夫卡的绝望等;但教师必须开放,不能以狭隘的美感限定众多学生多样的美感。

二、音乐教育的多种可能

这里的音乐教育是指基础教育中的非专业性的普通音乐教育,这里的"可能"是美育视野下的音乐教育的"可能"。高校音乐教育学科必须面向基础教育来调整自身的定位。

第一种可能,是音乐教育落实为美育。音乐教育是在以美育人,提升了学生的审美素养,陶冶了学生的情操,温润了学生的心灵,激发了学生的创新创造活力。这是理想状态,然而很明显,音乐教育目前并没有达到这种理想状态。

第二种可能,是音乐教育落实为"专业"音乐教育。因为高校音乐院系的音乐教育学科多年来简单移植了音乐表演的教学模式,导致音乐教育学科的学生在学习期间没有掌握音乐教育的基本技能、不具备音乐教育的基本素养。他们毕业后进入基础教育成为音乐教师后,就继承了当初"专业的"音乐教学做法,单方面进行乐理、视唱、演唱演奏、舞蹈等方面的技能传授。当然,因为基础教育课堂是面对全体学生而不是"以音乐为专业"的学生,同时教师自身也很难具备高超的专业音乐水平,所以这里的"专业音乐教育"要打上引号——其徒具"专业"之形而无"专业"之实。

中央音乐学院周海宏教授曾经指出,少儿音乐教学存在"学了一门技术、恨了一门艺术"现象。笔者则认为，琴童可能会恨音乐这个大"门类"，但还不足以掌握大"门类"的音乐技术，而只是"学了"某一项音乐技术（比如钢琴演奏或小提琴演奏等）的皮毛。美育并不需要来背"学生仇恨音乐"的"锅"，因为"学了一点技术、恨了一门艺术"现象的原因是"专业化音乐教学"，不是美育，甚至也不是"合格的"专业化音乐教学，只能说是音乐教育的悲哀。在普通学校面向全体学生的普通音乐教育中，也常见低配版"专业化音乐教学"现象，以低水平的"教音乐专业学生"的模式来开展非职业、非专业音乐教学活动。这是严重的"错位"，当然也与美育无关。

这种"错位"甚至表现在多种版本的音乐、美术等艺术课程的教材上。不管是内容、体例，还是要求、目标，这些教材深受专业艺术院校的影响，追求全面、系统、难度，既超出中小学生现有的艺术水平和接受能力，也不符合中小学美育的实际需求；在体例安排上，各门艺术知识和同一门艺术的内部知识往往是条块分割，学生接触到的大多是一些散乱的知识点而不能体验到真正完整的艺术。

第三种可能，是音乐教育落实为"应试"教育。整体来说，音乐教育学科的学生是经"艺考"（音乐专业考试）和"高考"后进入大学的，进入大学后的主要评价依据也是各门课程的考试成绩。也就是说，基础教育的音乐教师深受应试教育浸染，很容易将作为素质教育、美育重要组成的音乐课程着落为"应试教育"。应试教育的突出特征并不是"应对书面考试"❶，而是表现为"填鸭式"教育，即将学生视为简单的容器往里面硬性灌注"知识"。应试教育的特征在音乐考级中表现得较为明显。

更多的是第四种可能，音乐教育落实为"西瓜皮式"教学。中国有句俗语，

---

❶ 很长时期内音乐课程并不作为学生升学考试的科目，却往往因为教师没有开展素质教育、美育的能力，遂习惯性地落实为"填鸭式"教育。

"脚踩西瓜皮，滑到哪里是哪里"，指做事没有方向、没有计划、没有流程、不计后果。这里的"西瓜皮"则是指随机、糊涂、敷衍了事的音乐教学。

以上四种情况都是极端情况，具体教师的音乐教育工作往往表现为混杂教育，以某种类型为主，兼及其他类型。高校音乐教育学科的工作则是促进学生成为第一种音乐教师。

三、音乐教育需要落实为美育

在国家教育政策中，音乐课程是美育的重要组成部分。也就是说，基础音乐教育从属于美育，既不是职业音乐教育，也不是专业音乐教育，而属于素质教育。

然而，基础音乐教育属于美育不等于音乐教育实践必然落实为美育，基础音乐教育的美育落实并非一纸文件就能达成，其需要认清当前世界的发展现实和当前教育的发展趋势，并练好内功、掌握丰富的音乐美育工具和方法。在这个过程中，如果高校音乐教育学科不进行革新，那么基础教育的音乐美育就是空谈，音乐教育虽然需要落实为美育，但必不能落实为美育，而是依然陷入"专业"音乐教育、应试音乐教育和"西瓜皮式"音乐教育的窠臼。

可喜的是，《关于全面加强和改进新时代学校美育工作的意见》颁布之后，高校音乐教育学科的一些音乐教师开始讨论音乐美育的开展。不过，也可以发现其中存在"空谈美育"的问题，因为不知其"所以然"，从而把美育局限在简单的美感教育层次，顺势把音乐美育简单地理解在"听觉"美感教育层次。但新时代美育有更高的高度。

四、音乐美育的哲学依据

随着社会的发展，当今人们在物质发展之外愈来愈重视人本身的发展问题。

其中，马克思关于"人的全面发展"学说为我们提供了重要的理论资源。简而言之，人的全面发展是指有目的地消除历史造成的自发性和盲目性，消除和克服人的发展中的矛盾，从而达到人的智力和体力的统一，精神劳动、物质劳动和享受的统一，生存和发展的统一，并使人的潜能和天资、兴趣和才能得到空前的充分发展，使人的身心、精神（道德）、才能、个性全面而丰富地发展。❶人需要克服自身的片面性，追求协调发展，从而成为更为卓越的人——这也是每个人的根本使命。对于教育来说，则要通过德育、智育、体育、美育和劳动教育等，来支持人的全面发展。

这方面的现成论述较多，此处不再赘述。

五、音乐美育的现实依据

因为人类社会生产力与生产关系发展的不平衡、不充分，所以人的全面发展依然只是高远的理想。在以效率为指向的现实教育、就业等部门的长期影响下，人的片面发展、能力的局部发展成为现实，人成为一定的机构或机器的"零件"，就像卓别林电影《摩登时代》中的"查理"那样镶嵌在机器之中。

在中国，20世纪80年代才整体上解决了温饱问题，其中"以经济建设为中心"❷的基本国策发挥了重要作用。然而，这也带来社会价值的功利主义倾向，人们的行为表现出"无利不起早"的特点，精神享受、情感富足、兴趣发展暂时被悬置起来。也是在此情况下，诉诸单一浅层的动物性本能欲望的娱乐文化在现代文化经济的推波助澜下风起云涌，现代人成为坐在过剩物质产品和文化产品之上的"匮乏的人"。

更重要的是，因为现代社会生活节奏快、环境变化快、流动性大等特点，

---

❶ 王冰. 试论马克思人的全面发展学说 [J]. 郑州大学学报（哲学社会科学版），2002(3)：66.
❷ 中国共产党第十一届中央委员会第三次全体会议公报 [N]. 人民日报，1978-12-24.

精神性疾病发病率明显上升。以抑郁症为例，天津市安定医院完成的天津市青少年心理调查研究显示，"天津8岁至15岁的中小学生人群中有抑郁心境的占15.1%"❶，如果再加上多动症、精神发育迟滞、学习技能发育障碍、儿童抽动症、品行障碍、精神分裂症等将会是一个更高的数字……以上种种都对美育提出了更为强烈的要求，也对美育水平提出了更为高超的要求。

六、音乐美育的发展性依据

人的全面发展是融合发展，并不是多个方面的孤立发展；人的全面发展的教育是五育并举并且多育融合的教育，并不是五育孤立的教育。美育是整体教育中的组成部分，是融合到整体教育中的，而不是作为孤立的材料简单存放于教育之中。如同大楼需要泥沙，但并不是简单把泥沙堆在大楼的蓝图或地基上。美育"是一种特殊的教育方法，是一种化育、一种感化，是潜移默化的感染"❷，并且美育可以化入所有课程之中，而非艺术课程独属。

美育也并非是单向指往"美感"或开发感性能力的教育，也负有在培养高尚道德情操、健全人格、温润心灵等职能。唯有如此，才能更好地落实"人的全面发展"的教育。在当前条件下，其还负有激发生命活力、发展具有创造创新能力的人的使命。美育地位的崛起很大程度上是因为其在激发创新创造活力方面的作用。中国基础音乐教育的开展往往援引美国的例子，而美国艺术教育地位的提升正是建立在发展创新创造能力的基础之上。

对于中国来说，也越来越认识到"高校教学改革的关键是创造教育"❸，开始有意识推动美育。1999年，召开第三次全国教育工作会议并印发《中共中央国

---

❶ 家长注意了！天津8至15岁中小学生15.1%有抑郁症[EB/OL]．天津百姓通（官方微信），2020-09-15．
❷ 朱志荣．美育对促进人的全面发展的价值[N]．光明日报，2018-12-03．
❸ 杨宁．高校教学改革的关键——创造教育[J]．清华大学教育研究，1999(1)：120．

务院关于深化教育改革，全面推进素质教育的决定》，已提到"美育有助于开发智力"。如今随着人工智能的发展，简单的教育已经不能适应当前的形势，教育需要在发展学生创造力、思考力、感知力、协作力、领导力等方面投入更多的精力，而美育在此领域大有可为。

总之，高校音乐教育学科要深刻认识到音乐的美育不能成为孤立的专门音乐教育，而要探索五育融合。在长期应试教育影响下，在新的时代条件下，尤其要注重凸显"激发创新创造能力"的一维。

第二节 高校音乐教育学科的美育落实

了解过美育开展的时代背景之后，我们接下来讨论高校音乐教育的美育落实。这是美育性音乐教育的最为重要的方面。

一、以实际行动提升学生感性经验的积累

"美"首先是感性的，美育也要以感性为基础，不能脱离这个基础空讲道理。同时，感性应该是多样的，以听觉为基础，但不能只有"听觉"这个基础。如果要达到"激发创新创造活力"的效果，音乐活动就尤其要注重通过音乐调动视、嗅、味、运动等多种感官，增加右脑神经的联结以及左右脑之间的神经联结。

在高校音乐教育学科中，要关注到单次音乐活动形式的多样，否则有些学生就无法真实参与进来。这些形式既可以有弹、唱、跳等音乐行为，也可以有编、导、演等戏剧行为，还可以加上语言、美术、道具制作等周边行为。这就需要教师补充各自的工具箱，如果教师具有勤于学习和乐于省思的习惯就不至

于"会什么就教什么""会怎么教就怎么教",如果教师能大致掌握多种音乐教学法、具备基础教育普遍的教育素养就不至于把本应活泼多样的课堂变为脱离基础教育的音乐课甚至是"填鸭"的现场。

在这里要特别注意高校音乐教育学科在音乐课程改革以来出现的浅陋的"多样综合",即表面性的综合、简单塞入一些语句的所谓"综合":生硬介绍作者简介、创作背景、作品内涵,以及一些无比正确的套话甚至专业化的调式调性分析等。传统中小学音乐课堂中常见"一课一歌"现象,"一课一歌"并不高明,但至少不怎么讨厌:其以模仿为主,其中还有示范、观察、体验、校正等行为的发生。"多样综合"如果运用不当,则使课堂教学从"模仿音乐"进一步堕落为"被灌输观念",学生的处境更糟糕。

二、以美的形式来开展美的音乐教育

音乐美育不仅是教"美的音乐",更重要的是要以"美"的形式来教美的音乐。就形式而言,高校音乐教育学科的教师就需要学习借鉴达尔克罗兹、柯达伊、奥尔夫等音乐教学法,用有趣、有效、丰富的形式开展音乐教学,达到美育效果,也为"五育并举""激发创新创造活力"提供方法与路径。

目前的中小学音乐教材已经开始划分单元,"把音乐知识和技能训练作为一条暗线"❶,但还是显得单调。在高校音乐教育人才培养阶段就要让学生知道,在具体的基础教育音乐教学中还可以用其他"明线"来结构课堂,比如成语、故事、趣闻、"漫游世界""百科知识""探案",以及借用当下学生熟知和感兴趣的节目形式命名课堂:"校园好声音""校园练习生""乐队的夏天"……我们可以像做一出"戏"一样做一堂课,以"5S"结构课堂:名称要 sapid(有趣味),开场有 surprise(惊喜),主体有 suspense(悬念),互动有 sensible(感觉),结束

---

❶ 皇丽莉,文奇. 音乐教育创新与实践[M]. 沈阳:东北大学出版社,2015:2.

有 satisfaction（满足）。一堂五十分钟的课我认为基本要做到"一二三四五"：一个主题，两个故事，三个笑话（或俏皮话），四个细节（案例），五个互动。

我们不能因为我们教授的音乐是"美"的就认为我们的教育就必然是"美"的。这是两个问题，不能混为一谈。人人都知道贝多芬、莫扎特的音乐伟大，但我们也可能是以生吞活剥、生硬讲解的"丑陋"形式讲授。基础教育的音乐课堂并非以培养"音乐人才"为目标，否则我们评价教学高下就不再是提升审美素养、陶冶情操、温润心灵、激发创新创造活力，不在意学生的精神状态和参与程度等，而简化为乐曲难度的大小、音乐速度的快慢、技术规范的优劣等，导致"学了一点技术，恨了一门艺术"，得不偿失。

归根结底，美育不是以"教什么"而是以"怎么教"来界定。也是在此意义上，全员全课程全过程全方位美育才成为可能。

三、以音乐美育支持五育融合

2020年《关于全面加强和改进新时代学校美育工作的意见》提出，要"坚持德智体美劳五育并举，加强各学科有机融合"❶，在此之前2011年版《义务教育音乐课程标准》也提出"关注学科融合"❷，之后2022年版《义务教育艺术课程标准》更是直接取消了"音乐课程标准"，而是倡导"大艺术"。学科融合包括音乐课程内部不同教学领域之间的综合（比如弹唱跳等的综合），也包括音乐与语言、诗歌、戏剧、美术、书法、建筑、雕塑、影视等不同艺术门类的综合❸，还包括音乐与历史、物理、数学、外语等其他学科的综合。

---

❶ 中共中央办公厅，国务院办公厅. 关于全面加强和改进新时代学校美育工作的意见[Z]. 2020-10-15.

❷ 中华人民共和国教育部. 义务教育音乐课程标准（2011年版）[M]. 北京：北京师范大学出版社，2013：4.

❸ 比如我们都知道"音乐是流动的建筑、建筑是凝固的音乐"这一说法，而书法的线条可以帮助我们理解音乐的线条……通过艺术互鉴能够丰富对音乐的感受和认知。

即便是音乐教育的"美育",也包括鉴赏美、创造美、表现美、追求人生趣味和理想境界等,并不是只有听觉美感。在《中国学生发展核心素养》总体框架中,"审美素养"也是经验、能力、品位、理想等多种因素的总和。审美素养必然是综合的,只单独发展某一部分,往往并不能被认为审美素养较高。目前音乐院系音乐教育的现实是,单方面追求音乐表演技术上的高(弹唱准、快),但是感受和鉴赏能力并不见得高,是经过日积月累、鹦鹉学舌、勤学苦练下来的,而不是在体验、理解、创造基础上的表现,其实仅是比一般不练习的人强,不见得综合审美素养更高。

学科割裂、"各司其职"是机械工业时代的思维方式,这和当前高等教育的学科融合大势背道而驰,更与社会实践的要求南辕北辙。美育并不是龟缩在"对美感负责"的壳里。同时,美育也不是艺术课程的专利,语言、物理、体育等所有课程都隐含着美育的内容,这也是我们倡导"全课程美育"的基础。这方面还有一个例证,在美育中大有用武之地的"戏剧性教学法"就是由英国一位小学数学老师开创。可以佐证这一点的还有《关于全面加强和改进新时代学校体育工作的意见》,其提出"实现以体育智、以体育心的独特功能"❶,很明显这里的工作路径也是学科融合以及多样功能实现。目前高校音乐教育学科正尝试在音乐教育中融入德育,但在以乐育智、以乐育体、以乐育劳方面还缺少行动,亟待加强。

四、以新美育激发学生的创新创造活力

鉴于"激发创新创造活力"在我国美育政策文件中是一个新的提法,因而这里专列一处予以讨论。我们从来没有像今天这样急需探讨"音乐激发学生创

---

❶ 中共中央办公厅,国务院办公厅. 关于全面加强和改进新时代学校美育工作的意见 [Z]. 2020-10-15.

新创造活力"这一问题。

我们不能陷入音乐教育来谈论和开展音乐教育。在中国当下国情中，音乐教育具有矫正应试教育、发展学生核心素养、激发学生创新创造活力的向度，并非局限在"发展学生音乐能力"这一浅层逻辑。《关于全面加强和改进新时代学校美育工作的意见》从国家政策高度赋予音乐等"美育工作"以"创新创造"的新职责，极大开拓了音乐教育的应用场景。这是难得的机会，不能错失，更不能排斥。

在"美育性音乐教育的依据"部分我们已经讨论过，美育受到重视最直接的原因乃是其在发展想象力、激发创造力方面的作用。左脑更具有逻辑推理能力，一般被称为理性脑；右脑更具有感受力和想象力，一般被称为艺术脑。艺术是产生于心灵的综合作用的一种感情的对象化，艺术教育可以提升想象力、激发创新创造活力，由此教学综合改革项目"艺术启迪智慧"（Opening Minds Through the Arts，OMA）在美国亚利桑那州的图森地区诞生。我们来看看"OMA"的一节课："老师从叙述一个本地历史故事引入，让学生创作一首歌。过程中引导学生观察亚利桑那地图，结合故事情节加以想象，然后用语言描述，并边说边唱，将故事上升到旋律，同时敲击用特殊材料制成的五线谱式的音阶板，最后将简短的故事用自己认为完美的旋律表达出来。整个教学过程中，学生都情绪激昂，在情境中体验和感悟，没有一点带着目标任务来学习的压力。学生在不知不觉中，既学习了本地的历史以及人文风尚，又进一步熟悉了本土的地理状况和环境，不单纯是一堂作词作曲的音乐艺术课了。"[1] 可以看出，这节课的逻辑并不是发展音乐能力，而是以情境中体验和感悟为基础来激发想象力和创造力。我们还可以看出，这样的课堂对于音乐教师来说并不难，关键是

---

[1] 刘克风. 艺术启迪智慧——美国图森学区艺术与学科教育整合实践 [J]. 人民教育，2018（11）：74.

要转换思路❶。OMA 经过多年的探索取得卓越的成效，从图森走向全美，继而又走向全球，在全世界都产生了较大的影响。目前中国的高校音乐教育学科对此有所关注，但是实际行动并不多见。

五、以识谱视唱教学为例的音乐美育路径探索

很多教师认为，音乐美育一旦进行识谱视唱教学就会吓退学生，音乐美育也就不美了❷。基础教育的音乐课堂要不要教识谱视唱？虽然教师们的意见并不一致，但是这个问题的讨论余地并不大。识谱视唱是音乐能力中的"元能力"，也是音乐教育的基本目标。就好比语文课堂，我们并不需要讨论是不是要教"认字发音"。《义务教育音乐课程标准（2011 年版）》也有明确的"识读乐谱"条目："乐谱是记载音乐的符号，是学习音乐的基本工具。要求学生具有一定的识谱能力，有利于参与音乐欣赏、音乐表演和音乐创作等实践活动……"❸讨论空间比较大的首先是这个问题："识谱视唱要达到什么程度？"基础程度就可以。就像语文"扫盲"的及格线是"能识读 1500 个常用汉字"，音乐的扫盲或可定为"能以首调唱名法识唱七声音阶的、基本节奏的单旋律乐谱（简谱或线谱皆可，也可借助乐器）"。

高等音乐教育学科也有识谱视唱课，但是多以简单直接的方式进行。其需要进行改革，为未来的基础教育音乐教师做好示范。

（一）读谱视唱也可以很有趣

美育的识谱视唱可以怎么教？这里没有定法，但有可供借鉴的经验。比如

---

❶ 这方面已经有不少汉语研究成果，可以通过中国知网来检索、下载和学习借鉴。
❷ 见张燚《音乐教学就一定是美育吗？》后的微信评论，《音乐周报》微信公众号，2020-10-23.
❸ 中华人民共和国教育部. 义务教育音乐课程标准（2011 年版）[M]. 北京：北京师范大学出版社，2013：30.

"要以音乐为载体"[1]，比如融入奥尔夫教学法的乐理视唱教学。这时候的音乐课并不是由老师纯粹讲乐理视唱或者讲纯粹的乐理视唱，而是让学生参与进来；并且参与的方式是多样的，包括语词、律动、故事、表演以及绘画、手工等。比如识读五线谱，就可以使用"五线游戏"，或者开展"移动 do 谱号的视唱教学"；比如我们可以把基本的音高概念建立融入到上课前的《问好歌》和下课时的《再见歌》等。还有大家都知道的《do re mi》，教师就是结合语言、游戏、表演等来开展识谱视唱教学。

再比如融入柯达伊教学法的乐理视唱教学。柯达伊教学法的节奏读法、字母谱不见得完全适合我们的音乐课，但是利用手势来识谱视唱却是很好的思路。斯特拉文斯基说"音乐必须被看见"，柯达伊教学法中的科尔文手势则让音高"被看见"。我们还可以将旋律用线条涂鸦的方式画出来，以及让学生用身体做出音符造型并按音乐编排发出相应音高和长度的声音等，增加识谱视唱的多样呈现从而提高教学的审美性、有效性。

（二）以美育式识谱视唱取代"填鸭式"识谱视唱

虽说"法无定法"，但"填鸭式"识谱视唱和美育式识谱视唱之间的不同还是显而易见的。

第一，是"直教"和"弯教"的区别。"填鸭式"教学简单、直接，识谱视唱板块太集中、时间太长。而美育式会把识谱视唱放在课堂前、中、后等多个部分，并综合利用示范、对比、升级、先唱谱再套词唱歌等各种方式，以及把识谱视唱练习与课堂上的音乐作品加以勾连等，而不是纯粹识谱视唱或者直接听歌唱歌。

第二，是"硬教"和"软教"的区别。"填鸭式"教学简单、粗暴，识谱视

---

[1] 中华人民共和国教育部. 义务教育音乐课程标准（2011年版）[M]. 北京：北京师范大学出版社，2013：30.

唱只求"快"不求"好"。但美育式识谱视唱注重人文浸润，会"慢下来"，会营造有意思的情境让孩子觉得不是在"被教育"而是主动参与进戏剧情境或者感觉是在"寻宝闯关"(包括游戏性的分组竞赛活动)。奥尔夫教学法就倡导"原本性音乐"，"原本的音乐是一种必须人们自己参与的音乐"，在这里教师在营造情境等"如何教"方面的努力远比"教什么"的努力要多。总而言之，"软教"即是为识谱视唱"包糖衣"或者把识谱视唱变成"美食"，"糖衣"在这里不是累赘，而是达成教育目标的必需，也是美育创意显现之所在。

第三，是"单教"和"融教"的区别。"填鸭式"教学只是简单、单一地教乐理视唱，甚至还把乐理和视唱分割开来。而美育式识谱视唱不仅融合到音乐中来，而且和文学、体育、美术等融为一体，和视觉、触觉、运动觉甚至嗅觉、味觉融合在一起。以运动觉为例，无论是奥尔夫还是柯达伊，当然还包括达尔克罗兹等音乐教育家，都很重视运动，重视动作在音乐以及识谱视唱中的作用。而在识谱视唱的时候算出音程度数，既是音乐和算术的融合，也使学生更容易把握不同唱名之间的音高距离感。

(三) 探索美育式读谱视唱的中国经验

高校音乐教育学科要支持学生明确以下理念：识谱尤其是视唱需要从小抓起，因为少儿阶段是音乐感知较为敏感的阶段，极少数学生甚至可以养成绝对音高感。

那么，高校音乐教育学科就不能容许学生——未来的中小学音乐教师——打着美育的名号来抛弃识谱视唱学习，而应帮助学生开拓以美育的方式进行识谱视唱教学的路径。所以，当前最重要的问题并非要不要教识谱视唱，也不是要不要借鉴全人类美育式识谱视唱经验，而是如何将全球的优秀识谱视唱美育经验本土化。比如以上所说的奥尔夫、柯达伊等识谱视唱教学经验无一例外都和西方音乐体系更为亲近，而如何与中国音乐体系、中国音乐风味融合，还是需

要继续探索的广阔领域，比如适合简谱的识谱视唱教学法、结合汉语的音乐游戏案例等。❶

总之，美育应该以有趣有益的教学形式来浸润人的心灵，而不是简单粗暴地"教音乐"（只管内容不管形式）。高校音乐教育学科的教师需要认识到，美育要求美的、与社会实际关联的教学内容，也需要美的、生动有趣的教学形式，需要师生间的相互了解、相互作用。在"生动有趣的教学形式"方面，我们不能无视音乐教育领域的丰富经验，比如达尔克罗兹音乐教学法、柯达伊音乐教学法、奥尔夫音乐教学法等，一个合格的音乐教师需要深入学习过至少一种音乐教学法。这些教学法不仅能使课堂更为活跃、使学生更加主动参与，而且本身就充满美感、就是美育的本质组成。只要我们师生好学上进，积极从专家、同事、图书馆、多媒体等多种渠道持续汲取营养，就能不断提升音乐美育能力，成为优秀的音乐美育力量。

---

❶ 比如《Do Re Mi》中的"'do' a deer, a female deer"等是唱名和英语联系的游戏，直译"'do'是小鹿，小母鹿"就显得不知所云，翻译成"多，好朋友呀多呀多"则是唱名和汉语结合。

第三章 基础音乐美育的积极心理学探索

2021年11月29日,教育部召开全国高校学生心理健康教育工作推进会,此乃教育部在2012年全国中小学心理健康教育工作会议之后的又一重要举措,并且规格更高。这些心理健康教育举措有着深刻的时代背景,即目前我国伴随着现代化进程已经来到"高心理负荷"时代,大中小学生心理健康问题已不容轻视。而借助积极心理学的成果来优化少儿音乐教育,则是摆在音乐教育工作者面前的迫切课题。

心理学在世界范围内都曾被认为是研究精神疾病的科学,适用范围较小,但是随着1998年美国心理学会(APA)主席马丁·赛里格曼"积极心理学"(Positive Psychology)的提出,其已经越来越成为世界上所有人的需求。在教育行业积极心理学尤其重要,"教育的具体操作方式和操作技术要建立在心理学的研究之上"[1]。少儿正处在心智和性格建构的关键时期,少儿美育的重点不是掌握某种技能而是形成健康的心理、乐观的性格和良好的行为模式,这些正属于积极心理学的范畴。遗憾的是,当前的少儿音乐美育尚未有效融入积极心理学,教师掌握的音乐技能或许有余,所需的积极心理学素养却严重不足,从而导致少儿音乐美育领域出现严重的观念偏狭和教学变形。

---

[1] 任俊. 写给教育者的积极心理学 [M]. 北京: 中国轻工业出版社, 2012: 138.

第一节　积极心理学促进少儿成长

积极心理学是以人类的积极品质和积极力量为研究核心、致力于使个体和社会走向繁荣的心理学派。❶ 大量实验表明，积极心理有助于认知能力和执行能力的提高，消极心理则相反；积极心理有助于身心健康和长寿，消极心理则相反❷；积极心理有助于"新社会行为"的养成，消极心理则相反❸。所以，从积极心理入手使人养成积极的性格和积极的行为模式就具有了巨大的社会建设价值。

人不仅是理性的动物，更是心理的动物，少儿尤其是心理的动物。0~3岁是心理形成阶段，3~6岁是性格和社会观念形成阶段，8岁时心理结构基本成形❹，在儿童阶段进行积极心理的培养会事半功倍，而过了此阶段则是事倍功半。所以，在儿童时期，其体质、人格、情商成长是重点，知识、技能的学习必须依附于体质、人格、情商的成长。随着孩子年纪越来越大，增长知识、提高专业技能和问题分析能力才越来越重要。

如果我们承认抑郁作为心理疾病是有害的，那么也应该往另一面推理：乐观是有益的。在少儿积极心理形成的过程中，音乐和音乐教师是重要的支持因素而绝不能是负面因素。"教育应强调以增进儿童的积极体验为途径，以培养儿童的积极人格为目标，同时要创造一个积极的社会环境作为儿童发展的

---

❶ 国际积极心理学官网. http://www.ippanetwork.org/. 2016-06-28.
❷ 克里斯托弗·彼得森. 积极心理学[M]. 徐红, 译. 北京：群言出版社，2010：55.
❸ Kubzansky L D, Martin L T, Buka S L.Early manifestations of personality and adult health: A life course perspective[J]. Health Psychology, 2009(28)：372.
❹ 国秀华. 蒙台梭利育儿全书[M]. 北京：化学工业出版社，2008：164.

外在保障。"❶ 学生一旦学会了积极，就会用乐观的方式去对待他所经历的一切——这叫"乐观型解释风格"（Optimistic Explanatory Style）。解释风格是指个体对生活中所发生事情的一种归因方式的习惯化表现，孩子一般在8岁之前就已经基本形成了相对固定的解释风格。在人类漫长的历史中，在凶险的自然及社会环境中，保守、谨慎型解释风格更有利于人们的生存；但在现代社会，自然与社会环境不再凶险，面临的事物却越来越多变、压力越来越大，这时候，乐观型解释风格的价值就显现出来。这就像城市在战争时代需地势险峻，和平时期却要交通便利。不幸的是，与积极心理学21世纪以来在欧美的突飞猛进不同，国内积极心理学的研究及其应用还处在起步阶段。具体到音乐教育学科，则基本是一个无人顾及的领域，由此也带来其培养出的少儿师资教学方式的"专业化"和"去心理化"，而"专业化"和"去心理化"的少儿音乐美育不仅难以帮助孩子成长，反倒出现形形色色的问题。

中小学校音乐教育不属于专业音乐教育，它是美育或曰素质教育的组成。在少儿音乐美育中，音乐教师要重视积极心理学的育人作用，以音乐为途径，唤起孩子的积极情绪，在社会环境正反馈的音乐活动中形成健康心理和乐观型人格。

一、尽情体验成功的欢愉

人们在完成一件事情，尤其是需要付出一定努力的事情后会产生酣畅感。心理学研究表明，人们在少儿时期"体验到更多的酣畅感，会在一生中获益，比如在一些开创性领域获得成就等"❷。酣畅感是伴随着高度投入的活动所产生的一种积极心理状态，也有利于孩子养成精神集中的习惯。当孩子迫不及待地想要去展示自己的"音乐才华"时，不要去打击他们，而是做一个积极的欣赏者，

---

❶ 任俊. 写给教育者的积极心理学 [M]. 北京：中国轻工业出版社，2012：138.
❷ 克里斯托弗·彼得森. 积极心理学 [M]. 徐红，译. 北京：群言出版社，2010：48.

帮助孩子获得酣畅感。

即便单从音乐能力角度来看，享受成功也是有百利而无一害的。我们不愿夸奖孩子、往正在享受成功的孩子头上浇冷水，通常的理由是怕孩子骄傲。但笔者观察到的大量实例表明，是冷漠在妨碍学生进步，鼓励、支持学生享受成功则会促进他们的音乐学习。帮助孩子养成乐观型解释风格则更为本质，"那些习惯去品味生活美好的人，生活得更加幸福，对日常生活的满足感更高、更不容易出现抑郁情绪"❶。工业时代以来，人们越来越远离沉静的自然环境，生活节奏越来越快，天天都要面对各种陌生的人、物和事，由此导致抑郁患者数目急剧增长。据世界卫生组织统计，全球抑郁症发病率已达11%❷，人类已经从"传染病时代和躯体疾病时代"跨入"心理疾病时代和后精神疾病时代"❸。所以，音乐老师需要的是通过帮助少儿用更多的方式体验成就、荣誉，来发展积极心理：①分享。让孩子和小伙伴一起分享音乐成就，孩子的成功体验会更深刻，小伙伴也会被快乐的气氛感染。②留建记忆。帮助孩子拍一些音乐表演的照片和视频，或者保存音乐表演的纪念品、证书，并让孩子跟家人朋友讲述经历。③自我恭喜。让孩子自己对自己讲述音乐经历，并说自己期待这一时刻已经很长时间。④加深理解。让孩子关注音乐经历中的某些细节，并把它讲给家人或朋友听。⑤投入。让孩子充分沉浸在音乐成就的喜悦中，不想其他事情，老师和家长尤其不能打断孩子的投入。

二、把失败变成积极因素

在少儿音乐美育中，不要以失败的挫折来让孩子恐惧。应该让孩子专注在改善，而不是沉浸在失败的情绪中；应该让孩子改变自己的惰性及不专心，并

---

❶ 克里斯托弗·彼得森. 积极心理学 [M]. 徐红, 译. 北京: 群言出版社, 2010: 50.
❷ 蒋林. 抑郁症肆虐全球 [N]. 广州日报, 2015-04-06: A6.
❸ 余国良. 抑郁症或成第一大心理疾病 [N]. 中国社会科学报, 2015-08-10: 6.

学习如何做到更好。千万不要为了"促使孩子认真学习"而去不断强调音乐考试或表演"失败"的痛苦，否则孩子在未来将因为害怕失败而丧失努力拼搏的勇气，或因某次失败而一蹶不振。

积极的音乐美育主要不是纠正孩子的错误，而是挖掘他们的各种积极力量，并在实践中发挥这些积极力量。即便孩子把一次音乐表演搞砸了，也不要去责怪，而要启发他从中找出做得不错的地方。我们还可以帮助孩子进行"失败练习"，让孩子去做一些平常不去做的事情，而不是出于习惯或害怕才不去做；在孩子失败后去赞扬孩子尝试的勇气，指出孩子行动中的收获，让孩子认识到因为害怕失败而不去努力、无所事事才是真正的让人失望的失败；面对失败而不气馁才是更重要的品质。如果是儿童必须改正的音乐错误，也不要强调错误本身，而是引导孩子，"我们试试这么做，看看会不会更好"……

我们要重视孩子音乐学习中的抱怨，但不能因"关注"而强化孩子的抱怨，而要引导他们以积极的态度对待抱怨的事物。假若孩子的抱怨确有道理，那么如果无法改变就要培养孩子宽容逆境、改善自己、增高心理弹性、培养抗压的能力，如果能改变就在背后去改变，或者和孩子一起去改变，比如孩子如果抱怨练琴就需要有针对性地改进练琴的方式方法。

当然，对于那些不努力的学生来说，也要让他们了解偷懒的代价：首先让孩子知道，偷懒及不用心就不会收获成就感，努力后的美好才是真正的幸福。这才是真实的成长。其次我们惩罚孩子的时候也要让孩子清楚被惩罚的原因，批评要针对孩子的特定行为，千万不要泛化，更不能指向孩子的人格，比如"你就是不认真""你真是一个不喜欢学习的人"等。

三、重新认识表演的价值

在音乐教学中，不能只强调学生的学习，也要认识到学生表现与表演的教育价值。在传统观念中,"木秀于林,风必摧之",认为主动表现会招人嫉恨。但在快节奏、高竞争的现代社会,"出头鸟"才具有存在感,也让自己的态度积极。当前的儿童作为"未来的主人翁"并不能安全地躲在熟人社会的后面,他们在急遽变动的陌生人社会必须主动表现自己的才能从而实现人生价值。

在宽泛意义上,"表演"是人的本质。"人在被他人看到之前只是孤独的个体,处于一种自在的状态,或者未完成的状态,是个遗弃物或被抛物,没有名分、指称和位置。他必须被看到,即被欣赏到、被议论到和被评价到才能获得一种社会身份,构成一个自身完成状态,所以说人是被看成一个真正的人的。"❶ 表演还是一种与日常生活行为明显不同的"仪式",而用好的仪式帮助孩子留住教育内容、提升人生素养正是形成积极心理的重要方式,孩子得以收获归属感、荣誉感和超越感。

对于中小学校的少儿音乐表演来说,水平并不重要,重要的是孩子通过表演促进个体身体和精神的成长。少儿音乐教学不仅是教室、琴房中的学习,也要参与到表演活动中,感受音乐的乐趣和心灵的震撼。

四、避免枯燥、长时间的音乐学习

在少儿器乐学习过程中经常会面临枯燥、长时间练琴的情况。不具有丰富教学方法的老师还会说:"如果孩子能够养成长时间枯燥练琴的习惯,那么在未来就可以适应长时间枯燥学习的学校生活。"但这是典型的消极心理模式,忍受枯燥绝非音乐学习的本义,也不符合少儿身心发展的规律。我们要通过有趣的教学方式方法让孩子养成喜欢学习的习惯,避免形成抑郁性格。我们还要看到,我国学校教育中枯燥的学习方式不仅应该改变而且正在改变,音乐美育要顺应并推动这个趋势。

---

❶ 彭万荣. 表演诗学 [M]. 北京:中国社会科学出版社,2003:55.

现在的孩子也与当年的我们不同,他们在未来大都能满足不错的生存需求和安全需求,在此基础之上当有更优质的生活。何况,具有超越性的行为和信念本就是积极人生的组成要素。

第二节 积极心理学的音乐教学方式方法

面对中小学生,教师需要摒弃音乐专业思维,从积极心理建构和少儿综合发展的角度开展音乐美育的教学。

一、以鼓励为主

鼓励是对个体的正面刺激,有利于个体的行为延续和行为增强,正确的鼓励有助于孩子积极心理的建设。心理学的"罗森塔尔效应"也告诉我们,如果我们把学生当成杰出人物来看待,学生就真的更能具有杰出人物的表现。

鼓励要注意以下四点。①鼓励不同于夸奖。鼓励是针对行为过程,夸奖则说的是天分或结果。音乐教学要多鼓励,比如"你在下面一定非常努力,所以这一次的音乐表演很有魅力",而不是夸奖"你真聪明""你的乐感真好"。②鼓励要具体。千篇一律的泛泛表扬会让孩子懈怠,音乐教师要有一颗敏感的心,对孩子的每一点努力都做出反应,比如,"你今天的上滑音处理得非常动听""你今天的律动表现真好,我都忍不住要跟着你的音乐跳舞啦!"③鼓励要及时。韩国对262名学生的测试表明,延迟反应与"福乐"(flow,又叫沉醉感)有显著的负相关,这说明及时反馈对孩子具有积极影响。❶ ④教师和家长要参

---

❶ Lee E. The relationship of motivation and Flow experience to academic procrastination in university students[J]. Journal of Genetic Psychology, 2005,166(1): 14.

与孩子的音乐活动。教师不要只是作为"执教者"、只是做一些音乐示范，而要参与到少儿的音乐活动中。比如，在钢琴教学中，和孩子进行四手联弹或分声部演奏；家长和孩子一起歌舞或者让孩子为自己的歌唱进行伴奏、伴舞。这样一来，孩子会觉得自己的音乐活动很有价值。

少儿本来就是弱者，批评会使他们往胆小或顽劣的方向发展。如果音乐学习中确实遇到挫折，教师和家长要利用孩子平时的爱好或其他积极事情使其走出消极情绪，至少要让双方平静下来之后再开展教育行为。

二、快乐比音乐重要

很多时候，少儿的音乐表现并不具有"艺术性"，甚至大多数7岁前的孩子唱歌会跑调。但这很正常，以后随着他们对嗓音控制能力和音乐能力的发展，自然会改善。教师应该认识到，音乐教学重要的是让孩子喜欢音乐，在音乐活动过程中收获快乐。这样的体验会让孩子受益终生。快乐音乐可以养成孩子乐观的性格、乐于表现的习惯，从而使认知系统得到加强，视觉空间能力、分析能力、数学能力和创造力得到提高，使应急反应系统（包括免疫性反应、自主神经系统、交感神经和副交感神经系统等）得到强化，使记忆系统通过听、注意、关注和回忆而得以激活。

儿童阶段是身体发育和机能发展极为迅速的时期，也是形成安全感和乐观态度的重要阶段。在这个阶段，最重要的是通过音乐提高孩子的情商，养成良好的性格、提高情绪管理及社会交往能力。这就要求我们充分理解和尊重他们的艺术想象、表现和创造，绝不能拿成人的专业标准去评判儿童的表现，追求技能训练。

音乐能使少儿的情绪系统以及内分泌、激素水平得到改善，社会交往、文艺鉴赏等能力得到提升；音乐还能使孩子获得灵性，有能力感受到生命意义的愉悦,这在孩子的儿童时期生根发芽,会在未来开花结果,不为外力所役、不忘初心。所以,音乐教学中最重要的不是孩子的音乐水平,而是教师的教育素养:教师要让孩子远离吵闹的声音,代之以柔和的音乐;教师自身要保持良好的状态,用恰当的情绪表达方式为学生做出榜样,以积极、愉快的情绪影响少儿,尤其不要以"专业"之名去指责少儿的音乐表现这里不好那里不对。

三、加强合作

大家在一间教室里学习并不等于合作。音乐课堂"一课一歌"就只是简单的重复,师生之间、生生之间很少有合作行为发生。合作性音乐学习的方式有很多种,比如器乐合奏,合唱,以及歌、舞、乐、演的多种组合形式。很多音乐活动都可以分工、分角色、分声部,熟练后还可以进行工作、角色和声部的互换……少儿音乐教学也不能人数太多,太多了就照顾不过来。以班级为单位的音乐课堂可以结合集体、分组两种形式来开展教学。

少儿教学要发挥音乐合作的多重教育价值。①团队合作精神。让大家体验到合作才会有好的音乐表现,每个人都要在团队中做好自己的音乐工作。②归属感。创造快乐的学习氛围,让孩子有机会并乐于和团队其他成员分享音乐感悟,从而产生归属感。③友谊。朋友间有更丰富的社会互动,亲密性和互惠性更高,解决冲突的频率较高,表现出更多的亲社会倾向[1]。④宽容。要引导孩子设身处地地从别人的角度(比如声部的配合)思考问题。⑤虚心。让成绩自己说话,不要认为自己比别人都强。这在乐团中很容易养成。⑥审慎。启发孩子慎重做出音乐选择,不做不适当的个人冒险,否则会影响集体的音乐呈现。⑦自我调节。引导孩子在集体活动中调节自己的感受和行为,遵守纪律,控制自己

---

[1] 彼得·史密斯,海伦·考伊,马克·布莱兹. 理解孩子的成长[M]. 4版. 寇彧,等译. 北京:人民邮电出版社,2006:94.

的欲望和情绪。人不是与自己相处就能形成自律，而必须是在与别人的互动中形成自律。⑧欣赏。引导孩子发现集体音乐的美，欣赏小伙伴卓越和富有感情的表现。⑨希望。引导孩子期待美好事情的发生（完成作品），而自己和伙伴就处在创造美好的进程之中，并在努力着。⑩社会智慧。引导孩子能够感知自己和别人的感受及意图，知道在不同的场合如何恰当表现；学会在众人面前表达和发展自己的积极情绪，善待自己和他人。

少儿还会在音乐合作中发展耐心、协调力和领导力。总之，人只有在集体活动中才能具有集体观念、形成集体主义。音乐教师也要和其他学科的教师合作，了解孩子在其他方面的进展并进行学科联系、能力融合，互相支持，共同做好少儿教育事业。当孩子在其他课程中使用到音乐课堂上的东西或在音乐课堂中使用到其他课程的东西，就更能感受到学习的愉悦。

四、玩中学，做中学

"玩"是孩子的天性，也是少儿最重要的学习方式。尤其是儿童，他们和成年人不一样，学习是以直接经验为基础、在游戏和日常生活中进行。教师应该通过"玩"来激发他们求知的动力、提高协作的能力，使他们在"玩"的过程中自由、快乐地学习和探索。

在少儿音乐活动中，要珍视游戏和生活的独特价值，创设丰富的教育环境，合理安排，最大限度地支持少儿通过直接感知、实际操作和亲身音乐体验获取经验，严禁拔苗助长式的超前教育和强化训练。简而言之，要让孩子"玩中学"或"做中学"。对于孩子来说，不要太在意显性的"学到什么"，重要的是通过音乐养成好身体、好性格和好习惯。在音乐活动中还要充分认识生活和游戏对少儿成长的教育价值，把握蕴含其中的教育契机，让少儿在与同伴和成人的交往中感知体验、分享合作、享受快乐。对于中小学校的学生来说，音乐本身就是游戏，而不是"音乐专业"；教师也应该把音乐组织进更丰富的游戏形式中，比如游艺、小戏剧表演等。

很多音乐招生广告都提到"学音乐让孩子更文静"，但这不过是误读，并且音乐学习应该动起来而不是乖乖坐在凳子上。我们总是说，音乐是情感的艺术，然而情感的英文emotion来源于同根词motion——运动，正如音乐教育大师达尔克罗兹所说"音乐是动的艺术"。心理学家皮亚杰则指出，儿童心理既不是起源于先天的成熟，也不是起源于后天的经验，而是起源于动作，即动作是认识的源泉，是主客体相互作用的中介❶。所以，少儿音乐教学不能只是唱歌或某一种乐器的学习，而应该发挥多类型动作的教育价值，包括多种多样的歌、舞、乐、情景表演甚至与音乐作品相关的绘画、手工等。

五、以综合方式开展音乐教学

少儿的感知觉具有复合性质，越小的孩子越是以整体模式接受信息，所以少儿音乐教学要注重领域之间、目标之间的相互渗透和融合，促进学生身心全面协调发展，而不应片面追求某一方面或几方面的发展。

（一）"三动"

第一是"形动"。达尔克罗兹音乐教学法认为在聆听音乐时要用身体各部位的动作表现音乐的起伏、快慢、强弱、长短、连断等特征，动作要有乐感。在歌舞、演奏时更需要"形动"，没有"形动"就没有音乐。少儿在与同伴或老师的交流中也要用到动作。第二是"心动"。在音乐活动中，少儿要感受并表现音乐的情感、性格，比如音乐的喜怒哀乐、热冷刚柔、酸甜苦辣等。少儿在与同伴或老师的交往中情感也在发挥作用。第三是"脑动"。少儿有自己的心智，在音乐活动中应该应用他们的心智。在少儿阶段，就应该鼓励孩子进行简单的音

---

❶ 皮亚杰. 发生认识论原理[M]. 王宪, 等译. 北京：商务印书馆, 1997: 22.

乐创作和表演创作，启发孩子发挥自己的思考能力以完成音乐活动。教师在音乐活动中不要只是发出简单的指令，而要启发孩子，在互动中组织教学。

(二)"六面"

第一是听。少儿把握音乐首先是通过整体的感性的方式，切忌从乐谱入手。第二是舞。听音乐时可以自由律动，包括达尔克罗兹"走的练习""默契练习"等，音乐表演时可以加入简单的舞蹈。鼓励孩子用身体动作感受和表现音乐。第三是看。可以用实物、图片、视频等视觉形式加深、扩展孩子对音乐作品的感受与理解。第四是读。进行适合孩子程度的简单读谱练习，在孩子头脑中建立音程关系。第五是演。演包括多种形式，可以是歌、舞、乐的音乐表演，也可以是表现音乐作品的动作表演（情景再现）；演还包括多个层次，比如唱就有跟着音乐哼唱、不跟音乐记忆哼唱、歌唱、歌舞、表演唱等。教师和家长要为孩子创造表演的机会，比如在客人面前唱歌。第六是说。老师与孩子交流对音乐的看法，少儿分组进行音乐创演时也需要组内交谈，课末大家对音乐创演进行分析评估也需要言说。

(三)"七环"

第一是欣赏。大多数音乐课都应该从听赏入手。第二是活动。大家感受音乐，并进行自由表现。第三是表演。更集中、完整、有感染力地完成音乐，要发挥孩子的独立见解和艺术创造，不强求统一。第四是指挥。"不能让任何一个学生失去指挥的机会"❶，指挥让孩子更积极、主动，迅速提高综合素质。只要能表现音乐，不要苛求孩子的专业指挥技巧。第五是创作。引导孩子进行简单的作品创编，比如替换歌词、更改节奏、加花变奏、伴舞伴奏等。可以即兴创作也可以有计划创作，总之不要受任何程式的限制。第六是协商。可以把孩子分成几个小组，每组内部通过协商来完成项目。第七是评价。及时记录学生的

---

❶ 秦德祥，杜磊. 音乐课堂教学的经典方法[M]. 福州：福建教育出版社，2013：50.

表现，还可以用音频视频的方式播放给学生，组织和引导大家进行分析和评价。

另外，音乐教学还可以与美术、算术、语言、科学、手工、生活等领域贯通。不见得每一节音乐课都要用到"六面""七环"，但这一原则不能变：少儿感知和表达都是综合的，也是以综合的方式提升——年龄越小越是如此。

总之，少儿正处在塑造新的神经网络的时期，需要接触大量各种不同的声音和信息、动用各种不同的感官。人类大脑中神经突触连接的多少反映了个体智商与情商的高低，人脑在发育早期，神经网络中的突触连接大大过量并处于不稳定状态，"需要通过各种信息的刺激作用，诱发神经网络新突触的形成或促进神经环路的修饰"❶，否则一些突触会被迅速淘汰。所以，在少儿音乐教学中，应该为孩子提供丰富的信息环境，使孩子的各种信息通道都能得到使用，获得丰富的生活体验，从而成长为心、智、体健康协调发展的人。教师也不必担忧这太复杂，少儿的"综合"没有那么高端，教师只要转变观念、不断学习，完全能够胜任多元贯通的工作。

六、发挥孩子的学习自主性

实验表明，自主行为在少儿的发展中具有重要作用，有利于提高孩子的认知力和创造力❷。创新思维、想象力、创造力对少儿发展来说比音乐技术更本质，美国著名的"高瞻教学"（High Scope）就把发展"主动性"作为重要目标。

孩子是音乐学习的主角，而不是被动的客体。孩子的音乐学习要发挥主动性，老师和家长不能为了成绩而代孩子做主。对于孩子来说，被动的音乐学习或许能提高音乐技能，却会失去更多。发挥孩子主动性的音乐学习需要老师更高的教育理念和教学能力，而不是简单的放任自流。

---

❶ 钱贵晴，刘文利. 创新教育概论 [M]. 北京：北京师范大学出版社，2009：132.
❷ 任俊. 写给教育者的积极心理学 [M]. 北京：中国轻工业出版社，2012：154.

（1）要充分尊重和保护少儿的好奇心和学习兴趣，帮助少儿逐步养成积极主动、认真专注、不怕困难、敢于探究和尝试、乐于想象和创造等良好学习品质。孩子对正在发生的事情感兴趣、乐于去发现和探索，这是很重要的品质，不能简单粗暴地以"与音乐课程无关"为由去制止。

（2）在少儿音乐教学中，要营造安全的心理氛围以便少儿敢于并乐于主动表达表现。少儿的表现不可能符合成人标准，教师应该赞赏而不是臧否他们独特的表现方式，要欣赏和回应学生的哼哼唱唱、模仿表演等自发的艺术活动；教师应该鼓励孩子以自己的音乐方式感知世界，鼓励少儿通过音乐与人分享自己的情绪。在少儿自主表达过程中，教师不宜做过多干预或把自己的意愿强加给他们，而是在他们需要时再给予帮助；教师应了解并倾听少儿艺术表现的想法或感受，领会并尊重少儿的表达意图，不简单用"好不好""美不美""像不像"等成人标准来评价。表达的另一面是倾听，教师要引导少儿学会认真倾听，等别人表演表达后再表达自己的感受。

（3）教师要以欣赏的态度对待少儿，接纳他们的个体差异，不简单与同伴做横向比较。教师要用积极的态度和行为去关心、观察、理解、尊重少儿，遵循少儿的成长规律和年龄特点，为少儿成长创设宽松、适宜的条件和环境，因势利导，因材施教。我们还应该尊重孩子用新奇和有效的方式去体验音乐，而不是"唯一正确"的方式去复制音乐。比如，我们不必匆匆制止学生拍打尤克里里，因为那正是积极心理学中"创造性练习"中的重要方法：选择身边的某件物品，在它的典型用途之外寻找其他可能的用途。

（4）音乐教学不能有损而要有利于孩子自我判断、自我调节的自主性发展。音乐教学应该创造条件让少儿践行并描述他们的音乐想法、行为和作品，形成真正属于孩子自己的音乐能力和内化的亲社会行为。老师要"学会沉默"，让孩子自行组织音乐活动，老师、家长等可以作为"被动者"参与进来。

（5）要引导孩子主动评估自己的音乐行为。借此可以帮助孩子建立信心，养成主动探索的精神，以及自我负责的意识。

众所周知，当前我国高等音乐教育已经陷入严重的就业危机，同时全国少儿音乐教育市场蒸蒸日上却很难找到优秀的师资。目前，音乐院系培养的音乐表演人才水平堪忧，又与社会需求脱节。音乐教育专业则大致延续了音乐表演的教学模式，屡遭中小学及幼儿园诟病。当前高等教育已从精英阶段发展至普及阶段，音乐专业大学生早从卖方市场转到残酷的买方市场，音乐院系亟需转变观念，结合社会需求进行全面变革。所有的孩子都需要音乐，但绝大多数孩子都不是以专业音乐培训的方式需要音乐。音乐院系的音乐教育专业必须改变原有教学模式，再不能专做音乐，而要树立新的教育观，帮助学生获得教育心理学、少儿心理学、音乐教育课程论、音乐教学法等方面的素养。少儿专业音乐教育的社会需求很小，但少儿音乐美育的需求极大，如果转变观念和思路，高等音乐教育就能发现广阔的就业机会。

第四章 音乐教育学科的专业反思

我们都知道奥运会,也知道奥运会是"奥林匹克运动会"的简称,却不见得知道这一国际最高体育赛事推崇"业余精神",在体育竞赛之外有更为高远的追求。"国际奥委会的宗旨不仅仅是为了比赛或单纯的娱乐。重要的是教育人,培养人,不仅给人以强健的体魄,而且使人获得健全的精神世界。这与古希腊的箴言'健全的思想寓于健康的身体'有内在的一致性。国际奥委会领导的奥林匹克运动的最终意义并非体育运动本身,而是其所体现出来的为人身心完善的最高哲学及社会意义。"❶

对于以培养基础教育阶段音乐教师为己任的高校音乐教育学科来说,其更不能局限在专门的"音乐"内部,应廓清和加强对自身"专业"的认知。

联合国教科文组织的重要文献《学会生存——教育世界的今天和明天》认为,"人们要求教育把所有人类意识的一切创造潜能都解放出来",但今天却发现,"创造活动的两个组成要素(思想和行动)都已经瘫痪了",这是因为"教育既有培养创造精神的力量,也有压抑创造精神的力量"❷。经受这样教育的人往往患上"专业病",很难找到自己的职位,成为"无业者"。即便幸运找到职位,也往

---

❶ 焦现伟,焦素花. 现代体育"业余精神"溯源:在传统与代之间的重生[J]. 体育与科学,2017(2): 68.
❷ 联合国教科文组织. 学会生存——教育世界的今天和明天[C]. 北京:教育科学出版社,1996: 188.

往具有"职业病":这样的人擅长的是"正规考试",而不是解决正在面临和即将面临的现实问题;这样的人只面对自己和同行,而非面对当前和未来的"顾客"。

当然,这里的"业余"并不是在驱逐知识和专业技能。提升知识、专业技能是教育的重要方面,也是人的全面发展的基石。我们反对的是单纯抽象的知识、没有视野和理想的专业技能。知识不应该是没有常识和正常生活以及正常心态的知识,专业技能不应该是没有常识、正常生活以及正常心态、服务意识的专业技能。

第一节 重新认识音乐教师的"专业"

"让专业的人做专业的事",这是一句流传极广的话。"专业"代表着"内行",意味着"可靠",标示着"问题解决",一向是褒义词。但这句话在现实中却有可能走向它的反面。

音乐教育学科以培养音乐教师为己任,所培养的音乐教师需要以专业能力服务社会,从而获得职业尊严和人生价值。所以,音乐教育学科必须明确音乐教师的"专业"到底是什么。

一、音乐教师的专业是"教育"

教育部"双名计划"新时代名校长培养对象、广东省骨干校长、中山市西区中心小学校长郑义富基于多年教育经验,认为基础教育"要警惕狭隘的科学主义、学科专业主义,以及对技术理性的盲目崇拜"❶。

---

❶ 蒋隽. 中小学课程改革需警惕:狭隘科学主义、学科专业主义 [EB/OL]. 羊城派(百家号). 2024-12-03.

基础教育阶段的音乐教师和其他学科的教师一样，其身份是"教师"，从根本上来说其专业是"教育"。建筑行业有这样一个故事：旅人问三位石匠在忙什么，第一位石匠回答："我在砸石头。"第二位石匠回答："我在雕刻精美的石器。"第三个石匠回答："我在建造一座让后代更优秀的学校。"故事反映了职场人的三种境界：工作，职业，事业。这也对应着职场人的三种发展情况：工人，能手，行业领袖。

这个故事说明了理念的重要性。但是，教育行业与建筑行业还是有很大的区别：在建筑行业中，有人将建筑视为职业或工作也未尝不可；而在教育行业中，所有教师都必须有教育事业心。因为，教育面对的并不是石头，教育需要支持一个个活生生的人的优质发展，教育从业者必须具有明确理念才有可能应对面前此起彼伏的各种挑战。

(一) 音乐教师普遍缺乏教育技术

音乐教师需不需要音乐技术？当然需要。但这个问题并不是"真问题"，因为音乐教师在原本的求学过程中普遍以音乐技术为重心，在当下的工作过程中也是以音乐技术为重心。当前，我们现实中的"真问题"是：音乐教师需不需要教育技术？

我们尚且普遍存在这样的观念：高校中的音乐教育专业是理论专业。这种观念是一种误解，并误导了音乐教育专业的发展。音乐教育当然需要理论的指导，但它是不折不扣的实践专业——我们能说幼儿园和中小学校的音乐教师是理论工作者吗？

所有的实践工作者都需要理论的指导，音乐教师当然并不例外。所有的实践工作者都需要相应的技术手段，音乐教师当然也不例外。接下来我们就会发现，音乐教师普遍缺少教育技术。因而，在音乐教学实践中，我们很容易看到"照本宣科""大水漫灌""拔苗助长"等各种状况，音乐教师普遍将重点放在

"学会"而不是更具教育意义的"会学"方面。并且，因为教育理念的匮乏或错谬，这里的"学会"往往也表现为"狭隘的学会"和"伪学会"，究其实质不过是"拾人涕唾"或"鹦鹉学舌"。

高校音乐教育专业普遍存在两种错误观念，这两种错误观念都由教师主导。第一种错误观念认为："学会音乐，自然就会教音乐。"但是，"学会"和"会学"之间有着巨大沟壑，"会学"和"会教"之间又有着巨大沟壑，"学会音乐，自然就会教音乐"显而易见无法成立。第二种错误观念往往是以反问句的形式出现："不会音乐怎么开展音乐教学？"但是，这个问题并不是"真问题"，它不仅是脱离实际的"假问题"，更是搅混教育的"恶问题"。将事物推到极端境地来证明自己正确，这本身就是反教育的恶行。基础教育阶段的教师接受了多年的音乐专业教育，又在音乐教学实践中多年锤炼，已经基本掌握基础的音乐知识和技能。当前，我们亟待思考的真问题是：在"音乐教育"中，到底留给了"教育"多少时间和机会？

如果我们很少关心教案写作、课堂管理、学情调查、教学反思，如果我们很少学习和使用课堂结构的技巧、提问的技巧、互动的技巧、课程整合的技巧、制订教育计划的技巧、营造支持性教育环境的技巧、评估音乐教育效果（不是音乐表演的艺术水准）的技巧、多媒体展示的技巧，以及教育语言的技巧、教师动作和眼神使用的技巧、教育热情维护的技巧、教师心理调节的技巧、了解学生的技巧等，我们如何能说自己是一名合格的教师？

(二) 重新理解"专业"

我们在中小学音乐教师群体身上很容易发现普遍性的"专业错位"：他们认为自己的"专业"是"音乐"，并不是"教育"。这种普遍错位的源头是高校音乐院系，而高校音乐院系长期以来"高高在上"，重音乐轻教育，缺少基本的教育反省的理念和实践。但是，事实难道不是很清楚吗？中小学校的音乐教育属于"非专业音乐教育",目标并不是培养专门的音乐人才,而是通过音乐教育来支持各类人才的全面发展。亦即是说,对于基础教育阶段的音乐教师来说,其"专业品质"从本质上来说表现在"教育素养"方面,而不是"音乐水平"方面。

《专业主义》作者、经济学家大前研一认为,专业能力表现为"先见能力""构思能力""讨论能力",以及"适应矛盾的能力";另一部《专业主义》的作者、管理学家大卫·梅斯特认为,专业能力指向的是"客户满意""基业长青"。对于音乐教师来说,我们的专业能力也绝不限于"音乐能力",也需要表现为教育先见能力、教育构思能力、教育讨论能力和适应教育矛盾的能力,并指向社会满意和基业长青。

在这里,我们尚需重申基础教育阶段音乐教育的性质:它是"非专业音乐教育"。"非专业"在这里并不低级,相反,它很卓越。专业音乐教育是"培养音乐人才"的教育,非专业音乐教育是"通过音乐培养人才"的教育,两者之间当然是后者更难、更具有普适性、价值更大。在"非专业音乐教育"范畴,音乐专业主义不仅难以支持反而很有可能损伤学生的健康成长——这样的例子比比皆是。

在基础教育阶段,所有学科的教师都要明确:我们的专业首先是"教育"而不是自己的"学科",我们的使命是支持学生的健康成长而不是服务于学科的构建。各个学科的教师的不同之处在于,大家乃是通过不同的学科来支持学生的健康成长。基础教育阶段的音乐教师则要认识到,我们的职业是"教师",并不是"音乐家",我们在掌握基本的音乐知识技能之外尚需成长为"教育的内行"。专业的音乐家可能在支持学生通过音乐获得综合发展方面一筹莫展,但一个音乐方面的"万金油"则可能极为擅长支持学生通过音乐获得全面发展。

二、音乐教师不是理论教师

无论是公开还是私下,无论是音乐教育专业的师生还是音乐表演行业的从业者,都很容易听到这样的说法:音乐表演老师是实践老师,音乐教育老师则是理论老师。

然而,音乐教育并不是理论学科,音乐教育专业的老师也不是理论老师。

(一) 教育是实践活动

"教育"的一般定义是:聚焦于支持人的身心发展的社会实践活动。由此来看,教育学科显而易见是实践学科。

再来看《教育部关于大力推进教师教育课程改革的意见》(教师〔2011〕6号)及随同发布的《教师教育课程标准(试行)》的说法:教师教育课程标准的基本理念是"育人为本""实践取向""终身学习"。在这里,除了"实践取向"外,其他两点也都要落实在实践上面。

教育部教师工作司主持的《教师教育课程标准(试行)解读》对教师教育有更详细的阐述:"教师的专业是实践的专业""教师的专业发展必须落实到教师育人实践能力提升上。教师教育课程必须帮助教师建构实践性知识。教学不是一门理论性学问,教师的工作、教师的发展不是掌握理论并将理论应用于实践的过程""教师的实践是复杂教育情境中的问题解决过程,教育情境的流动性、多变性决定了对所有教师都有效的教育原理与技术是不存在的,教师的教学依赖的是一种明显有别于科学或技术知识的特殊类型的知识——实践性知识。教师的实践性知识与'理论性知识'在性质上存在着差异""教育必须关注实践,教育不是脱离具体情境的'抽象'知识,而是依存于特定情境的实践性知识。教师的实践性知识因与实践高度融合而在教师的教学活动中发挥着重要作用"❶……这里不仅明确指出,"教学不是一门理论性学问",而且强调"教师的

---

❶ 教育部教学工作司. 教师教育课程标准(试行)解读 [M]. 北京: 北京师范大学出版社, 2013: 78.

工作、教师的发展不是掌握理论并将理论应用于实践的过程"。这里的理论也不只是书本上的理论，而更多是来自实践的理论，并能指导实践。

显而易见，教育是不折不扣的实践学科。

（二）音乐教育是实践专业

音乐是一种社会实践活动，教育是一种社会实践活动，音乐教育当然也是一种社会实践活动。2014年，教育部高教司司长张大良就曾指出"师范、艺术、体育以及农林、水利、地矿、石油等都属于行业背景突出、应用性突出的学科"❶，艺术门类的音乐学科是实践性学科，师范学科也是实践性学科，音乐教育专业当然也是实践性专业。

音乐教育的实践性，一是表现在音乐的弹、唱、跳、编、导、演，甚至声、光、电等方面（当然并不需要达到专家的高度），二则表现在教育方面。著名音乐教育家李妲娜在提交"全国音乐教育专业建设论坛"的论文中指出，"师范类有自己的基本功"，既然是基本功就需要不断练习、不断操作。"师范"的基本功表现在哪里？以前有"三字一画一话"的说法，要求教师具备钢笔字、毛笔字、粉笔字和简笔画、普通话的基本功。在当前，社会对教育的要求越来越高，"师范"还要会设计课堂——包括课堂的结构、形式、互动，会与学生良好沟通等。当然，除此之外教育还有更多的实践内容，比如发展教师丰富的教育组织能力和实践反思能力等。

套用《教师教育课程标准（试行）解读》的说法，我们可以得出以下结论："音乐教师的工作、音乐教师的发展不是掌握理论并将理论应用于实践的过程"，而是掌握音乐实践和教育实践能力并将这种实践能力应用于具体音乐教育实践的过程。

当然，实践的音乐教育离不开理论，"单纯强调实践技能训练，与单纯强

---

❶ 李剑平. 教育部高教司司长张大良否认"高校转型说"[N]. 中国青年报，2014-11-25：03.

调理论性知识一样,都是站不住脚的"❶。教师专业和现代的众多专业一样,都需要理论的支撑和指导。教育的丰富性和情境性,要求教师具有更高的规律性知识运用和总结能力,否则就难以应对复杂的教育工作。一名合格的音乐教师既需要音乐实践技术,也需要教育实践技术,然而没有理论(规律性知识)指导的实践技术的发展是低效的,实践如果不能形成规律性知识甚至不具有基本的理性认识,当然也是糊涂的、低效的。

但这并不等于教育就是理论学科、教育课程就是理论课程,更不能因此认为音乐教育学科就是理论学科、音乐教育课程的老师就是理论老师。音乐教育离不开理论检视,然而这是在理论指导和实践体验的交互中提高实践性音乐教育能力,而不是理论的音乐教育能力。然后,音乐教育还要在行动中进行实践反思,而不是懵着头走路、"脚踩西瓜皮、滑到哪里是哪里"。就像盖房子,如今的高楼大厦已经不再像以前的小房子那样不需要蓝图,不需要建筑学、物理学、设计学等理论知识。音乐教育也一样,既要立足实践又要跳出实践,从更高的维度来发现规律性的东西。比如勾股定理,仅仅发现"勾三股四弦五"是不够的,而要通过逻辑证明总结出"在任何一个平面直角三角形中的两直角边的平方之和一定等于斜边的平方"。这才是宝贵的实践,能够让人类改造世界的能力攀上更高的台阶。

音乐表演老师也需要理论指导,但我们并不会因此断言"音乐表演老师是理论老师"。音乐教育是实践学科,音乐教育老师是实践老师,高校音乐教育学科建设必须对此具有清醒的认识。当然,音乐教育实践需要理论支撑,并且音乐教育的实践和理论的结合并不是浅层次的结合,而是"实践—理论—反思—实践"的不断往复和提升的过程。

---

❶ 教育部教学工作司. 教师教育课程标准(试行)解读[M]. 北京:北京师范大学出版社,2013:79.

三、从"目的"倒推"专业"

著名音乐学者蒲亨建有一篇名为《"音乐教育"能教什么?》的微信文章,主旨是说音乐教育专业"什么都教不了"。确实,音乐教育专业有很多问题,其中一些问题还很严重。然而,这些问题并不包括"音乐教育什么都教不了"。当然,作为音乐院系中的师生,我们也知道"音乐教育什么都教不了"这一观点其实在音乐院系很具代表性,。

约翰·杜威(John Dewey,1859—1952)是著名哲学家、心理学家,也是杰出的教育理论家、实践家,他的《民主主义与教育》和柏拉图的《理想国》、卢梭的《爱弥儿》并称为西方教育史上的三座里程碑。在杜威诸多教育理念中,尤以"教育新三中心"为世人所知,并取代了赫尔巴特"教育旧三中心"的位置。即是说,在教育理念上,学生、经验、活动已经取代了原来的教师、教材、课堂的"中心位置"。

从逻辑上来看,"学生中心"等新三中心其实显而易见:教师和教育之所以存在是为了学生成长,而绝非"学生之所以存在是为了教师有薪酬"。接下来的逻辑也很清晰,教师之所以存在或者说"教育的使命"乃是为了发展学生,并不是"教书"或"上课",绝不能本末倒置。

那么,具体到"音乐教育"专业,其核心并真实的问题乃是"音乐教育如何支持学生发展",而并非"音乐教育能教什么"。伟大的音乐教育家奥尔夫的五卷"学校音乐教材"之所以取名《为儿童的音乐》,亦是出自这一教育理念。

我们再来看高校"音乐教育"专业的性质:它并不属于专业音乐教育,而是素质教育的组成。即便是专业音乐教育也不应该简化为"教音乐",素质教育视野中的音乐教育就更是如此了。素质教育视野中的音乐教育是什么样子?用奥尔夫的话来说乃是通过丰富的"原本性音乐活动"支持人的全面发展,即通过音乐与舞蹈、语言、表演、美术、体育等多样综合来支持人的全面发展。为什么"音乐教育"要如此"不务正业"？因为音乐教育的目的所在并不是"音乐"，而是"学生"，所以当然可以也必须"不拘一格育人才"和"育不拘一格的人才"。2022年版《义务教育课程方案》专门规定"跨学科主题学习不少于10%的课时"❶，也是因为教育的真实问题并非"教什么"，而是"如何支持学生成长"。

"知识"并非目的，而是路径。只有"人的发展"才是目的，也必须是"人的发展"才能充当目的。遗憾的是，学校教育在各种表层指标考核后往往舍本逐末，人的发展在长期运行中恰恰被忽视。具体到音乐教育，这时候我们会发现，音乐承诺的美好并没有得到基本兑现：对于学生来说，大量出现"喜欢音乐但不喜欢音乐课"的情况；对于音乐工作者来说，有调查显示这一群体患上抑郁症的概率比普通人高三倍，企图自杀的概率是其他行业的两倍，平均寿命比其他职业群体少20年。

高校"音乐教育"专业对应的出口是基础教育的音乐教师。对于基础教育的音乐教师来说，核心所在是"为什么教"而不是"教什么"，困难所在是"怎么教"而不是"教什么"。正是因为并非"音乐知识能力愈高就教育教学水平愈高"，显而易见贝多芬不是合格的中小学音乐教师——他要将自己的亲侄子卡尔培养成音乐家，结果却使侄子自杀（未遂）。我们可以想象，陈景润也不是合格的中小学数学教师、李白也不是合格的中小学语文教师、马拉多纳也不是合格的中小学体育教师。为什么？因为基础教育的根本规律并非知识规律或技术规律，而是教育规律和教学规律。基础教育阶段的音乐知识和技能或许简单，但是顺利教会学生掌握这些音乐知识和技能并不简单；通过音乐来全面支持人

---

❶ 中华人民共和国教育部. 义务教育课程方案（2022年）[Z]. 北京：北京师范大学出版社，2022：11.

的发展、支持人的全面发展，这更是难上加难。

基础教育最重要的是适宜性，音乐教学也应当适宜学生的年龄特点和个体发展特点，而绝不是"我会教什么就教什么"和"我会怎么教就怎么教"。很多研究都表明，发展适宜性实践中的儿童能够获得更为长远的学业收益，而"抢跑"会损害儿童的长远的学业收益。[1]所以，不是帮助学生单方面音乐能力提升的"抢跑"而是"形成好奇心和成为主动学习者"[2]才是音乐教师更为重要的能力。比如，仅在乐谱使用方面，一个具有适宜性教育素养的音乐教师会根据学生特点综合使用手指谱、图形谱、语词谱、实物谱以及简谱等，而一个具有"专业音乐"特点的音乐教师可能只会使用"最科学"（一个具有鲜明文化霸权色彩的词汇）的五线谱。

"音乐教育"并不能简化为"教音乐"，它有更为崇高的目的。即便是"怎么做"的"务实"方面，"音乐教育"专业也有自己的优势。所以，我们往往能看到，一些音乐能力良好的音乐表演专业毕业生在中小学音乐课堂上束手无策，表现远逊于音乐教育专业的毕业生。在2023年国民音乐教育大会上，笔者看到主讲教师能弹能演能互动、载歌载舞载氛围，虽然这里的歌、舞、乐、演等都不高深，但极具感染力和控场力。在真实的音乐教育中，我们相信这些教师也具有促进学生身心健康、激发创造创新能力以及提升音乐表现能力的本事——虽然他们有的音乐能力并不高深。其实，一个中小学数学教师并不需要有证明庞加莱猜想的能力，一个中小学音乐教师也不需要通过拿到柴可夫斯基国际音乐比赛大奖来证明自己。

绝大多数基础学校的学生都并不打算以音乐为专业和职业，如果非要他们

---

[1] 格斯特维奇. 发展适宜性实践：早期教育课程与发展[M]. 3版. 霍力岩，等译. 北京：教育科学出版社，2011：19.

[2] Elkind D. Developmentally Appropriate Practice: Philosophical and Practical Implications[J]. Phi Delta Kappan, 1989: 115.

悲催地在"懂音乐但不懂教育的老师"和"懂教育但不懂音乐的老师"二者中帮孩子选择一个音乐老师,我们宁愿他们选择后者。原因有二:第一,懂教育的教师具有终身学习的能力,很快就能懂音乐,但懂音乐的"专业"教师可能一辈子都不懂教育;第二,"不懂音乐"还不至于要命,但"不懂教育"却很要命。

当然,高校音乐教育专业要培养的并不是"懂音乐但不懂教育的老师"或"懂教育但不懂音乐的老师",而是"既懂音乐又懂教育的老师"。

四、反思"专业",挖掘"业余"

我们往往坚定地认为"专业"是一个褒义词,所以常见"让专业的人做专业的事"这类说法;与之相对,"业余"则是贬义词,比如"做事太业余"等一定是指责而非激赏。然而,对于基础音乐美育来说,实际上还有另一种可能:我们对"专业"缺少反思,对"业余"缺少挖掘。

(一)奥运会是"业余运动会"

我们都听说过"奥运会"这个名号,也大多看过一些相关信息,以及知道"更高更快更强"的奥林匹克格言。但是,我们往往将注意力投放在谁会拿到金牌、谁的运动技能更胜一筹上,而很少有人知道奥运会有着"业余精神"的内核:1894年,在巴黎成立的国际奥林匹克运动委员会将"业余原则"写入章程;1896年的希腊首届现代奥运会上,在运动员身份、资格的确认方面严格遵守业余原则,不允许职业运动员参赛。

奥运会的文化来源是古希腊"发展全面的人",并不存在职业运动员。总之,奥运会除了外显的运动水平,还有"业余精神"的内核,借用"现代奥林匹克之父"顾拜旦的说法就是:"奥运会最重要的不是胜利,而是参与;正如在生活中最重要的事情不是成功,而是奋斗;但最本质的事情并不是征服,而是奋力拼搏。"《奥林匹克宪章》则明确:"奥林匹克主义是增强意志和精神并使之全面均衡发展的一种生活哲学。"在这种意义上，为了获利而不惜超极限地训练以至于留下身心伤病累累是反奥林匹克精神的。奥林匹克提倡的是普通人的进取精神，鼓励人们在自己的生活和工作中不甘于平庸、朝气蓬勃、激发潜能、积极乐观、超越自我。在这里，运动员的"业余"意味着不计薪酬、不计功利。在其他运动中，也有鲜明的"绅士"色彩，而理想的绅士，"首先是一个业余活动家，至于他有何专业知识，从事什么职业或贸易活动，这些都是次要的细节"❶。奥运会原来限制职业运动员参赛，之后为了更具可看性，才允许职业运动员加入。所以，直到1992年巴塞罗那奥运会，美国男篮职业联赛（National Basketball Association，NBA）的选手才第一次参加奥运会（梦之队）。但是，奥运会的目标依然远超运动本身："通过没有任何歧视、具有奥林匹克精神——以友谊、团结和公平竞争的精神相互理解的体育活动来教育青年，从而为建立一个和平的更美好的世界做出贡献。"❷

在网络上走红的贵州"村BA"也告诉我们，"业余者"才是国民体育运动的基石。没有广大不以"运动"为职业的业余者，也就没有以运动为专业的职业运动员。我们更不能因"业余者"水平不高而歧视他们，在他们身上，反倒可能有职业者无法体会到的体育享受、丰富感受，以及没有职业者所负载的职业焦虑——就如同跳广场舞没有职业舞者的职业焦虑一样。

（二）"爱美的戏剧"竟然是"业余戏剧"

"爱美的戏剧"在中国戏剧发展史上具有重要地位。什么是"爱美的"？英语amateur的音译。amateur意即"业余"。为什么"爱美的戏剧家"不为出风头、不为利益依然热爱戏剧？其代表人物陈大悲在《爱美的戏剧》中说："我们是因为受到一种不忍不分给人，不敢不分给人，不可不分给人的精神饭粮而演

---

❶ ［英］奥尔德里奇. 简明英国教育史[M]. 诸惠芳，等译. 北京：人民教育出版社，1987：26.
❷ IOC. Beyond the Games. https://olympics.com/ioc/beyond-the-games，2022-07-22.

剧的。"❶ "爱美的戏剧"还具有"民众化"之积极目的:"不是要提倡爱美的戏剧来打倒或者代替职业的戏剧,而是要把戏剧的感化、安慰、一切影响扩充到职业的戏剧以外,使它成为民众化。"❷ 这是"要争回民众享有戏剧的权利"❸,较之民众仅仅是作为职业戏剧的接受者、审美者,又丰富和深刻了许多。

比如学生剧社,它并不是为了让学生成为专门的戏剧家,而是感受和提升表现力、表达力,优化自身,进而优化世界;比如人人都可以喜欢运动、享受运动,但这目标是"体育",并非人人必须成为专门的运动员。对于音乐来说,人人都可以喜欢音乐、享受音乐,但这目标是"美育",并非人人必须成为专门的音乐家。

(三)音乐美育领域急缺教育家

在当前,"音乐美育"是一个极具正面价值的词语。"音乐教育"很容易让人理解为"教音乐的行为",但"音乐美育"这个词不会让人专执于"教音乐",而更有可能"以音乐之美育人"。这才是普通音乐教育的精髓。

换句话说,音乐美育其实是"业余教育",并不是"专业教育"。但是不要小看"业余教育",如果稍稍了解教育,就会知道这"业余教育"一般来说比"专业教育"更丰富。现实中,我们在"培育音乐人才"方面积累有经验,但在"用音乐培养人才"方面大都经验不足,甚至意识不清。

"业余"必然是坏词吗?我们不妨看看马克思、恩格斯的说法,"今天干这事,明天干那事,上午打猎,下午捕鱼,傍晚从事畜牧,晚饭后从事批判……这样就不会使我老是一个猎人、渔夫、牧人或批判者"❹。在他们看来,业余是人的全面发展、实现自由自觉的必经之路。北京大学教授陈平原也认为,中国

---

❶ 陈大悲. 爱美的戏剧 [M]. 上海:上海书店出版社,2011:153.
❷ 陈大悲. 爱美的戏剧 [M]. 上海:上海书店出版社,2011:5.
❸ 陈大悲. 爱美的戏剧 [M]. 上海:上海书店出版社,2011:23.
❹ 卡尔·马克思,弗里德里希·恩格斯. 德意志意识形态 [A]. 马克思恩格斯文集(第1卷)[C]. 北京:人民出版社,2009:537.

教育显得狭隘，急缺业余精神："喜欢艺术，但不想拿它混饭吃。有文化，有境界，有灵气，即便技巧上不够娴熟，也可取——起码避免了专业院校学生容易养成的'匠气'。"❶同时，以我们熟悉的音乐院系为例，其可能不仅是容易养成"匠气"，还往往压制灵气、拒绝创意，乐于和善于建立自己的"井中规则"。

所谓"教育"，在以往的经验中更多的是划定知识的集中获得。经受这样教育的人往往容易患上"专业病"，在常变常新的现代社会中很难找到自己的岗位，反而成为"无业者"。即便这样的人幸运找到职位，也往往具有"职业病"：他们擅长的是"正规考试"，而不是解决正在面临和即将面临的开放性问题；他们只善于面对自己和同行，而不是面对当前和未来的"顾客"。

然而在现代社会，"教育"早已具有了新的涵义，包括生活本身，此即"教育即生活""学会生活"，其他还有身心健康、情绪管理、意志磨炼、社会交往、价值追求等。这时候，"业余"的价值自然就浮现出来了。

即便是从最功利的角度，我们也可以思考：这个世界需要多少职业运动家的教练？又需要多少普通健身教练和体育教师？

第二节 重新认识音乐教师的专业职责

在现实中，我们能够发现音乐教师的常规工作往往不止于"教音乐"，也可能从事一些图书管理、后勤服务、班主任等工作，甚至是语文、数学、地理等其他学科的教学工作。也是在这种情况下，一些音乐老师发出"请让音乐教师教音乐"的呼吁。不过，这个问题并非这里所要讨论的问题。本节的主旨是基础教育阶段音乐教师职责理念的问题。职责理念错位，就会导致教学行为的七

---

❶ 陈平原. 读书的"风景"与"爱美的"学问 [J]. 新华月报, 2009(11 上): 84.

上八下和教育效果的七零八落。基础教育阶段的音乐教师需要树立这样的理念：我们的专业职责不是"教音乐"，而是通过音乐发展学生，更具体地说，是通过音乐发展学生在新时代所需的核心素养。

一、音乐教育必须回应时代需求

不同的时代，有不同逻辑的音乐教育。

在漫长的农业社会，音乐教育遵循德育逻辑，表现出鲜明的依附性。历史音乐典籍《礼记·乐记》对音乐的定性是"乐者，德之华也"，其功能在于"移风易俗"。这时候，音乐教育其实乃意识形态的"德育"的附庸。直到20世纪初叶，大教育家蔡元培依然认为美育通往德育，"以图德育之完成者也"……这时候，音乐教育的地位并不高，往往表现为装点门面或者区分秩序，即"礼乐相成"。

20世纪80年代以来，音乐教育逐渐凸显自身的独立性，开始具备学科意识、遵循学科逻辑。随着各级教育音乐教师的"补齐"和音乐课程的"开足"，音乐教育中强调音乐特殊性和音乐学科特殊性的呼声越来越高，音乐学科寻求和语文、数学、外语等学科具有平等的学科地位，至少是和体育学科地位平等。这时候，音乐课程表现为"教音乐"，音乐教育重视的是传授音乐知识和技能。同时，学科逻辑的上位逻辑是"升学逻辑"，音乐学科作为"非应试学科"其实可有可无。

2015年国务院办公厅印发《关于全面加强和改进学校美育工作的意见》，标志着音乐教育越来越注重育人逻辑，音乐和其他学科一样表现出鲜明的支持性。无论是其他课程也好、音乐课程也罢，其开设的目的都不是发展"课程"，而是发展"人"，支持学生的发展。经过五年的探索，中共中央办公厅、国务院办公厅在2020年联合颁发《关于全面加强和改进新时代学校美育工作的意见》，

"育人"和"学科融合"终于成为基础教育领域的公共话语,基础音乐教育阶段逐渐形成"音乐课程不是为了培养音乐人才而是通过音乐来培养人才"的共识。而在当前,则尤其需要基础教育阶段的音乐教师完成教育理念的转变:我们的职责不是"教音乐",而是"通过音乐支持学生发展核心素养"。

教育之目的不是课程自身的成长,而是学生的成长。这个道理很容易理解。不过,人类的现代教育机制奠定于机械工业时代,而"知识就是力量"乃机械工业时代的主流话语,参加课程学习即能增长就业能力。在这种惯性下,课程、知识成为教育的中心,学生则成为课堂中被灌输知识的"客体"。

在当前,我们还能信心满满地坚持"知识就是力量"之说吗?在这个"知识爆炸"的时代,单位知识的价值已经急剧衰落;在这个常变常新的世界,"客观"的知识往往无所适从;在这个人工智能广泛应用和发展的社会,那些便于"提取"和"传授"的知识丧失了稀缺性,人工智能对这类知识的掌握更具有强大的优势。也正是在这样的背景下,原来的学科教育、知识教育话语被扬弃,素质教育话语抬头,教育部也组织开发了"中国学生发展核心素养框架"。虽然这个框架问题多多,其研究本身却能反映出中国教育的发展大势:不是以学科或知识为中心,而是以学生为中心、以学生核心素养的发展为中心。

所以,"音乐教师的目的不是'教音乐',而是通过音乐发展学生"这个观点根本不具有教育理念的原创性。但是,这个观点却具有传播的紧迫性。现代教育"三中心"是教育学常识,由杜威在一百多年前为了走出当时教育界占据主流地位的"教师中心、教材中心、课堂中心"而创立,遗憾的是,直到今天,我国教育界还没有走出旧的知识中心论,学生依然是知识的奴隶。

对于音乐教师来说,这种表现可能更为显著。因为我们当初在专业音乐院系所接受的教育普遍是"音乐人才培养"模式,哪怕音乐教育专业也严重缺乏师范性。如今作为音乐教师,我们必须补足所缺的教师教育课,尤其是补足素质教育而非学科教育的教师教育课：探索音乐在支持学生发展立体感知、健康体魄、温润心灵、乐观精神、坚韧意志以及左右脑协调、创新意识、创造行动、社会合作等方面的水平；根据学生核心素养的发展来倒推和设计音乐教学，而不是根据音乐知识系统和音乐技术层级来"培养音乐人才"……

为了更好地通过音乐育人，音乐教师不仅不能排斥音乐，还要不断提升自身的音乐能力。但当前更需要补充和强调的是，音乐教师不能狭隘地只是提高音乐能力，作为教师而不是音乐家，我们更应该提高教育能力。并且，与"音乐教育2.0"的学科逻辑或升学逻辑相比，"音乐教育3.0"的音乐课程不再是调味品而是教育正餐，这对音乐教师提出了更高的要求：我们不能满足于学科型教师，而必须发展为育人型教师。

二、厘清"教音乐"和"用音乐教"的区别

"教育中心论"是教育理念的核心问题，也是教育行为的关键问题。基础教育阶段的普通学校中，音乐课程不是"培养音乐人才"而是"用音乐培养人才"，音乐教师的职责不是"教音乐"而是"通过音乐发展学生"。这是音乐教育学的常识，既不"新异"，更非文字游戏。音乐教师将目标从"教音乐"转为"通过音乐育人"，这既是音乐教育理念的核心问题，也是音乐教育行为中的关键问题——音乐教育目标不同必然带来音乐教学路径、工具和手法的不同。

（一）不同的音乐选择导向

"音乐教育2.0"时代的音乐教材和音乐课堂中，艺术音乐扮演绝对主角。当然，因为之前"音乐教育1.0"的历史惯性，德育性音乐也常来返场演演配角。

在"音乐教育3.0"时代，音乐教学则由学科逻辑转向育人逻辑，不仅是美育和德育，智育、体育、劳动教育也被允许和鼓励进入音乐课堂。相应地，则

是艺术音乐的绝对地位被削弱,生活应用型的功能音乐从无到有、从有到普遍地出现在音乐课堂中。

这些音乐包括配合体态律动、运动及舞蹈的音乐,适合"感觉统合"练习的音乐,以及用于冥想、瑜伽等身心放松的音乐,当然也包括音乐心理调适、音乐治疗所用的音乐等。除了舞蹈音乐在原有音乐课堂有所使用(但使用不多、目的不同),其他类型的音乐皆因"艺术性不高"被排除在外。确实,在学科逻辑的音乐课堂看来,这些音乐都不具美学高度(也很难传唱):节奏或过于舒缓,或过于明快,和声、曲式、配器皆嫌简单,旋律线条不清晰,各部分缺少对比……

然而,这些音乐在艺术上的缺点,却可能是生活应用中的优点。如果音乐教师由"教音乐"转型为"用音乐教",如果音乐教学的目标不再是单一强调音乐能力而是全面发展学生,那么这些音乐进入音乐课堂就不再是离经叛道,而是教育发展的必然选择。

(二) 不同的音乐使用方式

在"知识中心"的音乐教育中,在乐理、视唱之外使用音乐的方式主要是创作、表演、欣赏,而无论是创作、表演还是欣赏,都追求音乐逻辑的"艺术性"。

"育人中心"的音乐课堂使用音乐的方式除了创作、表演、欣赏外,还包括"生活应用",并且,前三个环节追求的也是育人的有效性,"不拘一格育人才"。

比如在音乐创作环节,除了艺术性外,还可以考量学生在创作过程中发散性思维和内敛性思维的综合使用情况;在音乐表演环节,除了艺术性外,还可以考量学生的心理成长情况;在音乐欣赏环节,除了艺术性外,还可以考量学生的"感统"发展情况。

"生活应用"的音乐则几乎不考量音乐的艺术性。比如,环境音乐或者说背景音乐，如果艺术性太强则会喧宾夺主，影响注意力。除此之外音乐还有其他丰富的使用场景：音乐冥想是现代人使用较广但仍需普及和强化的音乐使用方式，简单轻松却在缓解神经焦虑、改善身体情况以及提升创造力和智商（因为其可以形成阿尔法脑电波）等方面都有优良表现；对于儿童来说，以"感统"的方式使用音乐可以提升身体协调能力、避免自闭症；对于更高年级的学生来说，以瑜伽等方式使用音乐可以解放身心；音乐的体态律动式使用不仅可以改善身体状况，而且可以提高身体的艺术表现力；研究表明，运动在体育之外还能改善大脑，在运动中使用音乐则可以让体育和智育的融汇更为立体、更为高效；音乐教师不用成为音乐治疗师，但了解和使用一些基本的音乐治疗手法无疑可以让教学形式更丰富、育人效果更优良；引导并教会学生使用睡眠音乐远比教会学生一种乐器容易，但育人价值未见得比学会一种乐器更低廉……

（三）不同的音乐教学状态

音乐逻辑的音乐教学关注的往往是音乐及其发生方式。在秧田形的旧式教室中，每个学生的活动范围被前后的课桌和左右的同学框定，很难有丰富的教学行为发生。即便是在专门的音乐教室中，音乐逻辑的教学也追求整齐，学生在教师的指令下统一行动。

但在育人逻辑的音乐课堂上，学生的主动性得到重视。比如，自主组织音乐会，分组搜集相关资料从而用身边材料来制造小乐器，为课上的音乐作品设计情节和表演，用自制乐器、歌唱、戏剧的综合形式来表现音乐作品等。

将"教音乐"转型为"用音乐教"，课堂状态不再是单向灌输而是双向互动，学生原有的生活经验和当下的音乐教学、未来的人格发展得到尊重；课堂上的主角也不再是音乐作品，而是在教师引导下开展多样行为的学生，比如，将音乐作品延伸至身体打击乐、阿卡贝拉（用嘴巴模仿乐器的吹拉弹打）、戏剧（加入剧本编创、语言与表演、场景设计）以及音乐的视觉呈现（用线条、色块等美术手段来"画"音乐），将音乐教学场景延伸到社区、音乐会现场，将音乐行为与德育、体育、智育、劳动教育结合等。这时候，学生所收获的将不仅是音乐知识"量"的积累，还有知识的联合与实践拓进，学生则从单一的知识接受者转变为知识加工的主体和知识意义的主动建构者。

因此，基础教育阶段的音乐教育不仅要体现音乐性，还要体现它的教育性。

三、重视教育的融汇贯通

"你的数学是体育老师教的吧？"假如你没有被这样调侃过，也一定听过这句调侃的话。这句话之所以是"调侃"，乃是基于我们一向的经验：从小学甚至幼儿园开始，语文、数学、体育、音乐等各个科目就分别由相应科目的老师来开展教学工作。

然而，一向如此，就合理吗？

芬兰教育是教育行业的热门话题。在芬兰流传着这样一句话："芬兰最好的学校，就是离家最近的那一所。"这句话充分说明了芬兰教育的优质与均衡。在新华社著名记者周轶君导演的教育纪录片《他乡的童年·芬兰》中，为了让孩子们体会、理解什么是年龄和时间，芬兰小学教师拉妮带着学生一起去老年人康复中心，和老人们一起画画。周轶君问拉妮老师是否学过绘画，拉妮老师说没有，"你只需要用不同的创意，表达自己的感情。"在芬兰教育看来，画画是为了表达自己，而不是为了评比。周轶君听后失态哭泣："我们总是被说这个不行、那个做不好……现在我开始明白，要为了自己的生活而学习。"

在初中之前，一位老师既教体育又教数学是很正常的事，只是我们认为不正常而已；一位老师既教体育又教音乐是很正常的事，只是我们认为不正常而已。在世界范围内，小学教师乃以全科教师为主。这有两方面的原因：对于教师来说，小学阶段的学习内容并不高深，有能力进行全科教学；对于学生来说，低龄儿童不适应科目独立、条块分割的学习方式，需要进行全科教学。在基础教育品质较高的国家，一位小学教师既教体育又教数学、音乐是很常见的事。

在我国教育部新印发的2022年版《义务教育课程方案》中，加强学科融合也是重要的教改方向。在此之前，我国一些高校也已开始探索全科教师的培养工作，比如重庆师范大学、南宁师范大学等就设有"小学教育（全科教师）"专业。今后，"体育老师教音乐"将不再是新闻。

2022年版《义务教育艺术课程标准》有一个重大变化，那就是原来的音乐课程标准、美术课程标准被合并为一个"艺术课程标准"，且增加了舞蹈、戏剧、影视等艺术形式。对此，很多音乐教师口吐怨言，"这不就是艺术概论课嘛""音乐教师这是要改行了""有这综合素质谁还去教小孩啊"……

然而，音乐教师有必要担忧自己不具有美术、舞蹈、戏剧、影视等"专业能力"吗？芬兰的拉妮老师有在担心自己"没学过美术"吗？举世闻名的"戏剧教学法"难道不是由英国小学的数学老师创立的吗？对于义务教育阶段的艺术课程来说，很多东西都是常识，即便不是常识也很容易通过学习来掌握。何况对于艺术来说，更重要的并不是"做得像"，而是释放天性、苏醒感官、体味内心、积极表达。不得不说，"专门学过艺术"在这方面并没有优势。

比如，"学过音乐"就并不像我们所认为的那样具有优势。音乐教师群体普遍存在"专业化"倾向，并且这种"专业化"往往具有狭隘性，是以一种标准（往往是僵化版的西方音乐标准）来恒量学生的所有音乐行为。正是因为这种现象很普遍，《中国好声音》节目中一位导师才对遗憾于"没有学过音乐"的青海民族大学教师旦增尼玛说："还好，你没有学过音乐。"深耕中国音乐教育事业数十年的郭声健先生则进一步阐述："你不要把我们的音乐教育想象得太美好，有的时候音乐教育甚至还会很伤人……"

《义务教育课程方案和课程标准（2022年版）》明显降低了学科程度要求，

而在提升育人程度要求——这也是我国教育告别"教育内卷"而全面发展学生的必然选择。"劳动课程标准"要求学生会做几道菜,教师有必要担心自己不是烹饪专业吗?

音乐教师的价值在于通过音乐促使学生全面发展,目的是"发展学生"而非"发展音乐"。音乐教师的行动表现为"用音乐教"而非"教音乐",面对的是活生生的人,而不是直挺挺的教材。如果一个小学音乐教师在担心自己没有能力教授舞蹈、戏剧等内容,那么他首先应该反省,自己有没有能力开展音乐教育活动。如果他有能力开展良好的音乐教育活动,也就没有必要担心舞蹈、戏剧等内容。在良好的音乐教育活动中,舞蹈、戏剧、美术、影视等内容一直是融入其中的。在良好的音乐教育活动中,自会涉及体育、智育、德育、劳动教育,换句话说,"音乐老师也在教体育"。

那么,新课标来了,优秀的音乐教师是不是就可以高枕无忧?当然不是。无论有没有新课标,作为教师就必须持续担忧和反省,是否在优质支持学生的发展?在新的时空条件下如何优质支持学生的发展?作为音乐教师就必须持续担忧和反省,是否在通过音乐等教学内容来持续地优质支持学生的发展?在新的时空条件下如何通过音乐来继续优质支持学生的发展?

在这里,重点难点并不是音乐,也不是美术、舞蹈、戏剧、影视,而是育人。音乐教师首先要担忧自己的育人能力,并随育人需要来提高艺术能力、五育融合能力以及师德师风等。

四、从需求倒推职责

在这个日新月异、竞争加剧、顾客智商提升的世界,每一个行业都需要重新认识并自我革新。基础音乐教育同样如此。

基础教育为什么要支持学生学习音乐?高大上的说法是"音乐能陶冶情

操",也有培训班"循循善诱"说高考选音乐专业会降很多分,并且音乐马上要成为中招和中考的科目。然而,中招和中考的音乐会和体育类似,学生并不须专门去上培训班;学生如果学不好文化课,没有人文素养,也不可能因为考进音乐院系就成为音乐人才。更可怕的是抱着降分目的极有可能把不喜欢、不适合以音乐为职业的学生引入歧途。何况中国即将迈入高等教育普及化阶段,孩子未来上大学是很简单的事,他们完全可以选择自己感兴趣并相对擅长的领域。

那么,基于这些情况,我们是不是就可以轻视音乐?答案当然是否定的。因为音乐不仅有虚无的审美功用和实在的考学功用,而且在这中间还有极为广阔的天地。

第一,是提高智商。国外的一些实证研究表明,音乐对脑部神经的发展具有积极作用,7岁前的良好音乐经历能够促进胼胝体神经元连接的水平,有效沟通左右脑。智力主要不是由大脑神经元数量决定,而是由神经元连接的疏密度决定。在提升语言水平方面,音乐的作用更是显而易见。它能够帮助人们增强语音意识、音量感知、节奏感知、听觉记忆和声音学习能力,并让我们在噪杂的环境中还能保持良好的倾听和对话能力。此外,音乐还能提高少儿抽象时间、抽象空间的思维能力,这和美术、数学等课程的目标一致。

很多培训机构也把"提高智商"挂在嘴边,不过要注意音乐并不是天然能够提升智商,那种单调、令人厌烦的重复练习并不会提升智商。但在正常教学活动中增加"如何提升智商"这个新指标,是少儿音乐教育当前的新课题。

第二,是预防及治疗心理疾病。与提升智商相比,音乐的这个作用更为明显。统计数据表明,当前都市中出现"感觉统合失调"现象的儿童超过80%❶,而音乐不仅能预防感统失调,还在临床上被广泛用来治疗自闭症、多动症这样

---

❶ 我国儿童感觉统合失调比率呈逐年增加趋势 [EB/OL]. 人民资讯(百家号), 2021-05-18.

的感统失调等极端病症。在更大范围内,当代疾病的主体已经由生理病、传染病转到"心身疾病",常见病通常是由心理因素和情绪反应引起,比如高血压、冠心病、窦性心动过速、精神衰弱、失眠、抑郁症、病态僻好、甲亢甲低、消化性溃疡、支气管哮喘、神经性官能症等。而音乐能舒张血管,降低紧张度,从而降低血压,改善心脑供血;能促进胃肠蠕动,增加胃液分泌,从而帮助消化;能使呼吸道平滑肌松弛,起到解痉作用;能增加腺体分泌,改善内分泌系统;还有镇静、镇痛作用……

与临床治疗相比,音乐在身心建设方面的应用也更为简单,但这也不等于不需要学习就能掌握。恰恰相反,笔者观察到很多少儿音乐教学中充满了规训与惩罚,是以病理学范式而不是健康学范式进行教育(这是应试教育的必然反映),所谓"预防与治疗心理疾病"根本就无从谈起。

第三,增加生活满意度,形成积极人格。著名心理学家提塞利格曼提出了"幸福三要素",即乐趣(感受美好)、参与(享受生活)、意义(追求卓越)。在这方面音乐具有较强的应用价值,同时这也为音乐教学提出了新的要求:让学生对音乐保持兴趣,让每个学生都能以多样方式参与到多样音乐活动中,以喜闻乐见的方式提升学生感受和表达音乐的能力。音乐还被教育家用作养成少儿乐观性格、积极人格的好药,通过敲敲打打、弹弹唱唱、伴随音乐的蹦蹦跳跳来让孩子的心灵更加快乐,使他们感受幸福的能力得到成长。

积极人格让我们更加具有社会适应性和竞争力。北京大学考试研究院院长秦春华曾经请多家大公司的 CEO 列出企业在招聘员工时最看重的要素,其中重合度最高的是人品好、身体好、人缘好和想法多,学校最看重的考试成绩他们却不是很在意。❶ 在这里,人品好、人缘好直接就属于积极心理的组成,此外大量研究也都证实"快乐的日子让人更聪明、更能干",并有助于身体健康、

---

❶ 秦春华. 三个弊端严重影响高等教育质量 [N]. 光明日报,2015-10-13.

延年益寿——美国一项长期研究显示，乐观的人比悲观的人的寿命平均高出7岁以上。

积极心理的建设需要丰富的生活来支撑，对于音乐教学来说就要避免形式的单一。尤其是儿童的注意力不持久，长时间的"专业性音乐训练"不仅于事无补，而且会产生厌烦情绪、厌学习惯。并且单调、封闭性的练习可能单方面发展了某种机能，却耽误了其他机能的提高，也无法形成多机能联动，得不偿失。

可供音乐发挥积极作用的空间很大，最后我想归结到高感性人群的培养方面。《新华日报》曾刊文认为现代社会需要的是高感性和高体会的艺术型人才：高感性能够观察趋势和机会，以创造优美或感动人心的作品、编织引人入胜的故事，并结合看似不相干的概念，转化为新事物；高体会则可以体察他人情感，熟悉人与人之间的微妙互动，懂得为自己与他人寻找喜乐，在烦琐俗务间发掘意义与目的。[1] 这其实正是音乐教育之要义，但反观我们的现实几乎是背道而驰的，在把艺术型人才改造为单一技术型人才。

每个孩子都需要音乐，却只有极少数孩子需要成为音乐家，少儿音乐教育需要重新为音乐"赋能"。然而，现有音乐教材类型单一，都是以音乐作品为中心，但真正的素质教育应以少儿发展为中心，少儿音乐教育需要补充新的教学理念和教学方式；现有音乐教育研究主要是面对少数人的"专业音乐"形式，面对所有人的音乐素质教育研究极为匮乏，并且在学术体制中得不到起码的尊重。在新的教育发展阶段和新的社会环境中，少儿音乐教育必须重新想象。音乐，不能只是单一的学科工具，还应该并有能力成为少儿心、智、体和社会能力健康发展所需的解决方案。

---

[1] 丹尼尔·平克.未来世界属于"高感性族群"[N]. 新华日报，2014-07-09.

第三节 积极促进音乐教育的行业变革

大教育家叶圣陶有一句名言:"我如果当教师,决不将我的行业叫作'教书'。"

为什么不能将教育行业定义为"教书"?因为,"教书"有教师行为——"教",有教学材料——"书",却唯独不见了最重要的教育主体——"学生"。所以,"教书"一词鲜明揭示出其"目中无人"的非教育真相、反教育本质。

没有方向的教育是"无头苍蝇",教育之使命是发展人,决不能定义为"教书"。音乐教育之目的是通过音乐来支持人的发展,决不能定义为"教音乐"。有音乐专家认为"音乐教育是音乐的延伸",然而在基础素质教育领域,这句话显而易见并不适合。

一、"我如果当音乐教师,决不将我的行业叫作'教音乐'"

素质教育有别于机械工业时代旧式分工所带来的简单工具化、螺丝钉化教育以及应试教育,其指向是和谐发展的人。尤其是基础教育阶段,并非是为了培养某一专业方面的、与时代发展弱相关的技术人才,这里既不是语文学校,也不是数学学校,更不是音乐学校,这里的音乐教师不能将所在的行业定义为"教音乐"。

素质教育是支持学生和谐、全面发展的行为,音乐在其中发挥着不可替代的作用。正因如此,所有人都需要音乐教育,所有学校都需要音乐教师。如果音乐教育是"教音乐",那么重点就会落在"音乐"身上,人的感受、健康与和谐发展则被忽略,教育的适宜性也被忽略。于是,一向被认为是素质教育重要组成的音乐教育也就顺理成章地沦为"应试教育"或"偏狭教育"。我们不是没有过惨痛教训：全国政协会议提案"取消音乐考级"（李心草）是这方面的反映，"学了一点技术，恨了一门艺术"也是这方面的反映，"学生喜欢音乐但不喜欢音乐课"还是这方面的反映。

对于素质音乐教育来说，音乐只是手段，学生才是目的。为了学生的和谐发展，音乐可圆可扁、可长可短、可高可低。这里遵循的并不是音乐的艺术规律，而是教育规律。或者说，素质音乐教育的上位学科是"教育"，并非"音乐"。这既是多年来《普通高等学校本科专业目录》一直将"艺术教育"划归在"教育学类"的起因，也是目前诸多师范大学在教育学院设置"音乐教育"专业的缘由。

对于素质音乐教育来说，"音乐自律"和"艺术规律"不仅不是褒义词，反而值得格外小心。比如，音乐冥想对于学生的身体健康、心理调节、智力发展、创造创新能力提升等都有突出优化作用，但从"音乐自律"或"艺术规律"角度来看却不值一哂，在专业音乐惯性中的我国高等音乐教育领域中全无立锥之地。

没有音乐的心灵是干枯的，只有音乐的课堂也是干枯的。为了和谐发展学生，音乐教师还需要掌握跨学科开展音乐教育的能力。这在2022年版《义务教育艺术课程标准》已经有明确要求，并且，其是"艺术课程标准"，已经不再有一个独立的"音乐课程标准"。叶圣陶先生早就指出，"理想的教学，最好不分学科。在中小学校里，学科的划分只为着教学的便利起见。"如果艺术课程的老师只会"教音乐"，这恐怕也只是"为着教学的便利起见"，而不是"为了学生和谐、全面发展的便利起见"。比如琵琶曲《十面埋伏》欣赏课，某些老师可能只会照本宣科，我也只能想到利用自制打击乐器进行音乐探索、结合历史故事、进行音效创编，但李妲娜老师却是以甲骨文的"鼓"字（象形字）来引发，别开生面，既有趣，又有益、有效。

对于中小学音乐教师来说，"教师教育"是无用和不用学的吗？《15秒课堂活动设计指南：解决课堂混乱的36个关键活动》这样的书籍是无用和不用学的吗？任何一个有过中小学音乐课堂教学体验的人恐怕都不敢如此自大。对于一个优秀的中小学教师来说，必须清楚"为什么教"，而"教什么"所花费精力远不如"怎么教"为多。中小学音乐教师担有更为高远的使命、需要更为丰富的教学方法，和大学里面的博士生导师或小琴房教师是两码事。

新时代的中小学音乐教师必须走出音乐专业主义，恐怕至少要认识到以下五点：①音乐固然是好东西，但对于绝大多数学生来说，他们以后并不是要凭音乐吃饭。②音乐固然是好东西，但用音乐课来支持学生和谐、全面发展更为重要。③音乐固然是好东西，但缺少教育素养的"教音乐"却可能事与愿违。④音乐固然是好东西，但好老师更需要支持学生在真实生活中学会综合使用音乐，以之感受生命美好，调整负面情绪，滋润枯燥生命，强健体魄和魂魄，获得展示机会，开发智商，激发创造创新能力，以及高效休息。⑤音乐固然是好东西，但好的音乐教师才是学生真正的福星——这正如人参固然是好东西，但好的医生才是病人真正的救星。

二、告别"不会音乐怎么教音乐"句式

A和朋友一起吃饭，朋友说咱们别点那么多菜。理由如下：①自己已经是奔五的年纪了，身体健康重于口腹之欲。②自己身高一米七，体重两百一，已经过胖。③医生叮嘱，要有节制，不能胡吃海塞。④饭店餐饮高油高糖高盐高热量，选择时要有控制。⑤点多了吃不完浪费。

A说："不吃饭那不饿死了？"理由如下：《左传》言"天有六气，降生五味"，吃饭是替天行道。美食文化是我国优秀传统文化的重要组成，我辈负有发扬

美食文化的责任。我们读书人要向大读书人苏东坡学习,天下唯美食和读书不可辜负。古语说得好,"民以食为天",吃饭天经地义,不吃饭违背天理。俗语说得好,人是铁饭是钢,一顿不吃饿得慌,五天不吃人命亡,不吃饭那不饿死了?

"不吃饭那不饿死了?"这个问题对于A的朋友来说并不是真问题。

"不会音乐怎么开展音乐教学?"这个问题对于基础教育阶段的音乐教师来说并不是真问题。这正如"不会数学怎么开展数学教学"对于基础教育阶段的数学老师来说并不是真问题。如果你是经过公平公正公开的应聘程序入职的数学老师,那么你会"不会数学"吗?

"真问题"并非高奥的问题,它是结合具体时代特征和具体人群而言的。我们都唱过"你耕田来我织布","如何织布"对于农耕时代的女性来说是需要解决的真问题,对于电气时代的绝大多数女性群体来说并不是真问题。

"不吃饭那不饿死了?"这个问题对于非洲难民是真问题,对于我国古代灾患中"易子而食"的饥民是真问题,对于A的朋友是完全不必考虑的假问题。如果A还抬出各种冠冕堂皇、似是而非的大道理来"道德绑架"A的朋友,那么A的这个问题已经和晋惠帝"何不食肉糜"一样是"恶问题"了。

"不会音乐怎么开展音乐教学?"这个问题在四十年前或许是真问题,但在每年音乐院系毕业生多达二百万的今天已经不再是真问题了。

在音乐院系中,音乐师范生和音乐表演生的区别不大。二十多年前,作为音乐师范生的笔者和作为音乐表演生的朋友之间最大的区别是:他每周上2节一对一的声乐小课,笔者每周上1节一对一的声乐小课;笔者四个学年有两门教育类的合班大课(各1个学期),他没有。

近两年这种情况有所改变,但是冰冻三尺非一日之寒,扭转巨大惯性也非一日之功。整体而言,目前音乐院系中的师范生的师范性较差,即便是师范大学中的音乐师范生也是如此。在笔者涉及 7 个院校的小范围调查中，没有听说任何一个音乐师范生接受过"教师使命"教育（喊两句口号不能算"接受教师使命教育"）。很多基础教育的音乐教师不热爱自己的教师岗位，事出有因。

接下来我们再来粗略回答一个问题：假如你所在的音乐学院中的教师的所有课时加起来共有 10000 个课时，那么，音乐教育类和教育类老师的课时能占多少？如果他们的课时加起来能有 5000 个，那么恭喜你，你大概是读了一个全世界最好的音乐教育专业。如果他们的课时加起来能有 2000 个，那么也要恭喜你，你大概是读了一个全中国最好的音乐教育专业。如果他们的课时加起来能有 1000 个，那么也不错，你大概是读了一个全中国很正常的音乐教育专业。事实上，在很多师范生占比更大的音乐学院中，音乐教育类和教育类老师的课时占比也就在 5% 上下。

"不会音乐怎么开展音乐教学？"这个问题在 40 年前可能是真问题，在音乐教育类加教育类老师的总课时占比超过 40% 之后也可能是真问题，现在则远远不是。

音乐教育要发展，就需要大家来发现真问题和解决真问题，就不需因牵涉切身利益遂赶上来搅浑水。没有音乐教育的大蛋糕，就没有音乐教师的小蛋糕。

笔者之所以关注基础教育阶段的音乐教育，是因为其覆盖所有学生，"所有学生都可以通过音乐发展自身"，乃真正的大蛋糕。而专业音乐教育或职业音乐教育只覆盖极少数学生，只有极少数学生有能力通过自身努力发展音乐和成为专业音乐家。

基础教育阶段的音乐教师需不需要提升自身的音乐能力？当然需要，但这也是音乐教师普遍在做的。这时候，凸现出来的重要性其实是另一个问题：学了多年音乐，却不会通过音乐来支持学生发展核心素养。

学科是手段，学生发展是目的，这是所有学科教师都应明晰的基本教育理念。正因如此，教师教育才成为一门专业（教学科容易，支持学生发展难），教育才真的是伟大事业（"教书"不伟大，"育人"才伟大）。

三、他山之石：语文教学名师如何靠音乐课翻身？

1999年12月5日，教育部主办"于永正语文教学方法研讨会"，这是中华人民共和国成立以来教育部为个人召开的第一个教学研讨会，于永正也成为教育部"跨世纪名师工程"向全国推出的第一位名师。然而，他在初为小学语文教师之时原本极为挫败，"面对这狼烟四起的教室，我迷茫，彷徨，沮丧，想辞职……"❶

那么，这位语文名师当初是如何迅速走出挫败的呢？答案是：通过上音乐课。音乐老师教班上的学生唱《学习雷锋好榜样》，学生用了两节课都没学会。于永正这位语文老师主动请缨代替音乐老师上课，一节课下来完成了男女生二部轮唱，学生个个脸上洋溢着兴奋和激动，没让于老师说一句维持纪律的话。

以上这个真实的案例并不能证明语文教师于永正有多高的音乐专业水准，却至少可以说明两个问题：

（1）基础教育阶段的全民音乐课堂并不是为了培养音乐专业人才，并不需要高深的专业音乐技能。我们都知道我国小学存在"音乐老师教语文"的现象，其实这不是因为语文老师水平差，而是语文课太多、音乐老师没课上。如果语文老师、数学老师没课上，他们也不是全然不能上音乐课的。同样是语文老师，湖南湘潭许新苗的音乐教学也是令人惊叹的。往前倒推四十年，农村中小学基本没有音乐教师，音乐课要么不上要么也是由其他学科教师代上，这些老师的音乐课堂和近二十年来的专业音乐教师相比也并不逊色，甚至更为多彩。在基础素质教育阶段，单一的音乐专业知识技能并不足以成为音乐教师的"护城

---

❶ 教育部师范教育司. 于永正与五重教学 [M]. 北京：北京师范大学出版社，2011：8-10.

河"。笔者调研过南京大学、南开大学等优秀大学的艺术团,那些物理、数学专业大学生的音乐水平并不会输于旁边著名艺术院校的音乐专业大学生。至于音乐专业大学生能否像有些音乐专业人士所说的那样,"陈景润用他自己的思路解一道题,让观看者震撼,从而获得对知识和技能的敬畏与学习热情,对学生造成的影响恐怕不是用几个教育手段能比的"。

(2) 单一的音乐知识技能训练必然会在"如何教""如何有效管理课堂""如何评价教育结果"以及"为什么教"等素质音乐课堂的多个方面捉襟见肘。这方面的事例在我们面前比比皆是,关键是愿不愿看见、能不能看见。

通过上音乐课,语文老师于永正迅速奠定教师威信,并进而总结出中小学教师要"经常露一手"的经验。这经验不是从理论上读出来的,而是于永正从教代数的徐惠通老师的教学实践中观察出来的。于老师还会用幽默来化解各种矛盾和维护教师幸福感,这种能力则是从物理老师那里体会到的。这也告诉我们,音乐教育专业不仅要接受"音乐教师教育",也要向其他学科的优秀教师学习,"留心处处皆学问"。

"关爱学生",这是谁都会说的一句话,但更为重要的是如何转化为行动。倘若"爱的理论"无力转化为行动,教师就会产生挫败感,进而形成一种名叫"麻木"的厚厚保护壳,表现为疲惫和懈怠。

任何一位中小学教师——当然中小学音乐教师也不例外,如果不曾接触过"教育使命",也很容易走向疲惫和懈怠。因为从经济角度来看,教师职业很普通,收入不高,也难以影响到成人世界的利益分配。但是换一种教育的视角来看,作为小学教师是在深刻影响很多孩子人格的塑造和未来的发展——这是多么大的福分、多么大的责任。

有坚定的教育使命感才能热爱教育,热爱教育才能自觉、持续、兴致勃勃地发展教学技巧。语文老师于永正正是这样,有很多教学技巧值得我们学习。

比如，我们都知道要尽快记住班上每个学生的名字，但如何尽快记住并不容易，于老师给出了结合视觉的方法：将学生座次表写出来上课时展开。比如，教育不能把孩子教浮躁了，"有的学生很优秀，也喜欢举手，你可以这样对他说：'我知道你很优秀，当别人说不出、读不好、写不好时，再请你出马，怎么样？'"❶这样既照顾到更多的同学，也不挫伤少数同学。比如，教学要"以动治动"：目光不断瞥向那些魂不守舍、好动、好说的同学，可以请他们做点事，比如读书、读单词、表演、到黑板上默字等。比如，于老师汲取群体心理学的知识，指出不能让学生看出教师的偏爱，对学生要有严格要求，但更要注意爱护，"如果你今天狠批了张三一顿，明天一定要找个理由表扬他"❷。比如，课堂上请同学们回答问题一开始不能请优秀学生，因为"一凤入林、百鸟压声"，"找到答案不是目的，目的是以问促学"，于老师说"我最喜欢发言发错的同学"❸，这不只是消除学生的顾虑，而是体现了一种教学思想。比如，与一般的"鸡蛋里挑骨头"不同，于老师是"骨头里找肉"，哪怕找到的只是一丁点肉丝，也要说成是"排骨"，"要为学生创造被赞美的机会，才艺展示啦，演课本剧啦，自编自演'歇后语故事'啦，写字、默字、朗读、作文比赛啦，各种体育比赛啦，读书比赛啦……只要想让学生得到夸赞，总会有办法的。"❹教师可以训斥学生的不当行为吗？当然可以，前提是和被训斥的学生要有亲密的交流……

对面向基础素质教育的音乐教育专业的大学生来说，从其他学科优秀教师那里汲取的知识技能，并不比从大音乐家那里汲取的知识技能更少。"音乐教育能教什么？"在音乐教育前辈奥尔夫那里早有答案："音乐并不是我们的目的，音乐不过是我们达到启发心灵的一个手段罢了。"

---

❶ 于永正. 给初为人师的女儿20条贴心建议 [M]. 北京：教育科学出版社，2014：10.
❷ 于永正. 给初为人师的女儿20条贴心建议 [M]. 北京：教育科学出版社，2014：7.
❸ 于永正. 给初为人师的女儿20条贴心建议 [M]. 北京：教育科学出版社，2014：27-28.
❹ 教育部师范教育司. 于永正与五重教学 [M]. 北京：北京师范大学出版社，2011：48.

四、高等音乐教育也需供给侧改革

"供给侧改革"是我国当前政治、经济与社会生活中的热门词汇,是指新形势下适应社会需求的变化、从提高供给产品质量出发的改革。供给侧改革是我国经济结构调整、社会健康发展的必由路径,也是音乐教育结构调整、健康发展的必由路径。

中国经济早已经从"供不应求"的卖方市场进入"供过于求"的买方市场,无论是第一产业、第二产业还是服务业,都在全面过剩。这是市场经济改革的成功,然而如不继续深化供给改革,将会引发经济危机、社会危机。高等音乐教育的环境比经济环境更值得忧虑,其产品需求连年走低,并且大学生就业质量亦在连年走低。

高等音乐教育的问题首先是产品量大。音乐院系连年扩招,每年有二十万毕业生进入人才市场,然而社会远没有这么大的有效需求:专业音乐院团基本饱和甚至还在分流,城市中小学也都配备了音乐教师,艰苦地区则"支付不起"大学生所需的物质与文化条件,所以大多数音乐院系毕业生散落在各级城市低端的音乐培训机构及其他服务行业,不仅就业率低而且就业水平也不高。

量大还不是高等音乐教育的本质问题,质低才是。我国社会正处在音乐文化需求的上升期,有意愿也有能力在优质音乐服务方面支付资金。但是在西方古典音乐甚至是中国传统音乐高端表演人才培养方面,我们的音乐院系的影响力与日、韩等地相比却是此消彼长的态势。在音乐教师培养方面,社会上需要的是具有素质教育能力的音乐教师,绝大多数家长都没有打算让孩子今后走"音乐专业"这条路,而是希望孩子能通过音乐拓展感受幸福的途径以及提高情商、智商、体质、社会交往等方面的能力。让他们不满的是,音乐培训机构能提供的基本是考级、艺考这样的应试教育,并且音乐教师自身的素质大多并不高；这些教师在大学求学期间接受的是所谓"专业音乐教育"，也没有掌握"通过音乐开展素质教育"的本领。

还有个问题是高等音乐教育的产品类型单一。我国大学的发展历史较短，音乐院系的历史更短，受苏联音乐学院的影响很深，以传授西方专业音乐知识为主。这种模式在教学内容上既不注重中国的民族民间音乐或者只是顾及符合西方专业音乐观念的中国民族民间音乐，也不重视社会需求较大的流行音乐；在教学方法上只重视音乐技术训练，不讲究教学方式，更不管少儿音乐素质教育的观念与方式方法。这种专业主义的西方古典音乐观还会继续细分，把大学生分为声乐、器乐等专业以及美声、"民声"（以美声为基础，并不是指戏曲或各族各地的传统唱法）、钢琴、小提琴等方向，其教学目标是培养大机器上的螺丝钉，符合的是机械工业时代人才观。这样的"人才"在常变常新的电脑时代找不到位置，找到位置也会因缺乏调适能力和灵活性而迅速陷入无所适从的境地。

高等音乐教育必须关注社会需求的新变化，推动供给侧改革，从粗放扩张转到集约发展。①要把好"原材料"的质量关。高等音乐教育不能为了解决生源少的问题而在艺考时大放水，造成五音不全、完全不适合学习音乐的学生仅因为艺考的文化分数线低就被引流进音乐院系。同时，艺考还要综合考虑学生的文化素质，否则就会形成恶性循环，学生学得困难，教师教得痛苦。几年下来，学生不仅会成为高等音乐教育的残次品遭到市场冷落，而且会因选错专业耽误终生。②加大选修课比例，把"伪选修"变成真选修。虽然有些学校甚至提出了"课程超市"的概念，但是总体来说音乐院系为学生多样发展提供的课程支持还很不够。必修课不仅份额重而且全国的开课科目都大同小异；选修课则提供的数量少，学生在有限的选修课程中为完成学分只能"全选"，选修课实则是"必修课"，结果就是学生不管具有什么样的兴趣和特长，所学的课程都大同小异，毕业出来所能提供的服务也大同小异。在笔者看来，学生所学课程中必修课的比重应低于40%，选修课的比重则要超过60%；选修课在数量上必须有较大选择的余地，假如一个学生应在音乐院系完成60个选修学分，那么音乐院系应该提供超过120个学分的选修课程数量。③以小班制为主。研究表明，一个能够开展互动、互助和探索性教学活动的课堂的学生数量在16人左右。遗憾的是，音乐院系的课堂或为1~2人的小课或为动辄50人以上的大课。小课形式不利于学生间的互助与协作意识培养，大课形式不利于师生互动和探索性教学，二者都很难形成高效课堂。当然，小班并不见得必然高效，这还需要教师具有组织高效课堂的能力。④教师要不断进步，注重知识更新。教师是音乐院系的主体，他们负有培养合格人才的责任。教师必须认识到，进入信息社会以来，各个门类的知识与能力的更新都在加速，很多原有的知识和能力已经不适应时代的需要，时代又在对音乐院系所培养人才提出新知识、新能力和弹性知识能力结构的要求，比如音乐录制、音乐编辑、音乐的科技应用、艺术管理与市场推广以及多样复合能力等。这是一个终身学习的时代，作为教师尤其要以身作则、发挥示范作用，不断学习进步，扩充知识、拓展视野、更新观念与技能，从而提高服务学生的能力，帮助学生成为具备服务社会能力的人才。

第五章 体态律动在基础音乐美育中的应用

如前所述，我国近年来一直在通过不同阶段的课程标准和政策意见，推动学校美育工作的开展与提升。瑞士音乐教育家埃米尔·雅克－达尔克罗兹（Emile Jaques-DalcroZe，1865—1950）创立的体态律动教学法是举世闻名的一种音乐教学体系，与前述文件、课程标准的教育理念具有较大的重合度，能够有效提高音乐教学质量、优化学生素养。

体态律动教学法注重身体的律动，目的是唤醒儿童的本能，培养对人体极为重要的节奏感，建立身心的和谐，使情感更臻于细腻敏锐，使儿童更加健康活泼，激发想象力，促进各方面的学习。达尔克罗兹相信所有的人都具有音乐能力——其教学法的创立也是缘于帮助一位"节奏感差"的学生，这一思想也正是现代素质音乐教育的核心。如今体态律动教学体系的应用早已远远超出音乐的范畴，广泛地用于舞蹈、戏剧、绘画、运动等方面的训练，而且推广于音乐治疗、残疾与弱智儿童以及康复医疗等领域中。

第一节 中学音乐课堂需要体态律动

音乐课堂要满足学生的个性化发展，激发创造能量。然而现实中的音乐课堂广泛存在学生不喜欢音乐课、学生课堂表现不积极等问题，这与部分教师重技巧轻体验、忽视学生主体性表达有关。在达尔克罗兹的体态律动教学实验中，根据学生发展的品性，按照卢梭和裴斯泰洛齐的"遵循自然法则"，对学生进行音乐教育，发展学生与生俱来的观察、思考和感受能力等。达尔克罗兹认为，孤立地进行听力训练不会让学生热爱和理解音乐，应该调动他们的积极性，让他们学会运用自己的官能，有了互动感，学生就能更好地感受音乐。❶

一、契合音乐美育要求

达尔克罗兹体态律动教学法之所以适用于我国中学音乐课堂，是因为其教育理念契合我国音乐课程标准，下面以人教版初中阶段的音乐教材的教学内容为例予以阐述。

人教版音乐教材要求不同学龄段的教学有不同的单元分类，一般为6~8个单元，每个单元定一个主题，单元之间既相互关联，又相互独立，且里面的音乐教学内容围绕主题进行摘取。教学目标中的过程与方法包含以唱歌、欣赏、情景剧等为主的体验、模仿、探究、合作等活动，综合学生的观感，为学生在课堂的参与感增添了更多种形式。❷其中的教育理念见表5-1。

表5-1　教育理念

基本理念	内容要求
力求体现素质教育观念，明确中小学音乐教育的目标，落实国家中小学音乐课程标准的各项要求	以审美体验为核心，发展学生的创造性思维，提高学生的审美能力，形成良好的人文素养，为学生终身喜爱音乐、学习音乐、享受音乐奠定基础
体现基础教育观念，打破过分强调专业化的学科体系	从面向全体学生的实际需要出发，设立必要的音乐学习领域，减轻学生的学习负担与畏难情绪，体现音乐教育的基础性作用
注重个性发展，遵循学生的认知发展规律与身心发展规律	改变过去音乐教学中普遍存在的以教师、课堂、书本为主体的方式，代之以学生的生活经验、兴趣、能力与需要为出发点。为学生提供感受音乐、表现音乐、创造音乐以及学习、积累音乐文化的广阔天地，从"让学生终身受益"的高度选教材内容

❶ 杨立梅，蔡觉民．达尔克罗兹音乐教育理论与实践[M]．上海：上海教育出版社，2011:14.
❷ 秦润明．音乐课程与教学论通用教程[M]．上海：上海三联书店，2012:159.

续表

基本理念	内容要求
体现时代特征，教材中体现新的教育理念	从原来侧重知识、技能转为加强对学生实施素质教育，注重教材的科学性。引导音乐教学从学生的兴趣出发，全面培养学生的音乐文化素养。在内容编排上力求加强以人为本，以学生为中心的教育，提倡个性发展
选材范围宽泛，注意突出人文价值观	打破以欧洲专业音乐为中心的学科体系，按课程标准中"尊重艺术劳动，理解多元文化"的价值观，更加平等、客观地对待历史上及当代所有音乐文化财富。广泛涉及各种题材、体裁的音乐作品，为学生提供更多的感受音乐、表现音乐的机会。注意传统音乐、专业创作的经典音乐、优秀的新作品之间的比例搭配，所选材料尽可能贴近课堂教学实际，以利于学生活动设计

卢那卡尔斯基在《学校教育的基本宗旨》一文中认为："美育，不仅要教孩子一些技能，还要培养他们的情感和创造力，让他们爱上世界上所有美好的事物，并且愿意动手去装饰世界和装饰自己。"❶达尔克罗兹构建的体态律动教学法有一个突出特点——"动"。他认为，音乐中的节奏感和动力感完全依赖于动作，在人体肌肉中可以找到类似的东西，身体是节奏体验的第一位载体。❷在传统的"讲台—课桌"式的课堂中，教师讲授，学生聆听，这种学习模式会让学生很快失去耐心，更不必提对美育的促进。而在音乐课堂中采用达尔克罗兹的体态律动教学法，能培养学生对音乐的兴趣、耐心与表现能力，使课堂充满活力。

音乐课堂教学模式影响学生天性与创造力，墨守成规的课堂会压抑学生，而让音乐课动起来能激发学生创造性思维。中学音乐课堂应贯穿体态律动于音乐基本知识与技能学习中，强调学生实践，从体验中了解音乐元素的表情达意，将音乐与身体的各种动态相结合。

---

❶ 秦润明. 音乐课程与教学论通用教程 [M]. 上海：上海三联书店，2012:89.
❷ 杨立梅，蔡觉民. 达尔克罗兹音乐教育理论与实践 [M]. 上海：上海教育出版社，2011:8.

二、契合中学生学情

备课更重要的是备学生。初中阶段是学生个体成长的黄金时期,他们开始处于青春期和心理转折期。相较于小学而言,这个阶段的学生对事物的感知能力有了更新的认识,个人的兴趣逐渐丰富,形象思维也开始立体,对于未知的未来充满着期盼与向往。相较于高中阶段而言,初中生思想简单,学习压力没有那么大,音乐听觉和辨析能力也逐渐增强,能够较为自觉主动地去使用音乐。除了初中学生心理特点外,他们的肢体在这一阶段也有了更好的发展。初中生比小学生更有自控能力,能够更好地控制自己的肢体收缩感,比高中生的肢体更有柔韧性,因此,这一阶段的学生运用体态律动的教学,更容易通过音乐的演绎,发现自己的肢体也可以像语言一样具有丰富的表达能力。

在音乐课堂中,巧妙结合运用达尔克罗兹的体态律动教学法,可以在潜移默化中影响学生积极参与到课堂中,并调动起身体的各种感官。这样的课堂不仅能让学生用听觉感受音乐,而且可以用全部身心接触音乐,体验节奏的快慢与旋律的起伏,表达出情绪的变化规律,让学生明白音乐的结构和情感相联系,使音乐和他们的思想产生共鸣,从而达到真正的美育目的。

三、契合教育理念——做中学

"做中学"的教育理念来自著名教育家、心理学家约翰·杜威(John Dewey,1859—1952),这是他针对当时传统学校教学所采用的静坐—静听式学习方式所提出来的教育方案。杜威认为,所有的学习都附属在行动上,行动就是通过"做"的媒介引起一定的思考,做是有体验感的一种行动,比听或者看都更适用于学生。从做中学,使学生关心的并不是传统教学过程要传达的那些客观定律,而是通过直接的材料操作让他们来感受到事情的结果,这就使从学校里学习到的知识与生活的操作联系了起来。

在音乐教学过程中,就可以很好地利用达尔克罗兹体态律动教学法,让学生在学习活动中通过自己的"做"来获得音乐经验。比如在讲解音乐的节奏要素时,老师通常会通过击掌数拍的方式来传授给学生它们所对应的时值,但是在达尔克罗兹教学法中,节拍分辨是最基础最简单的教学方式。老师可以引导学生通过自己的行动,在做中学,比如以行走的方式演绎八分音符,以散步慢走的方式演绎四分音符,以慢跑的方式演绎十六分音符等。最后学生以"我体验到"代替"我知道"来反馈给老师,这样的亲身实践式音乐学习才更为形象生动。

当个体一直在做一件或几件自己头脑中沉迷的活动时,这种忙碌是不受压抑的,是幸福的,儿童是这样,成人亦如此。所以,从做中学能影响真正沉醉于学习的人,无论他是儿童还是成人,在体验中成长,才能判断、认识其中真正的价值。

第二节 运动觉、内心听觉与即兴创作的练习

达尔克罗兹教学主要分为体态律动、视唱练耳、钢琴即兴创作这三项,完善达尔克罗兹体系教学实践的能力发展为运动觉、内心听觉、即兴创造力的发展。下面分别从这三项进行实践练习。

一、运动觉在课堂中的练习实践

达尔克罗兹认为,音乐学习首先是运动的练习,在理解和分析事物的大脑与工作的肌肉之间存在着某种作用,这种作用即运动。❶ 美国著名心理学家加

---

❶ 杨立梅,蔡觉民. 达尔克罗兹音乐教育理论与实践 [M]. 上海:上海教育出版社,2011:24.

德纳曾指出：在整个灵长目动物体系中，人类有一种特有的潜力，即支配能力，这种能力能够让身体的一半在一系列运动与直觉活动中有优势体现。❶ 达尔克罗兹对运动感觉的研究，正是利用大脑的分析来检查运动感觉的存在。

（一）以运动觉开发为目标的节奏练习

针对初中生，鉴于其在心理、生理上逐步成熟，参与意识增强且获取知识途径增多，但把握音乐情绪和表现音乐能力有待提高，所以音乐教学需活跃教学气氛以激发学习兴趣。为此设计以"释放自我，让音乐动起来"为教学内容的课例，并设定了三个教学目标：认识力量在音乐中的表现；用肌肉力量表现音乐的大小、张力与渐强渐弱；学生能利用运动力量表达课例中被强调的音并感知不同类型音乐力量感。

整个教学活动共分为三个部分。首先是肢体活动的预热，其次是教师通过律动的示范让学生猜测音乐旋律走向，最后以《溜冰圆舞曲》为本次课的实施重点。《溜冰圆舞曲》是人教版八年级上册第六单元的一节欣赏课，作曲家是法国音乐家埃米尔·瓦尔特费尔，乐曲由序奏、第一圆舞曲、第二圆舞曲、第三圆舞曲、第四圆舞曲、尾声组成，音乐的每个段落都像一幕冰上芭蕾舞，使人联想到冬天的景色。

在课堂的开始，让学生了解、认识自己的肢体，并会运用自己的肢体，主要是通过律动的方式来进行，激发学生的兴趣。教师做出不同的动作，学生根据教师的动作做规定的律动，各个动作交替进行，由慢到快，以此来训练学生的反应力。在学生开始掌握规律后，变由单手做和双手做交替进行，来训练学生对音乐力度的掌握。接下来，播放一段本课堂中主要学习的乐曲的某一段旋律，教师通过旋律的高低走向做出相应的律动，并邀请学生猜测、自身参与到对这段旋律走向的律动创作，以此带领学生进入律动课堂中。最后以《溜冰圆

---

❶ 杨立梅，蔡觉民. 达尔克罗兹音乐教育理论与实践 [M]. 上海：上海教育出版社，2011:25.

舞曲》为本次课的实施重点，分四次聆听乐曲的每一个小片段，在聆听每一段小圆舞曲时，邀请学生把自己听到的音乐形态用他们的肢体动作表达出来，通过肢体体验，就能清晰地划分出乐曲的曲式结构，见图5-1。《溜冰圆舞曲》的节奏对比鲜明，学生能通过自己的体验表达出不同的律动，除去第三小圆舞曲的曲式结构为AB，其余三段小圆舞曲的曲式结构均为ABA，学生在进行肢体创作的时候，就能较清晰地感觉到每一小段的乐曲有两个部分是相同的。在相似的律动之下，同学们也会认出相似的乐句。

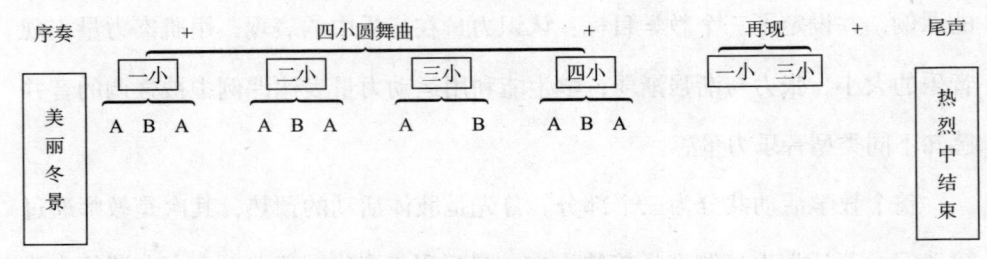

```
序奏    +      四小圆舞曲       +    再现    +   尾声
       ┌───┬───┬───┬───┐      ┌───────┐
       │一小│二小│三小│四小│      │一小 三小│
┌───┐  │ABA│ABA│ A B│ABA│      └───────┘  ┌───┐
│美丽│  └───┴───┴───┴───┘                 │热烈│
│冬景│                                    │中结│
└───┘                                    │束  │
                                         └───┘
```

图5-1　《溜冰圆舞曲》曲式结构

除《溜冰圆舞曲》外，在初中音乐课堂以唤醒运动觉为目标的课例还有很多，比如《卡门序曲》等。《卡门序曲》是人教版第三单元管弦乐曲，比捷创作，结构简单，明朗辉煌，描写欢乐气氛和斗牛士形象。以其B主题旋律为律动课例示范，该主题2/4拍，欢乐活跃，可让学生到空旷处全员参与表演。主题中有不同音符分布在乐句中，前8小节八分和十六分音符用拍腿等快速律动表现急促；9~10和13~14小节四分音符渐强用举手抖动方式；11~12小节用转圈演绎；最后两个二分音符的结尾也是用了渐强的方式，在表演这句的律动时，一定要演出渐强延伸的感觉，可以采用由下而上的搓掌来完成。具体操作见图5-2。

卡门序曲
第二主题

1=A 2/4 ♩=120

[法]比捷曲

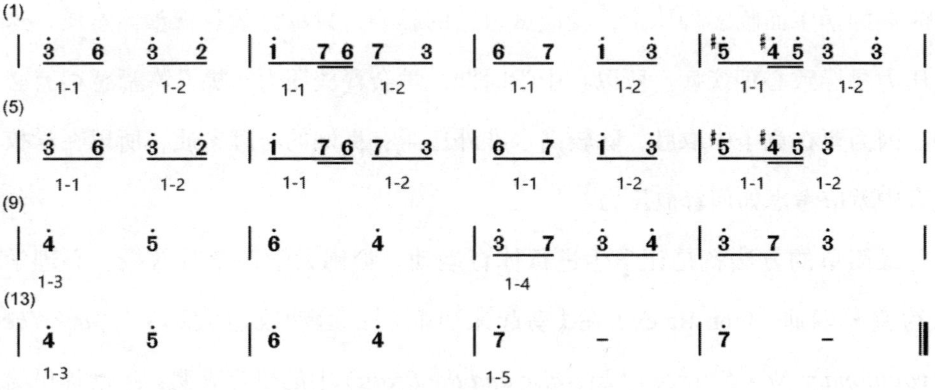

(乐谱)

编号	所对应的动作
1-1	双手拍腿
1-2	击掌
1-3	双手缓缓举起并抖动
1-4	双手叉腰转圈
1-5	搓掌

图 5-2 《卡门序曲》第二主题对应动作

上述设计是以运动觉开发的律动练习，验证了体态律动教学中的"身体才是第一乐器"这一观点。通过肢体表达出音乐的快慢、强弱，身体肌肉的松弛与紧张表现出音乐的起伏，展现了律动对音乐情感要素的实践。掌握了运动的呼应关系后，学生能轻松转换音乐与身体之间的关系。

体态律动融入音乐课程的重点是唤醒运动觉。强调运动觉的重要性在于运动不仅强身健体，其分泌的多巴胺可提升幸福感。音乐课能调动学生的活跃性，核心是以体验为主，学生在运动中体验音乐、表达真情实感以形成自我价值观念。

(二) 创新律动,缓解身心压力

中学是青少年学习和身心发展的重要时期,可为终身发展奠定基础。但这一时期的学生面临多种压力,受应试教育的影响,只重分数忽视整体素质,这些压力易导致心理疾病。所以在中学时期,学会释放压力、提升幸福感很有必要。因为要在竞争中取胜,除较高水准外还需有良好的心理素质,所以在学校教育中就应考虑如何释放压力。

最简单的方法就是让学生进行体育运动。哈佛大学医学院教授、心理学家约翰·瑞迪(John Ratey)在《动起来更聪明:运动改造大脑》(*Spark:The Revolutionary New Science of Exercise and the Brain*)中的研究表明:运动提供给人的作用,不仅是强身健体,还可以让个体越来越聪明,更在于培养公平的竞争意识和高效的合作精神。[1] 运动是一种积极主动的活动过程,在这一过程中,个体可以有目的地进行知觉、思维等,经常运动的人,在空间感、运动感等方面得以完善,使其感知、触觉都会更加精确。美国加利福尼亚大学琴森教授的研究指出:测定人脑细胞的反应速度,可以看出他的思考速度和智商的高低,经常从事体育锻炼是促进脑细胞反应速度提高的重要方法之一。[2] 除了体育运动,音乐教育的方式或者音乐也能让学生释放压力。音乐通过聆听的方式,直接作用于人的情感,不需要任何附属方式就可以直接使人产生思绪。而且音乐教育中,各类教学法的利用也能让学生来展示自己的情感。达尔克罗兹体态律动教学法正是以"动"的音乐课堂为主进行教育,以此让学生来表现自己的认知。音乐形态各有千秋,有悠长的,也有急促的,有欢乐的,也有低沉的,不同的音乐的共振声波会引发人体产生不同的生理反应。例如:脉搏血压的升高

---

[1] [美]约翰·瑞迪. 动起来更聪明:运动改造大脑(亲子版) [M]. 浦溶, 译. 杭州:浙江人民出版社, 2014:4.
[2] 李响. 体育锻炼对心理健康的效应分析 [J]. 辽宁教育行政学院学报, 2006(8):132.

或降低、呼吸频率的增快或减慢、肌肉的收缩与放松等。这些都是音乐带给人体的运动。除了生理的作用，音乐的声响对人的内心活动也有着强烈的影响。古人云："乐者，意也。"音乐是人类心声的表露、情感的外泄。在《乐记》中也有精辟的论述音乐对人的精神、心理机制的作用，"诗言其志也，歌咏其声也，舞动其容也，三者本于心，然后乐器从之。是故情深而文明，气盛而化神。"情深、文明、气盛、化神几个词的递进关系，就说明了音乐首先作用于情志，再影响到脏腑，然后振奋，从而产生可视的人体改变过程。❶

意大利钢琴家布卓尼说，自己在演奏时"手指像狗在熟悉的道路上奔跑，但是一旦用到意识，反而糊涂起来"。这种机械式的潜意识就像是一个自动化的机器，一旦被打扰，就会变得混乱。❷ 这一现象说明：在音乐教育实践中注重运用运动感官，学生的才能可以得到充分的发挥，否则只会越来越僵化。健康身心与音乐性自然连接，不健康则破坏音乐表达。因此要积极探索校园文化建设，开展丰富活动以利于中学生释放压力、发挥才能，良好的校园环境和课堂氛围能为中学生心理健康成长提供外部条件，培养健康情绪就应鼓励学生动起来。

二、内心听觉在课堂中的练习实践

内心听觉是一种能够感受和表达音乐的最主要的能力，它是指不依靠任何的工具或声音而可以创造想象的一种能力❸。达尔克罗兹音乐课程的教学重点除了身体的运动，还提倡让学生将运动和声音的感觉内化。在体态律动、视唱练耳、即兴创作活动中，都有对注意力的潜移默化的训练，整个学习过程对学生的注意力、记忆力都有着很高的要求，需要学生全神贯注地进入深度学习空间

---

❶ 王旭东. 让音乐带给您健康：奇妙的音乐疗法 [M]. 长沙：湖南科学技术出版社，2016:23.
❷ 晁怀翔. 音乐治疗在大学生心理辅导中的应用 [D]. 保定：河北大学，2009.
❸ 杨立梅，蔡觉民. 达尔克罗兹音乐教育理论与实践 [M]. 上海：上海教育出版社，2011:26.

之中。例如，在进行体态律动教学实践时，音乐一旦停顿，便穿插默唱，使得刚才的音乐形态在头脑中再现。这种方式在教学体系中被叫做"抑制—呈现"的学习模式，它是通过对外部的抑制活动，从而内化为自己的个人想象活动❶。

(一) 以内心听觉开发为目标的视唱练耳基本练习

在内心听觉训练的音乐课中，可以通过游戏的方式对乐谱的视唱、默唱进行随时切换的活动。视唱是一项由视觉、内心听觉和感知觉相结合的音乐活动，通过读谱演唱来训练学生的音乐听觉以及对音乐的表现能力。其中，由于任何通过视觉的读谱能力都必须以内在的音乐听觉为依据，所以没有内心听觉的积极参与和活动，声音的再现是不可能的❷。因此，声音的内化是视唱练习必须具备的，进行视唱基本练习包含以下三个教学目标，第一个是让学生能够用自然圆润的声音演唱旋律，第二个是在学会完整演唱歌曲的同时，学生个人能与他人完成歌曲的互动音高，第三个是能够正确地通过内心听觉默唱完歌曲。

课堂活动首先是歌曲片段竞猜，通过游戏的方式让学生尽快参与到课堂中来。把学生分成两个小组，带有竞赛性质地猜歌。每组选一个人当场想出自己想传达的歌曲的两个乐句，然后用悄悄话的模式哼唱传给下一个人，即便猜到歌曲的名字也只能唱出来而不能告知歌名，依此类推，传到该组的最后一个同学时，让他大声唱出歌曲内容。若唱对，对这组完成的同学予以奖励。若不对，则由最后一名演唱的同学依次向第一个传达同学的倒序顺序推行，则能找出哼唱出漏洞的选手在哪里。这种活动一般持续三到五分钟就能完成，但是这几分钟却能很快地吸引学生的注意力。因此，通过这样寓教于乐的方式，教师能高效地完成课堂教学。

---

❶ 杨立梅，蔡觉民. 达尔克罗兹音乐教育理论与实践 [M]. 上海：上海教育出版社，2011:27.
❷ 杨林. 论视唱教学与训练中内心情感体验的作用 [J]. 黄钟 (武汉. 武汉音乐学院学报)，2006 (S1) :208.

其次，利用稳定的节拍，进行声势互动，图5-3为原型节奏，3/8拍。第一个活动，用单一的声势打出所对应的节奏型，例如拍腿或者拍手进行，以图5-4为示范。第二个活动，在单一声势的拍打熟练的基础上，加入身体其他部位的拍打，例如跺脚、拍肩、击掌等，进行多方位互动，以图5-5为例。第三个活动，在学生已经掌握用身体当节奏后，学会利用自己的嗓音作为打击乐，通过声效来演示节奏，以图5-6和图5-7为例。

| X X· X | X X X |

图5-3　原型节奏

| X X· X | X X X |
　左　右　　　左　右　左　右

图5-4　节奏对应的拍手（腿）

| X X· X | X X X |
　左　右　　　左　右　左　右

图5-5　节奏对应的多样身体律动

| X X· X | X X X |
　zi　zi　　zi　zi　zi　zong

图5-6　节奏对应的嗓音音效1

| X X· X | X X X |
　bong　bong　　bong　bong　bong　wong

图5-7　节奏对应的嗓音音效2

上面的律动节奏采用的歌曲是《桑塔·露琪娅》中的主要节奏型，同学们在完成了这三个活动后，基本上对这首歌曲的节奏型也掌握了，学习歌曲就会更加容易。因此，这堂课的教学重点是让学生不仅会唱这首歌曲，而且会表演这首歌曲。让学生掌握身体律动与嗓音打击乐,既是对身体的解放、嗓音的放松,也是对内心听觉的基础训练。

《桑塔·露琪娅》这首歌曲选自人教版七年级下册第五单元"环球之旅"板块,这节课主要围绕这首歌曲进行唱与表演,学生在熟悉地掌握了节奏型后,把歌曲的音高代入进去,进行歌曲学唱。由于该曲节奏较单一,在掌握了相应的律动后,学习歌曲就会变得更加简单。学唱完成后,教师与学生进行旋律音高的互动模唱。教师唱一个乐思,学生跟唱一个乐思,在这样的师生互动活动进行过程中,能在无形中将音高与唱名进行核对(图5-8)。

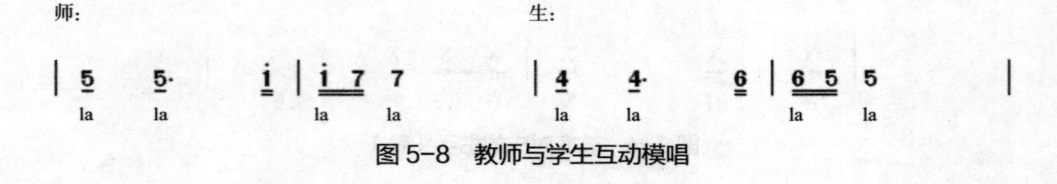

师: 生:

| 5 5· | 1 | 1 7 7 | 4 4· | 6 | 6 5 5 |
| la la | | la la | la la | | la la |

图5-8 教师与学生互动模唱

师生互动模唱后,可通过《桑塔·露琪娅》训练学生内心听觉,将歌曲按不同方式划分乐句进行大声唱和默唱以把握歌曲,练习注意力与记忆能力。类似互动模唱课例在中学音乐教材中有很多,教学中使用互动音高流程和内心听觉练习,能消除学生学唱心理压力,训练注意力和协调能力。在中学音乐教材中,《青年友谊圆舞曲》可作为互动跟唱式歌曲教学,因其是三拍子舞曲且高音对学生有难度,所以设计以互动音准教学为主的形式,让学生在无高音负担下进行听唱、模唱,在嗓音与标准音之间核对,有助于提高学生歌唱自信心。

首先是标准音的哼唱以及低八度标准音的模唱,跨八度的两音练习来稳定低音的歌唱状态和音准。由于该歌曲的每个音的旋律跨度都在四度左右,因此在学歌曲之前,可以先由这首歌的骨干音及节奏型编一段学生能轻松哼唱的小歌谣,再在此基础上对歌曲进行学习。《青年友谊圆舞曲》的骨干音为do、re、mi、sol,节奏均为四分音符和附点音符,根据此特点,设计了小歌谣,见

图 5-9。其中，教师演唱骨干音部分，学生互动演唱后面的旋律，学生演唱的部分是三拍子中常用的附点节奏，极具律动感。因此，学生在演唱该小节时，可以穿插着身体节奏来辅助自己对音高的掌握，较高的音 la 以在鼻尖前击掌演示，fa 音在胸前击掌演示，ri 音轻拍腹部，do 音轻拍大腿。这样清晰的高低音分明更能让学生掌握音高音准。完成此项教学练习后，穿插模唱练习。这一项训练主要是训练学生的内心听觉，在上面一项练习中，主要让学生练习带有附点节奏的这一小节旋律，因此，这一项练习就需要师生在互动模唱的过程中在第三小节集体默唱，然后全班一起在准确节拍位置上唱出每个乐句的最后一个音。

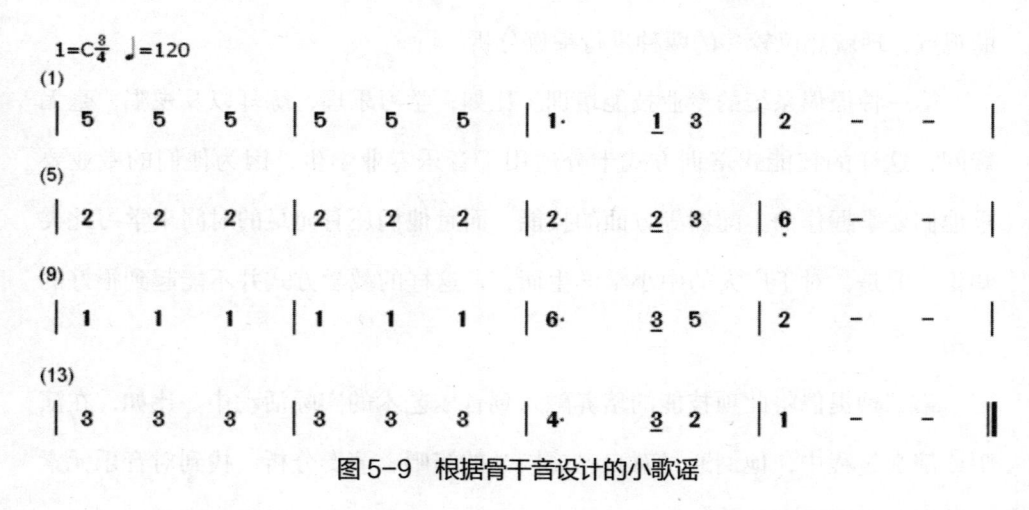

$1=C\ \frac{3}{4}\ \ ♩=120$

(1)
| 5　5　5 | 5　5　5 | 1·　1　3 | 2　－　－ |

(5)
| 2　2　2 | 2　2　2 | 2·　2　3 | 6　－　－ |

(9)
| 1　1　1 | 1　1　1 | 6·　3　5 | 2　－　－ |

(13)
| 3　3　3 | 3　3　3 | 4·　3　2 | 1　－　－ ‖

图 5-9　根据骨干音设计的小歌谣

通过这种内心听觉的训练，对学生的注意力训练也更加有益，且对于正处在发展中的初中学生的洞察力、协调配合能力以及音乐感知能力都有很大的提升。

（二）视唱练耳，加强音乐体验

音乐是由声音和动作组成的，声音是音乐的外化形式，动作是音乐的形成基础。在听音乐时，用肢体活动去再现音乐中的各要素，在以"体验—表达"

为主的活动中，学生的注意力同时集中在聆听和运动上，并能够迅速地反应成相关肢体活动。这样的练习除了可以加强身体的节奏感外，还可以促进对音乐的感知和记忆能力。

音乐感知能力包含音乐感觉能力和音乐知觉能力，它们主要是指个体是否具备辨别音高、音色、速度、曲式等的能力，对这些要素的细微变化的辨别能力即乐感的好坏。这些基本能力都是培养学生初步掌握欣赏音乐艺术的一种基本能力，脱离或者失去了音乐的这种最基本的能力，学好音乐也就很可能会成为空话。

那么，究竟如何能够更好地完善学生的音乐感知能力呢？不同的人有不同的观点，现就热议较多的两种进行举例分析。

第一种提倡系统的专业技能培训。比如，学习乐理、练耳以及视唱，毫无疑问，这样的技能式培训方式十分适用于音乐专业学生，因为他们的专业要求他们要掌握作曲、配器等方面的技能，而且他们还有充足的时间来学习此类知识。但是，对于广大的中小学学生而言，这样的教学方式并不能起到很好的作用。

第二种提倡将此项技能的培养融入到音乐艺术的实际活动中。比如，在演唱或演奏过程中，他们通过对自己或同学的演唱、演奏分析，找到对音乐元素的把握和表达音乐情绪的利弊，从而增强对音乐的认识。这样的训练，对于一般的中小学生而言，绝对是非常有用和实用的。尤其是对正处于素质教育背景下的学生，采用这样的方法，更加具有实际意义。我们教育的重点在于提升学生的综合素质和文化素养，而非只是提升他们的音乐职业素养。

当下音乐教学课堂存在"应试音乐教育课堂"，不少音乐教师用老旧数数方式教学音乐元素，忽视真正节奏概念，学生忙于计算，无心品味乐曲乐趣。采用"先体验，再认知"的教学模式有助于提升节奏训练投入程度，深度投入能高效认知音乐，帮助演奏者提升演奏能力，以身体为乐器演奏会更流畅自然。

三、即兴创作在课堂中的练习实践

即兴创作是一种创造性的行为，需要直接的音乐判断力。在音乐的即兴创作活动中，不仅需要对音乐有一定的感觉，还需要流利的音乐思维，对音乐元素做出回应。达尔克罗兹教学体系中的音乐学习应该遵循如下的过程：听－律动－感受－感觉－分析－读谱－写谱－表演。❶ 这里的表演由学生根据自己的感受和想象推进。达尔克罗兹教学理念注重学生对音乐的体验和表达，学生根据自己思维即兴创作既是鼓励音乐思维发展，也是鼓励遵从"做中学"的模式之一。

（一）以想象力激发为目标的即兴创作练习

达尔克罗兹一直提倡以游戏带动学生进行教学，形成寓教于乐的教学形式，让学生通过即兴创作游戏，在不拘束的情况下与音乐融为一体。在进行想象力练习时，主要的教学内容是通过钢琴进行即兴演奏，与节奏运动、听觉训练相结合，让学生做出相对应的律动练习。其中分为两个教学目标，一是学生学会掌握节拍规律，能够自如地进行肌肉收缩，二是通过学习，学生可以运用运动的肌肉获得空间节奏感。

课堂教学活动分为肌肉放松练习、拍律记忆练习和音乐空间感训练。其中，肌肉收缩练习是基础且不可或缺的，在律动课堂中可通过肢体放松让学生参与大臂、手腕、手指等练习及相关运动，教师给出变化指令，学生及时反馈形成即兴表达，如根据固定四分音符旋律，学生将听到的音乐转化为动作，随音乐要素变化表演，此旋律材料单一、技术简单，能让学生感受到拍子律动、旋律起伏、力度和节拍变化，以达音乐之美。

---

❶ 杨立梅，蔡觉民. 达尔克罗兹音乐教育理论与实践[M]. 上海：上海教育出版社，2011:28.

由于体态律动教学中的即兴演奏不是固定不变的,在进行实践时,可以根据预先设计的乐思进行不断变化,可以加入和声来表现出力度的变化,也可以围绕主旋律不断循环再现,如图5-10所示。

图 5-10 体态律动

课堂中,除了基础的拍律练习来获得肌肉的收缩感外,师生之间的即兴创作还有多种音乐要素可以进行探索。例如,不同的弹奏方法与力度、速度的变化,以刺激学生的愉悦心情或者抑制他们的过度兴奋;用突如其来的和弦表达不规律的重音;利用音域的变化改变学生的情感;在不经意间,演奏高音或低音的和弦,使学生感到音乐的短暂停顿;弹奏一段流畅的旋律,使学生重新认识自己的音乐。

其次是拍律记忆的练习。学生先弹奏一条普通的音阶或旋律,根据教师的口令,再做出相应的变化重音,之后根据自己的记忆,回忆之前的旋律,进行表现。

最后是音乐空间感的训练。请学生闭上眼睛,用手臂力量进行触键练习。根据四肢的不同运动幅度和肌肉收缩的感觉,判断音程之间的变化弧度。教师给出口令 hop(蹦、跳、跃),学生在原来演奏的音乐上面进行相应的音程跳进,接着从新跳入的旋律基础上表现新调的音乐。

在以上三种基础的训练完成后，可开展以激发想象力为目标的即兴形式，多以游戏方式进行，学生参与度高，如师生、生生间即兴问答、演唱、演奏，可嗓音问打击乐器答或动作问钢琴答等，关键在于回答者快速连贯且能按上一句韵律、声调特征或发展趋势即兴创作下一句，如图5-11所示。

师：　　　　　　　　　　　　　　生：

(a)

学生A：　　　　　　　　　　　　学生B：

(b)

图5-11　即兴问答演奏

上述活动通过节奏以及旋律走向的方式进行，对于这种即兴的音乐游戏，还有很多方式可以根据音乐要素去开发。比如答句的时值扩大或者缩小一倍，或者把问句中的方式以反问的形式进行，改变答句中某一小节的音高等。但是无论怎么扩充、重复，在进行对答式表演时，始终要围绕以下两个要点：保持稳定的速度以及打算结束的一方要有明确的终止反应。

即兴创作主要是给学生自由与音乐相结合的感受，能够激发学生的创作欲望。代入这种游戏式的音乐创作，作曲就会显得不那么枯燥，线谱上的旋律与节奏都是可以用自己的身体表演出来，音就显得更有灵性了。

(二) 即兴创编，激发学生创造力

创造力是一种看似正常却又非常奇特的现象。在艺术教育领域，创造是其历史发展的根本动力，是艺术教育功能的重要体现。正如爱因斯坦所说："想象力比知识本身更重要，因为知识是有限的，而想象包括万象，它不仅推动着进步，还是知识进化的源泉。"❶ 天地之间，唯有人类是兼具目的性和创造力的生物。这是我们的一个优势。然而现在的学生，大部分都自认为没有创造力，或者是认为自己在有些领域很有创造力而消极地否认自己在另一些领域的创造力。在学校的学生，大多是在教科书和老师的"牵引"下进行学习的。虽然一直提倡要自学，但是大部分学生都无法独立获取知识。换句话说，他们就像滑翔机一般，无法凭借自己的力量凌空翱翔。远观时，滑翔机与飞机看起来非常相似，两者都能在空中飞翔，而且滑翔机飞行时不会发出声响，在空中滑翔的优雅姿态比飞机甚至还略胜一筹。然而，可悲的是，它无法凭借自己的力量飞起来。❷

很多的"学校"就是培养滑翔机型人才的训练场，在这里难以培养出飞机型人才。当"滑翔机"练习时，如果有带着引擎的"飞机"混入其中，会非常危险。在学校里，按部就班地按照教师说的去做，不加入自己的思绪，这样的学生才是真的丢了自己的创造力。如何帮助他们摆脱对于这些创造力的错误认识，在学校教育中还有很多值得去探索。

达尔克罗兹曾在文章中谈论到："一个好老师的角色应该是让孩子摆脱那些因循守旧者强加给我们的所有心理障碍，并消除我们周围世界灌输给我们的偏见。"❸ 他所提倡的即兴创作就是要让学生在活动中认识到钢琴音乐的各个要素，让肢体与节奏、旋律做游戏，只有将二者结合，音乐的即兴创作才会有更意想不到的收获。

---

❶ 王琴. 文学与音乐完美交织——诗词意境之小学音乐教学指导 [J]. 读与写 (教育教学刊), 2017(6) :229.
❷ [日]外山滋比古. 思考的整理学 [M]. 施敏霞，译. 北京：九州出版社, 2020:4.
❸ 杨立梅，蔡觉民. 达尔克罗兹音乐教育理论与实践 [M]. 上海：上海教育出版社, 2011:144.

引导学生积极参与和热爱音乐，才是教师最高层次的价值，即兴创作就具有这样的要求。它是在特定视觉形态和内容基础上，所累积起来的一项音乐技术的发展，通过这个过程，人们把各种音乐理论知识、技术能力、思维想象等集中在一种直接的艺术创造过程中，进而形成了相对应的艺术结果，其价值也就反应在音乐表演活动中。

第三节　体态律动的音乐教学实践反思

上节的练习或许看着并不是那么轻松，但是作为一个生命个体，你可以听见空间、摸到味道、闻到形状、尝出场景、看到语言，实际协同起来并不困难。

一、音乐课堂的反思

人类具有基本的五感，包含视觉、触觉、嗅觉、听觉以及味觉，它们是我们每个人最重要的生存力，也是最强大的影响力。❶音乐课是综合性学科，最能调动人的五感，但现在多数音乐学习为技能练习，学生虽能演奏技巧性强的作品，却在孩童时期易厌倦，且表演的音乐缺乏内心情感，只是纯技巧性的作品。因此，这种音乐课堂是在培养音乐人才，而不是通过音乐来发展人。

(一) 音乐学习趣味化，释放学生天性

音乐学习的起点不是大家传统认为的钢琴、歌曲演唱或者小提琴等，而是学习者本人肢体产生的体态活动，简言之，音乐学习首先是运动的练习。中国人相较于西方人，一直以来都以较内敛的性格特点著称，尤其是处于青春期的

---

❶ [美]劳伦斯·罗森布拉姆. 感知力——最重要的生存力与最强大的影响力 [M]. 钱梦妮，译. 杭州：浙江人民出版社，2012:3.

在校中学生，谦逊、含蓄的性格特点使得他们更不愿意展现自我。律动教学如果存在稚嫩的动作，那么不成熟的心智会阻扰他们进行动作跟随，但如果律动的动作过于夸张，那又可能会让他们羞于表达。面对这一阶段的学生，教师就需要结合他们身心发展的规律及美学心理特点，进行灵活运用，采用鼓励式教学模式。鼓励学生迈出第一步，动起来参与课堂，通过整合人体所有的感觉器官，改变过去只靠耳朵去聆听的方式，通过整体的感觉，体会到节奏的起伏和情感的变化，达到真正的音乐美学。

对于许多成年人来说，办公室是压力的主要来源地，那么换个角度想，"守规矩"的教室是不是也就是许多学生的压力的主要来源地？根据英国利兹都市大学的研究发现，在公司的健身房当天进行过运动锻炼的人群，百分之六十五的人会在与人际关系的相处、时间管理的安排、工作的完成效率上做得更好，除工作的顺利度外，有规律地进行运动的员工很少生病请假❶。既然一个人在动起来之后有这么多的长处可以发掘，那我们为什么要压抑正处在发展中的学生的活泼灵魂，而只是让他们在课堂上端端正正就坐呢？此处的"守规矩"并不是指鼓励学生在课堂上调皮捣蛋，而是在条件允许的情况下，让学生远离那些压力式束缚，做一名可以真正调节自己情绪、培养感知力与创造力的全面发展的学生。

(二) 音乐教学多样化，完善教师素养

在进行一堂体态律动音乐课程实践时，目标不仅是完善学生的身心素质，更有对音乐教师专业素养的提升。笔者在进行律动课例实施中，针对教师本身，还有以下几点反思。

首先是律动的设计要贴切。在中学音乐教材中，并不是所有的音乐都适合律

---

❶ [美]约翰·瑞迪. 动起来更聪明：运动改造大脑[M]. 浦溶, 译. 杭州：浙江人民出版社, 2013:41.

动课堂，在此阶段，老师要从音乐中选择一些有代表性的旋律，以启发和引导学生去倾听和注意音乐。接着，在老师的指导下，根据音乐发展的基本形态，形成不同的运动图形。只有将动作与音乐结合起来，才能更好地反映出一首完整乐曲。

其次是律动的示范要恰当。如果身体语言缺乏审美性，那就很难引起学生的兴趣，所以在演示的过程中，要通过对音乐的理解、表演、创作来判断音乐的形式。在教学中，只有教师运用节奏精确、恰当地诠释自己对音乐的认识和处理，学生才能够得到比单纯的理论表达更加深刻和丰富的理解。

最后是律动体验感的完善。与其他科目相比，音乐课程具有独特的学习方法，即体验。对于学生来说，音乐是一种内在的体验，是一种音乐的美学享受，在律动教学中，贯穿"体验"的形式，以自己的肢体语言来表现自己，不仅可以增强自己的身体素质，还可以提升自己的音乐认知。作为一名教师，建立一个和谐活跃的教学课堂，是首要责任之一，学生积极参与，过程中充满着交流与信任，并且伴随着快乐律动活动。

体验－表达的模式不仅是音乐和律动的主要环节，也是培养学生"艺术表现"这一重要核心素养的手段。当学习者随着音乐或是伴随时间与力量的推移而运动时，要注重引导，并强调活动的目的主要是营造一个积极尝试的氛围，而不是要求完美的音乐表现形式。换而言之，练习的目的是塑造所谓的表现力的概念，从而形成更高层次的音乐感受，而不是把这些音乐感受看作技术复杂性的副产品。

二、体态律动教学法本土化的反思

马克思曾说："对于不懂音乐的耳朵，再美的音乐也没有意义。"[1] 基于此，对于不懂中国音乐的耳朵，是不是再美的中国音乐，也没有意义呢？

---

[1] 马瑜. 高中音乐鉴赏和地方民歌的传承与普及的策略研究 [J]. 高考，2019(28) :173.

(一) 观念的创新

体态律动教学法来自瑞士,是国外的音乐教学法,属于西方音乐教育的产物。东西方的文化差异与物质差异都是导致国外先进教学法迟迟没有更好地运用在我国的原因。中国的教育观念长期以儒学为主导,导致中国人性格内敛,不善于表情达意,因而用肢体表现乐曲的情感就更加难以推进。

改变传统观点,让课堂动起来。"动"并不是带给学生累赘或者疲惫,而是分泌多巴胺、增添幸福感的重要源头。能够灵活运用体态律动教学法在中国音乐课堂上,也能让学生对肢体语言有更丰富的认知。

由于我国音乐深受古代审美的影响,重旋律轻节奏,节奏相对较自由,歌曲多注重旋律上的美。随着社会的进步,接纳、包容的范围越来越宽广,大家的思维逐渐被音乐的节奏律动所吸引,中学生对节奏非常敏感,四肢也更加协调,能够更快地掌握节奏所带来的反馈。通过节奏训练,还可以培养学生对音乐的创造性思维,具有一定的情绪调节作用。这对于初中音乐教学有着重要的作用。

(二) 民族音乐的律动

相较于西方音乐,我国的传统民族音乐更有自己本民族的特色。在进行民族音乐课的教学过程中,我们要营造出一种能够使学生完全沉浸于音乐环境之中的"乐境",从而使他们能够更好地体会和了解自己的民族音乐。进行中国民族音乐的情景教学是一次课堂活动的主要环节,所以,建构与之对应的情境是一种最直观的教育方法,它可以使学生了解到与其自身民族与文明之间的关系。

"游"是中国音乐律动的特点,其律动不是整齐划一的,而是有伸缩性的。结合中国传统舞蹈可以更好地感受中国音乐的这一特点。除前面所举的较为典型的可以进行律动课堂的音乐课例,在中国传统音乐中也有十分适用于律动课堂的律动，比如《青春舞曲》。《青春舞曲》是一首极具中国少数民族风格的乐曲，用它来做律动音乐教学民族化的课例实施再合适不过。这是一首节奏感很鲜明的音乐作品。在进行这堂课的教学时，可以以维吾尔族的旋律、节奏特点进行导入，让学生更快地了解这一民族的音乐文化，再建设本民族相关的文化情境，在教师与同学一起构建的情境中学习音乐，参与到音乐活动中来，用律动或者维吾尔族舞蹈来演绎新疆维吾尔族的音乐。这样的游戏式音乐教育，不仅增强了音乐趣味，而且让正处于活泼爱闹阶段的学生发挥他们的性格特点。给学生更多的表达空间，增强他们对音乐内容的关注度。

因此，要想有一双懂中国音乐的耳朵，一定要懂中国的音乐。

三、由加德纳多元智能观念引起的反思

在学校教育中，大部分教育者都会认同音乐或者体育活动是学生获得体验的一部分，但在有目的进行的活动中，音乐与身体运动的学习如何组织才能很好地支持这两个重要领域的学习与理解，这一观点还有很多人没有完全弄清。

霍华德·加德纳是一位世界闻名的教育心理学家，他创造了多元智力理论。他认为，人类拥有九种智能，此处主要提及"音乐智能""身体运动智能""数理逻辑智能"三种。音乐智能是指感知、创造和欣赏音乐旋律的能力，以及欣赏音乐表达形式的能力❶，比如作曲家贝多芬、莫扎特、冼星海，钢琴之王李斯特，抑或是沉浸于音乐的个体，他们都有高超的音乐智能。身体运动智能多指能够控制身体部位的灵活运动，这一智能多由运动员、舞者或是那些通过肢体去解决问题的人们运用，他们对肢体运动的掌控在美感、力量感等方面都十分优秀。数学逻辑智能主要是指一些能够敏感地识别出事物逻辑顺序或数值模式

---

❶ ［美］琳达·卡罗尔·爱德华兹. 音乐与律动：创造儿童的另一种生活方式 [M]. 北京：机械工业出版社，2015:12.

的人，比如数学家毕达哥拉斯、科学家牛顿，他们在这一方面都有高度的发展。音乐智能、身体运动智能和数学逻辑智能的概念表明，我们在欣赏多种形式的音乐表达时，注重培养欣赏创造和欣赏节奏、旋律和音色的能力，以及使用身体的灵巧性，这一方式可以挖掘我们未开发的音乐潜力。学生对音乐的探索和敏感力的反馈，加德纳曾在他的观点中描绘出这样的情景：当学生个体全神贯注地感受或者聆听一段音乐或听一个故事时，他们可能会专心听、身临其境、左右摇摆、随节拍进行晃动，也可能将这些动作交替进行。这些反应都说明该学生当时已经进入一个状态，而所反馈出来的动作证实了当时的他全身心投入，也可看作此时的身心反应。

为了使学生可以更为充分地发展自己的潜力，教育工作者应通过音乐和律动相结合的方式来激发他们在这些领域的潜能。加德纳曾根据多元智力理论的观点指出：在进行学生教育时，教育者应该重点分析他们自己的优势以及学生的优势，因材施教，培养学生的多元智能并不是指教师有多种智能，是多元智能专家，而是教师清楚应该从哪一方面能够帮助学生发展和完善能力。❶加德纳的这一观点并不是让教师通过特定的音乐、舞蹈或者体育活动来发展和完善学生的多元智能，而是应当把这些智能糅合到一起综合运用，比如通过音乐中的旋律或节奏、舞蹈中的动作，或是体育活动中的身体认知去发展，切记不可偏废，而是让学生全方位发展。

本章以达尔克罗兹体态律动音乐教育特点为依据，结合我国音乐教育实践进行理论分析和教学探讨。从作者教学实践出发，剖析适合我国学生学情的音乐教学方法。达尔克罗兹体态律动教学法符合素质教育的需求，可提高中学生感知、理解和表达的能力。但目前大部分音乐课堂仍为"守旧派"模式，打压

---

❶ [美]琳达·卡罗尔·爱德华兹. 音乐与律动：创造儿童的另一种生活方式[M]. 北京：机械工业出版社，2015:13.

学生的创造心理，与音乐课程标准背道而驰。动起来的课堂能提高学生机体免疫系统，达尔克罗兹体态律动教学法让学生主动学习和体验音乐，充满活力，调动积极性，推动我国音乐教育发展，培养更健全的学生。当下中国音乐教学多有可改进之处，教师要推动音乐教育发展，丰富自身知识并实践。达尔克罗兹体态律动教学法的重要性在于实施，能让音乐课堂"动""活""玩"起来，是新时代音乐课不可缺少的抓手。

第六章　多维互动教学在基础音乐鉴赏课中的实践

互动在现代教学活动中占据着核心地位，同时也是人们了解世界不可或缺的一部分。在音乐教学实践中进行互动，学生不仅可以相互交流、分享知识、解决问题，从而更好地理解和掌握所学内容，还可以促进师生之间的沟通和合作，增强学生的学习自驱力，提高整体教学质量。

人与人之间的互动关系就是教育的本质。但在现实的音乐课堂中，依旧有不少一线教师实行"填鸭式"教学，一味向学生灌输系统知识，忽视了"以学生发展为本"的教育理念，能真正做到与学生之间有效互动和交流的音乐课堂少之又少。音乐是一种极具共鸣力和吸引力的艺术表达形式，它深刻地融入了人类的精神世界，而普通高中音乐课程是高中阶段实施美育的重要途径，是面向全体学生的必修课程，我们更应该树立"以学生为主体"的教学理念，强调师生之间进行有效的多维互动，充分调动学生在课堂上的思维积极性和主观能动性，以达到激发创新创造活力，实现美育的最终目的[1]。

当代教师需不断更新教学理念，探索更有效的教学策略，既要强化理论知识的传授，又要注重实践能力的培养，帮助学生树立健全的价值观、人生观和世界观。在音乐鉴赏课中，增加课程的吸引力与多元互动，能够提升学生的学

---

[1] 王安国. 普通高中音乐课程标准（2017年版2020年修订）解读[M]. 北京：高等教育出版社，2020:17.

习热情与参与度。因此,多维互动教学模式对当前高中音乐教学及教育改革具有重要的理论与实践意义,对提升课堂教学质量和促进学生全面发展起着关键作用,为高中音乐鉴赏课程的高质量实施提供了有效路径。

第一节　多维互动教学概述

一、核心概念界定

(一) 多维

"多维(Multidimensional)"这一概念并不局限于空间几何学,而是被广泛地运用于多种学术和实践领域。从字面上理解,"维"指的是连接和构成复杂结构的基本单元,而"多维",则指的是多个这样的元素的集合,它们以不同的方式相互作用和结合,形成更为复杂和丰富的结构❶。

在教育和学术研究中,这个概念被用来描述复杂的、多方面的相互作用。"多维"涵盖了多种主体、方法、角度、因素和情境,这表明了一个多元化和互联的系统❷。在这个系统中,不同的元素并非孤立存在,而是通过多层次的互动和影响,共同构成一个动态、多样化的整体。

(二) 互动教学

"互动"有广义和狭义之分,广义上的互动是指一切物质的相互作用与影响。狭义的互动是指在一定社会背景与具体情境下,人与人之间发生的各种形式、各种性质、各种程度的相互作用和影响❸。它不仅适用于人与人之间的交互模式和流程,解释了个体如何互相作用及影响对方,还包含了人们在一定环境

---

❶ 李晓粉. 小学语文高年级课堂多维互动的个案研究 [D]. 淮北:淮北师范大学, 2022.
❷ 陈敏. 高中生物多维互动教学的实效研究 [D]. 上海:上海师范大学, 2015.
❸ 章人英. 社会学词典 [M]. 上海:上海辞书出版社, 1992:151.

下，通过信息与行动交流引发的心理和行为层面的互动效应。

互动教学在高中音乐鉴赏课上的应用，强调了教师、学生、教学内容以及课堂环境之间的动态交互作用。在这种教学模式下，教师扮演着引导者的角色，他们以课堂目标为中心，设计和组织各种互动活动，比如交流、合作和互助，以促进学生之间的相互作用。这种方法的核心在于强化学生作为学习主体的参与度，使他们在轻松愉悦的氛围中主动探索、交流和协作。

在互动式教学中，"对话"不仅是一种交流方式，也是一种思想和观点的持续发展和调整的过程，通过"对话"，使学生的思考达到新的水平和更高的境界，其中的对话是基于平等和民主的师生关系。❶ 这样的对话能在师生之间建立起信任关系，进而促使学生敬重并信任老师的指导。在互动式教学中，学生不仅需要教师的指导，同时也具备独立学习和活动的能力，表现出一定程度的自主性。对教师而言，采用恰当的教育方法非常重要。互信是师生对话的基石，这种信任可以消除师生间的障碍，解放学生的心灵，使得对话能在两个平等的个体间顺畅地进行。

(三) 多维互动教学

多维互动教学强调在教学过程中充分激发学生的多种感官参与。这种模式鼓励学生通过动手实践、眼睛观察、动口讨论、耳朵倾听感知和动脑思考来深入学习，从而更全面地调动他们的感知和认知能力。❷ 在这个过程中，特别强调了学生的主体性，同时也促进了他们思维的活跃和发散。

多维互动教学模式依托于一个开放、民主、和谐的学习环境，通过各种开放式的教学活动，满足学生的自主探索需求，进而促进他们的全面发展。这种模式包含了学生之间的互动、师生之间的互动，以及学生与教学环境之间的互

---

❶ 周建军. 地理课堂互动式教学策略探究 [N]. 科学导报，2024-02-20（B03）.
❷ 郭宇静. 多维互动教学模式在高校英语教学中的实践与应用研究 [J]. 海外英语，2023（18）：122-124.

动，共同完成教学任务。❶ 它基于活动教学理论，将教学活动视为师生之间生命与生命的交流和沟通，教学过程被看作是教学和学习的互动和相互影响的动态过程。❷

"多维互动"力求打破传统教学模式中教师主导、学生被动学习的单向信息传递方式，促进一个更为多元和互动的课堂环境（图6-1）。简而言之，"多维互

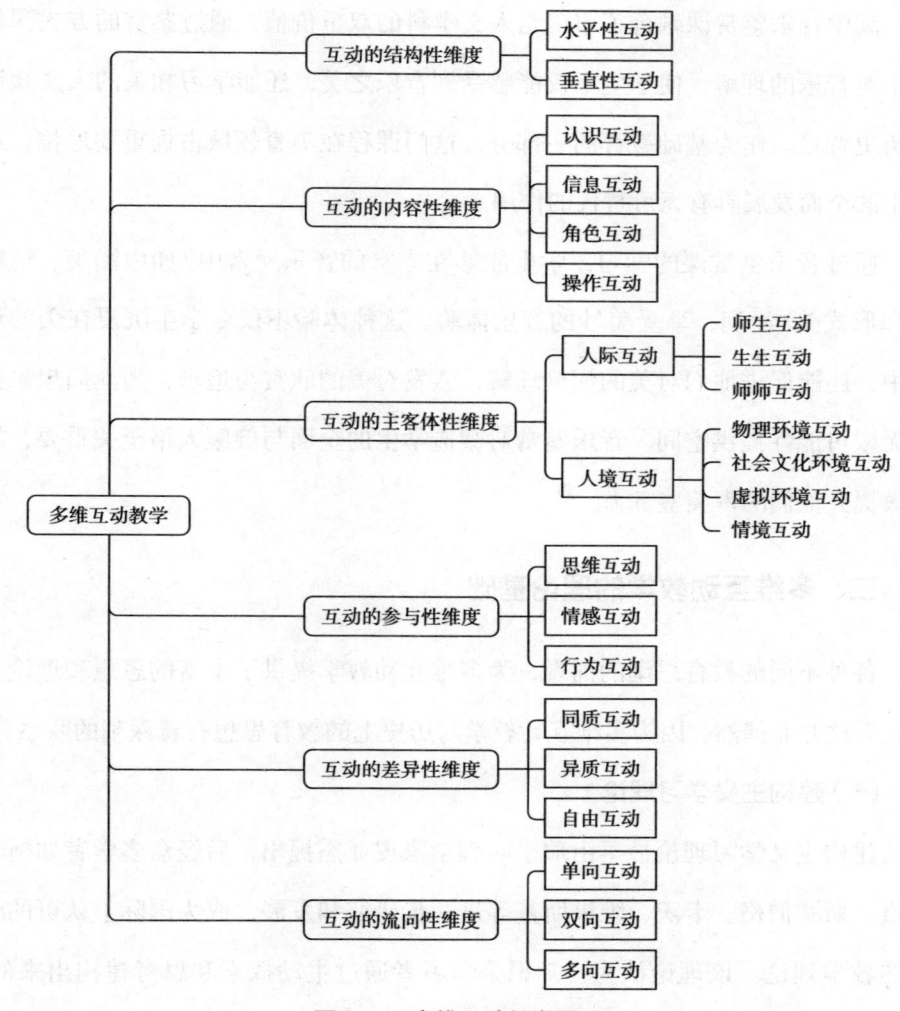

```
多维互动教学
├─ 互动的结构性维度
│   ├─ 水平性互动
│   └─ 垂直性互动
├─ 互动的内容性维度
│   ├─ 认识互动
│   ├─ 信息互动
│   ├─ 角色互动
│   └─ 操作互动
├─ 互动的主客体性维度
│   ├─ 人际互动
│   │   ├─ 师生互动
│   │   ├─ 生生互动
│   │   └─ 师师互动
│   └─ 人境互动
│       ├─ 物理环境互动
│       ├─ 社会文化环境互动
│       ├─ 虚拟环境互动
│       └─ 情境互动
├─ 互动的参与性维度
│   ├─ 思维互动
│   ├─ 情感互动
│   └─ 行为互动
├─ 互动的差异性维度
│   ├─ 同质互动
│   ├─ 异质互动
│   └─ 自由互动
└─ 互动的流向性维度
    ├─ 单向互动
    ├─ 双向互动
    └─ 多向互动
```

图6-1 多维互动教学图示

❶ 王丽丽．大学英语多元互动教学模式探究 [M]．长春：吉林人民出版社，2022:35．
❷ 史锦薇．高中思想政治课多维互动教学探究 [D]．固原：宁夏师范学院，2020．

动"意味着在多个层面上实现事物间、人与人之间以及人与环境之间的相互作用和影响。在教学方面，教学包括多种因素，如教师、学生、教材和媒介等；教学过程则涉及多个维度，包括教学内容、组织、方法、形式、时间、空间和评估等。❶

(四) 高中音乐鉴赏课

高中音乐鉴赏课融合了审美与人文学科的双重价值，通过鉴赏的方式深化学生对音乐的理解，使学生不仅能感受到音乐之美，还能学习相关的人文知识与历史背景。作为基础教育的一部分，这门课程在美育领域占据重要地位，对学生的全面发展具有无可替代的作用。

通过音乐鉴赏课的学习，学生能够在丰富的音乐元素中（如内涵美、情绪美和形式美）浸润，享受美妙的音乐体验。这种体验不仅令学生沉浸在美的环境中，还能促进他们对美的深刻理解，激发对美的欣赏与追求，为他们想象美的无限可能性提供空间。音乐鉴赏对塑造学生的全面与健康人格至关重要，能有效提升他们的审美鉴赏力。❷

二、多维互动教学的理论基础

各种不同的教育思潮的涌现，为多维互动教学提供了丰富的思想和理论支持，而这并非偶然，因为多维互动教学与历史上的教育思想有着深刻的联系。

(一) 建构主义学习理论

建构主义学习理论最早由瑞士心理学家皮亚杰提出，后经众多学者如柯尔伯格、斯滕伯格、卡茨、维果斯基等进一步研究和发展，成为国际上认可的先进的教学理论。该理论认为，知识是学习者通过主动探索和思考建构出来的，

---

❶ 郎红琴. 论任务型外语课堂教学的多维互动 [J]. 教学与管理，2013(18)：32-134.
❷ 张沛. 地方性音乐在高中音乐鉴赏课中的教学实践研究 [D]. 贵阳：贵州师范大学，2024:10.

而不是被动接收的。[1]学习被视为一个过程，其中学习者通过有意义的活动来构建知识。教学则是促进学生主动性的过程，引导学生从已有的知识出发，探索新的知识。教师在这一过程中的角色是引导者、合作者和辅导者，而不是简单的知识传递者。

建构主义的核心观点强调学习以学生为中心，认为学习者需要主动发现信息、理解和转换这些信息以建构知识。这一理论反对单向的知识传递方式，倡导通过学生自我探索和教师的引导来获得知识。随着多媒体和信息技术的发展，建构主义学习理论所倡导的教学环境得到了技术上的支持，为深化教育改革和探索互动教学模式提供理论基础。[2]教学应该促进学生的主动参与和自主学习，通过情境学习、合作学习和问题解决等方法，使学生在理解和应用知识的过程中发展认知能力和社会技能。[3]在这一过程中，教师的角色转变为组织者、指导者、支持者和促进者，以帮助学习者更深入地理解、探索和形成知识。[4]

（二）合作学习理论

合作学习是一种教学方法，其核心是小组成员之间的协作和互助，旨在实现特定的教育目标。在合作学习中，学生以小组为单位协作，共同努力达到学习目标，并根据整个小组的绩效来评价学习成果。[5]因此，合作学习以小组协作为核心，通过鼓励学生间的相互作用来促进教学，并以团队的成果作为评价标准，以实现共同的教育目标。[6]

约翰逊兄弟（Johnson D.W.与Johnson R.T.）提出，在任何形式的合作学习

---

[1] 高文，徐斌艳，吴刚. 建构主义教育研究 [M]. 北京：教育科学出版社，2008:22-25.
[2] 金延风. 多维有效互动教学研究 [M]. 上海：学林出版社，2004:10.
[3] 张奎明. 建构主义视域下的教师专业发展研究 [M]. 北京：北京师范大学出版社，2017:20-29.
[4] 陈解放. 合作教育的理论及其在中国的实践学习与工作相结合教育模式研究 [M]. 上海：上海交通大学出版社，2006:11-14.
[5] 程胜. 合作学习 [M]. 福州：福建教育出版社，2005:14.
[6] 李绪舒. 基于合作学习理论下的初中语文过程写作教学研究 [D]. 长春：吉林外国语大学，2022.

中,有三个不可或缺的要素。一是积极的互相依赖,意味着学生们需要对自己的学习进度负责,同时也要对团队其他成员的学习负责。二是面对面的积极互动,即学生需要在面对面的情境下积极地互动和合作,促进学习效率的提高。合作学习要求学生在面对面的互动中促进彼此的学术成就。这种合作要求每个学生承担各自责任,包括完成分配的任务和掌握相关内容。三是学生还需要具备一定的社交技能,以便能够在合作中进行高质量的互动。在整个合作学习过程中,小组的有效性建立在社交技能的基础上,社交技能是小组成功的关键。最后,合作小组需要定期对共同活动进行评估和反馈,以确保小组活动的有效性和持续改进。❶

(三) 生态课堂理论

叶澜提出的生态课堂理念重点在于把学生当作教学的中心,强调满足每位学生的特殊需求、兴趣爱好,关注每个个体的成长与进步。同时,它倡导采用现代的教学技巧,实现教育过程与学生全面发展相融合。❷ 在传统的课程设计中,教学往往顺着教科书的课程设计展开,侧重于传授理论知识,这种知识往往是抽象和固定的,导致学生参与度不高。相比之下,生态课堂理念强调学生的积极参与度,教学活动中不应忽视学生的角色。因此,在编写教案时,教师需要充分理解学生的学情,认真准备课程,创设可以促进学生参与的内容和活动。通过整合案例研究、探究式学习和讨论等元素融入教学过程,鼓励学生主动参与,达到生态课堂中多方互动的目标。生态课堂的理念强调促进学生的个人成长与发展,引导学生利用其独特的个性和能力,创造一个理想的学习氛围,从而支持学生全方位发展。重视学生的个性化需求并激励他们保持积极的学习态度,鼓励学生在学习过程中展现出更加积极和乐观的态度。❸ 通过多维互动

---

❶ 张淑玲."课堂师生有效互动"案例反思 [J]. 素质教育论坛(上半月), 2009(4).
❷ 杜亚丽. 生态课堂的理论建构与实践探索——基于中小学课堂教学现状引发的思考 [M]. 长春:东北师范大学出版社, 2012:39.
❸ 冯燕华. 生态化课堂文化的理论与实践 [M]. 哈尔滨:黑龙江教育出版社, 2019:11.

教学方法，可以引导学生积极参与，从而使他们在互动过程中获得知识，这为多维互动教学模式应用于高中音乐课提供了理论依据。

三、多维互动教学的基本特征

（一）多维互动的原则

（1）主体性原则。这一原则涵盖了民主性、情感协调和自主选择等。贯彻这一原则，首先，要让学生成为课堂教学的主导者，激发他们的学习兴趣、积极性和创造力；其次，要创造充满活力和激情的课堂氛围，让学生动起来；最后，要倡导教学民主，赋予学生一定的自主选择权利等。❶

（2）开放性原则。教学过程应该营造一个开放的教育环境：学生在课堂中应保持开放和自由的思维状态，不受抑制；教学内容不应受限于教材，也不应受限于教师的知识范围；教师应注重培养学生的开放性思维，不应轻易否定学生的探索精神；教学的成果不应局限于课本权威或教师所谓的标准答案。❷

（3）差异性原则。学生在智力、学习速度、个性等方面都存在差异。因此，在创新性课堂教学中，不能采取单一的教学方法，也不能让所有学生按照相同的步调前进。相反，应采用异步教学方法，以最大程度地满足每个学生个体差异性发展的需求。这种方法更好地适应了学生的多样性。❸

（二）多维互动的多样形式

多维互动教学是一种通过强化多方面互动来促进多向立体交流的教学方式。与其他传统教学方法相比，这种教学形式的显著特点在于它更加注重互动的多样性和立体性，以及对学生主动学习的鼓励和支持。在实际的教学场景中，

---

❶ 王丽丽. 大学英语多元互动教学模式探究 [M]. 长春：吉林人民出版社，2022:35.
❷ 李金华. "多维互动"教学方法的探索与实践——以德育课教学为例 [J]. 中国成人教育，2013(13):127-129.
❸ 杨爱杰，王晶. 高校思想政治理论多维互动教学模式的构建与提升 [J]. 学校党建与思想教育，2012(27):46-48.

影响师生互动及其相互作用的因素并不仅局限于学生和老师之间，还涉及教学材料、教具、学习环境、课堂氛围等多种元素。通过分析这些多样化元素对教与学互动的影响，可以从不同角度对教学互动的策略进行细分。❶

1. 结构性维度

根据互动的结构性维度，可以将互动分为水平性互动和垂直性互动。水平性互动指的是在年龄、知识背景和发展阶段相似的学生之间进行的交流，通常通过小组讨论和互帮互学等方式进行。这类互动有助于学生学习倾听他人的观点、比较不同的看法并发现新的见解，从而促进批判性思维、深度思考和自我反省，进而激发创新思维。而垂直性互动则发生在学生和教师之间，主要通过教师的知识传递和引导下的参与形式，促进学生认知的发展和学习能力的提升。❷

2. 内容性维度

教学互动可以从内容维度规划为认知互动、信息互动、角色互动及操作互动。这一维度把教学活动定义为一个教师与学生互相作用、影响及共同发展的连续过程。因此，教师和学生被认为是教学中的伙伴，共同参与认知过程、探讨教学材料、进行课堂交流。利用互问互答、团队合作等手段强化教与学之间的沟通，以此激发学生的学习兴趣，发掘他们的潜在能力和创造力，帮助他们更好地理解和掌握学习材料，从而有效地提升教学效果。

3. 流向性维度

互动可以根据其流向性维度被分类为单向互动、双向互动和多向互动。在单向互动中，教学被看作是从教师到学生的信息传递过程，此时教师是信息的发出者，学生则是接受者。双向互动模式认为教学是教师和学生之间的互相交流，强调两者之间的相互作用和实时反馈。教学视为教师与学生、学生与学生

---

❶ 苑玉冰. 个别化教学中的学教互动策略 [J]. 教育理论与实，2008,28(32):50-51.
❷ 徐蓓珍，马春亚. 音乐情感多元互动幼儿音乐活动中师幼积极有效互动的探索 [M]. 上海：少年儿童出版社，2010:12-13.

之间的广泛互动，通过这种多方的互动促进所有参与者的共同发展。

4. 主客体性维度

根据互动的主客体性维度，互动可以分类为人际互动和人境互动。在人际互动方面，主要包括教师之间的互动、教师与学生之间的互动以及学生之间的互动。在课堂教学中，学生之间的互动和教师与学生之间的互动构成了两个最重要的互动方式。相比之下，尤其在中小学的教学环境中，学生之间的互动在广度和深度上都明显超过了教师与学生之间的互动，其重要性更加凸显。多维互动教学模式不仅重视学生之间的相互作用，还包括教师之间的互动，通过教师相互之间的思想交流和智慧的碰撞，促进创新思维的产生，进而使教学观念更加科学和完善，显著提升课堂教学的质量。人境互动指的是学生与学习环境之间的互动，这个环境可以是物理的、社会的或虚拟的。

5. 参与性维度

根据互动的参与性维度，可以将互动分为思维互动、情感互动和行为互动。思维互动：在教学活动中，学生参与的首要表现是在思维方面，只有当学生的思维被有效地激发和参与时，他们的能力和个性特质才能得到充分发挥，从而有效提升教学效果。情感互动：课堂教学也是学生情感成长的重要场所，教师通过情感的传递和共鸣，激发学生的情感反应，使得教学过程充满动力。行为互动：学生在课堂上的参与主要通过行为互动来体现，这展现了学生的积极参与度以及教师对教学过程的有效指导。

6. 差异性维度

根据互动的差异性维度，可以将互动分为同质互动、异质互动和自由互动。鉴于学生在素质发展和学习能力上的差异显著，教学过程中应考虑到这些个体差异，教师需要针对不同学生的具体情况制定不同的教学要求。分组教学是一种有效的策略，可以根据学生的年龄、性别、兴趣、个性和需求来进行分组，既可以是基于相似特征的同质分组，也可以是基于不同特征的异质分组。同质分组便于教师对学生进行针对性教学，确保每位学生都能感受到成功的喜悦。异质分组则促进了学生之间的相互学习和合作精神。最后，学生自由分组可以增强他们听取多样化观点的机会，打破常规思维，提高参与的积极性。

（三）多维互动的条件

1. 情感上有共鸣

在教育中，师生可以一起建立一个民主、和谐、宽松的学习环境。这个环境鼓励学生开放心态，充分发挥他们的自主性，培养他们独特的个性。教师需要做到：①保持和谐的教态。教师应该与学生建立和谐的关系，缩短与学生之间的距离，通过鼓励性的评价来减少学生的心理压力。②确立学生主体地位。教师应该尊重学生的自尊心和个性特点，让他们感到自己在学习过程中是重要的。③共同参与学习全过程。教师和学生应该一起参与学习的全过程，共同探讨问题、解决困难，从而促进双边合作和互动。❶

2. 学习中有协作

在教学中，采用小组合作的方式让学生一起完成学习任务，并以小组为单位对每个成员的贡献和表现进行评价，这种教学方法被称为合作学习法。这种方法鼓励学生协同合作，共同学习和完成任务，通过互相合作来提高学习效果。❷

为了增强合作学习的效益，可以建立一系列合作规范，倡导相互支持和相互尊重，以创造一个平等、协作的氛围。此外，还需要培养学生的合作技能，如：为合作小组取名，以增加小组凝聚力和归属感；指导分工，引导合作小组的成员明确分工，例如记录、汇报、联络等；指导技能模式化和角色分工，教

---

❶ 陈刊. 情感体验在高中音乐欣赏教学中的渗透研究 [J]. 戏剧之家，2021(7):96-97.
❷ 杨林伟，李富娜. 大学英语课堂师生互动方式研究 [M]. 北京：九州出版社，2018:33.

导学生如何将合作技能模式化和角色分工化，使他们能够掌握探究和交流技能的方法；创造应用情景，设计各种情境，让学生在实践中反复练习合作技能，以巩固他们的交际技巧，并将这些技能融入日常行为中；培养交流技能，鼓励学生学会倾听和接受他人的意见，培养积极的沟通习惯。❶

3. 方法上要灵活

在研究和发展"多维互动"策略时，需要灵活应对不同情境，根据各个学科的特点和需求，设计和使用不同的互动形式。可以分为同桌交流互助式、固定小组讨论式、自主选择伙伴探究式、自主探究式、专家合作式。同桌交流互助式：鼓励学生与同桌互相交流和互助，共同探讨课程内容；固定小组讨论式：将学生分成固定的小组，让他们定期进行小组讨论和合作学习；自主选择伙伴探究式：让学生自由选择合作伙伴，共同进行探究性学习；自主探究式：允许学生自主选择学习内容和学习方式，以满足他们的兴趣和需求；专家合作式：鼓励学生与领域专家合作，共同传授和传承知识。

4. 空间上要开放

这里所谓的"空间的开放"指的是打破传统的学习环境限制，让学生能够更广泛地接触和学习。这不仅包括从教室走出去，让学生在课外、社会和大自然中学习，而且包括改变传统的课桌排列方式，以便更好地促进学生之间的集体合作和交流。例如，可以采用不同的座位布置形式，如马蹄形、弧形、扇形、圆形等，这有助于促进学生之间以及师生之间更好地互动和沟通。这种教育环境的开放可以让学习更加多元化和富有创意。❷ 通过这种方式，教育不再局限于传授知识的简单过程，而是成为一种培养学生综合能力、创新思维的综合性

---

❶ 王坦. 合作学习简论 [J]. 中国教育学刊, 2002(1).
❷ 张涛, 李如密. 教学空间的含义阐释、要素构成及实践逻辑 [J]. 中国教育科学 (中英文), 2023,6(5) :115-127.

教育模式。

5. 内容上有深度

在教学过程中，应选择内容的深度切入点，以激发学生的思维激情，让他们在探究中体验到令人愉悦的惊喜。这意味着将一些关键点或核心问题作为教学的重点，由教师进行有针对性的组织和指导，让学生深入体验和探究这些问题。通过从一个中心点辐射到相关的其他点，实现由点到面的连贯学习，从而实现高效的教学效果。这种方法能够让学生更深入地理解和应用知识，同时也增强了他们的合作和探究能力。❶

第二节 多维互动教学的应用现状

随着素质教育的全面推进以及《高中音乐课程标准（2017年版2020年修订）》的引入和实施，高中音乐教育经历了一系列的改革。然而，教师在音乐鉴赏课的教学中仍然面临一些不可忽视的挑战。教师需要树立以学生为中心的教育理念，关注学生在音乐课上的独特体验，激发他们的兴趣和创造力，注重他们的认知过程，引入多元化的评价方法，并鼓励学生进行自主研究学习。

一、应用现状调查

为了调查和分析高中音乐鉴赏课中多维互动教学的应用现状，笔者向海南省某高中学生和教师发放问卷进行调查。这次调查涵盖了调查的对象与目的、调查内容与方法，以及对所得数据进行分析。

---

❶ 范红梅. 教学内容再构让深度学习落地 [J]. 思想政治课教学，2020(6)：45-48.

(一) 调查对象与目的

研究对海南省某市 A 中学高一年级的四个班的学生和音乐教师进行了问卷调查和访谈。通过这一行为，能够了解多维互动教学在高中音乐鉴赏课中的实际应用，识别潜在问题并分析其根本原因，提高这一教育模式的实际效益。调查时间为 2023 年 9 月 11 日至 12 月 31 日。

(二) 调查内容与过程

本次学生问卷调查包含了 18 个问题，分成两个部分。第一部分旨在了解音乐鉴赏课中师生之间的多维互动情况，包括多项选择题和单选题。第二部分是开放性问题，邀请学生给音乐老师在应用多维互动教学方面提供建议。本次共向 208 名学生发放了问卷，成功回收了全部 208 份，回收率达到 100%，有效答卷的数量为 192 份，有效回收率为 92.3%。教师问卷调查共设计了 12 道题，其中 3 道多选题和 9 道单选题，共有 12 名高中音乐教师参与本次调查，回收率和有效率均达到 100%。

通过对音乐鉴赏课中的师生互动方式进行调查，收集关于目前互动活动的实施情况，了解学生和教师对于这些师生互动方法的适用性和满意度。

(三) 学生问卷调查情况分析

本问卷第一部分为选择题，共设计 14 道题。

通过表 6-1 可以看出，在目前的高中音乐鉴赏课中，教师与学生之间的互动频率相对较高，近一半的学生选择了较高频率的互动情况。相比之下，极少数学生表示互动非常少或几乎没有，占 14% 和 4% 左右的比例。这说明在音乐鉴赏课的教学过程中，师生之间的互动被广泛认为是重要的教学策略，对于实现教学目的具有关键作用。

表 6-1　师生互动开展情况

问题	选项	占比
音乐鉴赏课中开展的师生互动次数多吗？	A. 非常多	18%
	B. 比较多	39%
	C. 一般	25%
	D. 很少	14%
	E. 几乎没有	4%

由表 6-2 的数据显示，在目前的常规课堂教学中，教师倾向于使用问答式的互动模式，大约 34% 的学生选择这种方式。其次是在教师解说时发生的师生互动，占据了 29%。教师参与到小组合作和讨论的比例则是 27%，而涉及到与学生之间的创造性互动的比例较低，仅有 16%。这些统计结果与课堂观察及个别访谈的发现相吻合，揭示了一个现状：在常规课堂教学活动中，采用小组合作和创造性互动的教学策略相对较少。这表明尽管这些教学方法在促进学生参与度、增强学习效果以及提高思维能力方面具有显著优势，但它们在实际教学过程中的应用还不够广泛。

表 6-2　采用的师生互动形式调查情况

问题	选项	占比
音乐鉴赏课中，采用最多的师生互动形式是？	A. 问答式互动	34%
	B. 小组合作中互动	29%
	C. 教师讲解中互动	27%
	D. 创编性互动	16%

表 6-3 显示，有 61% 的学生表示他们对互动教学的内容部分感到有趣，互动形式相对多样。此外，还有 29% 的学生认为互动内容非常丰富，他们认为课堂上的互动教学内容既丰富又多样化，这种多元化的互动形式为学习增添了额外的价值。总体上，这表明大部分学生对于课堂上采用的互动式教学方式感到

非常满意,他们认为这种教学方式不仅能够激发他们的学习兴趣,还能够提高他们的学习动力。

表6-3 学生对课堂互动形式与内容满意程度调查

问题	选项	占比
你认为你所在的班级音乐鉴赏课中的互动形式与内容是怎样的?	A. 内容丰富,形式多样	29%
	B. 部分有趣,形式较为多样	61%
	C. 内容枯燥,形式单一	10%

通过表6-4可以看出,学生对当前音乐鉴赏课中使用的各类教学手段的喜爱程度。其中,选择聆听音乐的有36%,比较喜欢观看视频的有31%,选择互动游戏的有11%,选择趣味创编的有10%,选择团队合作的有8%,都不喜欢的只占4%。选择和互动有关的教学手段占29%,这表明现有的师生互动方式可能不完全符合学生的偏好,有待于进一步改善和提高。

表6-4 学生喜欢的教学手段调查

问题	选项	占比
你最喜欢音乐鉴赏课中的哪一个环节?	A. 聆听音乐	36%
	B. 观看视频	31%
	C. 互动游戏	11%
	D. 趣味创编	10%
	E. 团队合作	8%
	F. 都不喜欢	4%

通过表6-5可以看出,学生对音乐鉴赏课中教师问答式互动方式的接受程度。其中,一定会主动回答问题的学生只占7%,遇到自己会的题目会选择回答问题的占42%,偶尔会主动回答问题的占11%,不主动的占40%。根据学生回答问题主动情况的数据可以得出,大部分的学生有把握的问题会选择回答,不

愿意主动回答问题的学生占比高达40%。由此可见，高中生在音乐课堂上回答问题缺乏积极性。

表6-5　学生回答问题主动情况调查

问题	选项	占比
老师提问后，你会主动回答吗？	A. 一定主动	7%
	B. 看情况（会的就主动）	42%
	C. 偶尔主动	11%
	D. 不主动	40%

传统的师生关系正在经历逐渐变化和改进的过程。在过去的传统师生关系中，通常将教师视为师长，这导致师生之间存在着明显的"等级式"特点，也因此产生了一定程度的距离感。根据表6-6的结果可以看到，现在的师生关系正朝着更加开放和平等的方向发展。传统的师生关系正逐渐被新型的关系所替代，"融洽式"和"平等式"的师生关系占比逐渐增加，前者达到了51%，后者占比为39%。相反，传统的"等级式"师生关系在这一比例中仅占了10%。传统的师生关系正在逐渐演变，学生和教师之间的互动更加积极，这有助于缩小师生之间的距离感。这一变化意味着学校正在积极促进师生之间更为融洽和平等的互动，以提高教学质量和学生的发展。

表6-6　音乐课师生关系调查

问题	选项	占比
你认为，你与音乐老师之间的师生关系属于哪一种？	A. 等级式	10%
	B. 平等式	39%
	C. 融洽式	51%

根据表6-7的数据，可以明显看出学校在建设课堂心理氛围方面已经取得了显著的进步。研究结果显示，在音乐课堂中，有80%的课堂呈现出了愉快和

活泼的氛围,只有极少数(11%)课堂显得无趣,还有少部分(9%)课堂显得严肃和压抑。数据清晰地表明,该校的音乐教师和学生之间建立了良好的关系,尤其在情感方面取得了明显的成功。现如今,音乐教师的思维方式和教育观念经历了明显的转变,对学生的日常生活和学习表现出更多的关心,与学生进行对话和交流,能够更深层次地理解学生的想法和感受。

表6-7 课堂氛围情况调查

问题	选项	占比
你所在班级的音乐课堂氛围是怎样的?	A. 严肃、压抑的	9%
	B. 无趣的	11%
	C. 愉快、活泼的	80%

根据表6-8调查数据显示,68%的学生表示,在音乐课堂中,有50%以上的音乐知识是通过师生互动获得的。由此可见,互动在高中音乐鉴赏课中是一种良好的教学模式,它能够提高学生的积极参与度、满足学生的学习期望、促进学生的全面发展以及加强师生之间的情感联系。因此,教师在教学中应积极运用这种教学模式,为学生创造更加丰富多彩、有趣味性的学习环境。

表6-8 音乐课堂互动效果调查

问题	选项	占比
你所获得的音乐知识有多少来源于互动教学这一形式?	A. >80%	13%
	B. 50%~80%	55%
	C. 30%~50%	27%
	D. <30%	5%

根据表6-9对高中音乐鉴赏课师生互动时长的调查结果可见,大多数班级的课堂互动时间都相对较长,其中有70%的师生课堂互动时间在10~25分钟之

间。有 17% 的师生课堂互动时间超过 25 分钟。这表明教师在开展课堂互动方面所投入的时间相对较多。

表6-9 音乐鉴赏课互动时长调查

问题	选项	占比
音乐鉴赏课中师生互动的时长为？	A. <10 分钟	13%
	B. 10~25 分钟	70%
	C. >25 分钟	17%

表 6-10 显示，在音乐鉴赏课互动时长分配中，有 47% 的学生认为教师在互动中占用的时间更多，有 33% 的学生认为教师与学生在音乐课堂中互动所占用的时间相差不大。因此在音乐鉴赏课中，音乐教师更加重视与学生之间的互动，鼓励学生分享个人对音乐作品的感受和解读，以及对音乐理论的理解，从而促进一个开放和包容的学习环境，能够激发学生的创造力和想象力，促使他们尝试用新的方式去理解和表现音乐。

表6-10 音乐鉴赏课互动时长分配调查

问题	选项	占比
在音乐鉴赏课的互动中，谁占用的时间更长？	A. 教师更长	47%
	B. 学生更长	20%
	C. 相差不大	33%

由表 6-11 可以看出，在课堂教学中，教师的角色应该更像是一个"导演"，而不是完全的"把控者"。目前的调查结果显示，课堂上的互动时间主要由教师控制，留给学生进行自我探究和独立思考的机会较少。根据新课程改革的指导原则，学生应当成为课堂学习的主导者。当学生提出看法或提问时，教师需要对此给予肯定和支持，这样做不仅有助于满足学生的情感需求，还能促使他们积极参与，提升学习兴趣，增强自信心，从而提高教学效果。

表6-11　学生主体地位情况调查

问题	选项	占比
你的音乐教师（　）要求、鼓励并引导学生通过师生、生生互动来解决问题。	A. 经常	25%
	B. 偶尔	73%
	C. 从来不	2%

依据表6-12可以看出，生生互动的方式，如不同小组竞赛互动或一对一互动，在音乐鉴赏课中相对不常见。这种情况的根本原因在于许多音乐教师面临多重挑战，包括教学任务的要求、有限的课堂时间，以及学生的学习能力和学习基础等因素的制约。因此，大部分音乐教师更倾向于以师生互动为主要的课堂互动方式，这样的选择可能导致生生互动的机会相对较少。

表6-12　音乐鉴赏课中生生互动情况调查

问题	选项	占比
你们的音乐老师会组织你们在课堂上进行生生互动吗？	A. 没有组织	7%
	B. 同桌结对组织	20%
	C. 小组合作交流	61%
	D. 小组竞赛交流	12%

根据表6-13可以看出，77%的学生认为没有互动的音乐课堂是没有办法专注地听老师上课的，因此在音乐课堂中运用丰富的互动是非常关键的。互动可以提高学生的参与度和兴趣，有助于他们更好地理解和记忆课程内容。互动还可以促进学生之间的合作和交流，为他们提供更丰富的学习体验。在音乐教育中，积极推动互动教学是非常重要的教学策略。

表6-13　学生对没有互动的课堂接受程度调查

问题	选项	占比
你认为没有互动的（完全由老师讲解知识点）的音乐鉴赏课，能专注地听老师上课吗？	A. 能够专注	9%
	B. 比较能专注	14%
	C. 不能	77%

根据表 6-14 对高中生关于音乐教师在课堂互动中倾向选择的学生类型的调查，发现大多数高中生（79%）认为教师更偏向于与性格外向、活泼开朗的学生互动；61% 的学生观察到教师更倾向于选择成绩优异的学生参与互动；33% 的学生认为教师更可能选择课堂注意力不集中的学生进行互动；而 45% 的学生感觉教师更倾向于与班干部互动。只有不到一半的学生（40%）觉得教师会与全班学生进行互动，而只有 3% 的学生认为通常不太活跃、默默无闻的学生会被选择参与互动。

表 6-14　学生对课堂教师选择互动的学生类型调查

问题	选项（多选）	占比
你觉得在音乐鉴赏课中老师更偏向选择哪种学生回答问题？	A. 成绩优异的学生	61%
	B. 性格外向、活泼开朗的学生	79%
	C. 班干部	45%
	D. 课堂注意力不集中的学生	33%
	E. 全班学生	40%
	F. 不太活跃、默默无闻的学生	3%

本问卷的第二部分为开放性简答题，笔者设计了三道简答题，并从中抽选 5~8 位同学的回答进行分析。

第一道简答题：怎样的音乐鉴赏课是你所期待的？

A 同学："听我们喜欢的音乐，唱喜欢的歌，多讲一些关于乐理基础知识"；B 同学："师生气氛良好，结合学生喜好，欣赏音乐作品，了解学生个体水平因材施教"；C 同学："课堂活跃，生动有趣"；D 同学："互动性强，有感染力，积极生动，互帮互助，开放包容"；E 同学："能够欣赏音乐，多一点互动，也可以增加一些音乐创编之类的游戏"；F 同学："可以播放学生指定音乐，例如到有关交响乐内容时播放些学生推荐的交响乐以辅助教学"；G 同学："生动有趣，互动繁多，同学和睦，老师幽默有趣"；H 同学："和谐、活跃、轻松的课堂"。通过学生们的回答可以得出，学生们期待的音乐课堂应该是一个激发学生兴趣、提供实践机会、个性化教学、多样化音乐体验和鼓励创造性思维的地方。音乐课堂应该点燃学生内心的音乐激情，激发他们对音乐的浓厚兴趣。学生需要实际参与音乐制作、表演和创作，以便将理论知识付诸实践。教师也应该根据每位学生的需求和能力，提供个性化的教育，以确保每个人都有机会获得最大的益处，并且让他们有机会接触到各种不同风格和类型的音乐，以扩展他们的音乐视野，鼓励学生去尝试新的音乐创意。

第二道简答题：你想在音乐鉴赏课上增加怎样的互动？

A 同学："风格多变，多元化"；B 同学："做小游戏，安排同学个人即兴表演"；C 同学："唱歌、听歌环节"；D 同学："多放歌、唱歌、尽量多增添一些足够同学们交流的互动"；E 同学："学生上台唱歌，多一些自由"；F 同学："才艺表演，如教学内容有关的表演"；G 同学："希望能够尝试不同的乐器或者音乐风格"；H 同学："多一些小组之间的合作，我们可以一起演奏、演唱或者创编歌曲"。通过学生们的回答可以得出，同学们希望在音乐鉴赏课上增加互动，如音乐游戏、即兴演奏、学生展示、音乐分析和讨论、小组合作等来提高学生的参与度和学习体验。通过增加这些互动元素，音乐课堂可以变得更加生动有趣，同时也有助于学生更深入地理解和欣赏音乐。

第三道简答题：你希望老师用怎样的方式调动你们的学习积极性？

A 同学："鼓励式、引导式"；B 同学："多教学一些提升歌唱水平的技巧，带领同学们熟悉这些技巧并应用"；C 同学："多鼓励、多关心、多关爱"；D 同学："多放视频音乐让同学相互讨论"；E 同学："多互动，多表扬"；F 同学："多一些多样化、有趣和引人入胜的视频材料"；G 同学："希望老师能让我们了解更多不同的音乐"。根据学生们的问卷回答，他们希望老师可以创造一个积极、支持和鼓励的学习氛围、提供有趣的学习材料、创造互动机会、给予认可和奖励。学生的学习积极性受到多方面因素的影响,包括教学方式、教育环境以及个体差异。要激发学生的学习热情,需要创造积极的学习氛围,并根据每个学生的需求采用个性化的教学方法,这样可以有效地唤起他们对学习的兴趣和积极性。

(四) 教师问卷调查情况分析

从表6-15中能够了解,高中音乐鉴赏课的教学方式正在发生积极的变化,逐渐摒弃了传统的一问一答和纯讲授式的教育方法。取而代之的是情境问答、音乐游戏、小组合作、音乐创编和才艺展示等多样化的互动形式。这些变化不仅使音乐课堂变得更加生动和富有趣味,还有助于提高学生的学习效果和教学效果。教师更加注重学生在音乐领域的实践操作,鼓励他们积极参与音乐表演和创作。这种做法不仅提升了学生的音乐技能,也激发了他们的创造性思维。

表6-15 教师互动方式调查

问题	选项(多选)	人数
您最常用的互动方式有哪些?	A. 音乐创编	8
	B. 一问一答	5
	C. 情境问答	6
	D. 小组合作	4
	E. 演唱、演奏	9
	F. 音乐游戏	4
	G. 才艺展示	10
	H. 自问自答	1

通过表6-16可以发现,现代音乐教育中的教学工具和方法得到了显著的改进。在传统音乐课堂中,教师通常仅依赖黑板和口头互动,这可能导致教学相对单调和枯燥。在现代音乐教育中,多媒体工具和乐器等教学资源被广泛采用,这种组合的使用使得教学更具人性化和先进化。教师可以更容易地将多种资源结合在一起,创造丰富的音乐教育体验。

表6-16　音乐教师互动工具使用调查

问题	选项（多选）	占比
您最常用的互动工具有哪些？	A. 多媒体	100%
	B. 乐器	75%
	C. 黑板	33%

从表6-17可以看出，在音乐鉴赏课中，座位模式正经历着变革。传统的座位模式，例如"秧田式"，正逐渐减少使用。与此同时，越来越多的教师选择采用"小组式"的座位布置方法，这种座位模式更加注重学生之间的互动和交流，缩小了学生在课堂中的物理距离，为小组讨论和课堂活动提供了更为便捷的条件。尽管"马蹄式"座位模式能够有效促进教师与学生之间的互动，加强师生间的情感联结，提供更多机会进行面对面的交流和讨论，但这种布局方式仍不是教师常选用的座位安排。

表6-17　互动座位方式调查

问题	选项	占比
您最常使用的互动座位方式是怎样的？	A. 秧田式	33%
	B. 马蹄式	8.5%
	C. 小组式	58.5%

通过表6-18可以知道，启发式教学模式强调学生的主动参与、思考和合作，对于教师来说使用起来存在较大的难度，因此在实际应用中并不普遍。相比之下，知识讲授式和讨论互动式在课堂中被较多地使用。教学模式过于单一会使学生一直处于被动学习的状态，导致学生感到疲劳，音乐学习效果不佳。要解决这个问题，需要全体教师共同反思自己的教学方式，积极探索和采用更多的互动教学方法，以提高学生的学习体验和学术成就。

表 6-18　音乐鉴赏课教学模式调查

问题	选项	占比
您的音乐鉴赏课主要使用的教学模式为？	A. 启发式	17%
	B. 知识讲授式	41.5%
	C. 讨论互动式	41.5%

根据表6-19可以得知，许多音乐教师在为互动课准备教材时并没有充分投入足够的时间和精力。事实上，有高达83%的音乐教师在备课时仅用了不到60分钟的时间。这种现象导致了课堂互动的质量无法得到充分的保障。

表 6-19　音乐教师互动前备课态度调查

问题	选项	占比
您每天在课前会花多长时间准备课堂互动的内容？	A. <40分钟	25%
	B. 40~60分钟	58%
	C. >60分钟	17%

从表6-20中能够发现，在备课过程中，部分教师偏好直接利用现成的音乐教材和网络资料。而根据一对一访谈的反馈，一些教师提到他们备课的时间有限，并不倾向于花费大量时间在此环节。这一现象导致了一部分教师在准备互动时，更多的是简单地复制教材内容，而缺乏对材料的深度加工或与现实生活情境的结合。

表 6-20　音乐教师互动资源来源调查

问题	选项（多选）	占比
您在互动前准备的教学资源主要来源于？	A. 相关培训	6%
	B. 音乐教材	10%
	C. 网络资料	8%
	D. 生活实例	4%

根据表6-21的数据可以得出，很多教师并没有做到充分重视教学方法、学习方法，以及学生的学习情况等因素，过于简单地整理和总结授课的步骤和知识点。并且在提出问题时过于公式化，也缺乏对难度层次的适当把握，进而影响了课堂互动的质量。这反映出他们未能充分认识到创设吸引学生的教学情境的重要性。这不仅影响了课堂互动的效果，也显示出了教师对创建吸引学生参与的教学环境重要性的认识不足。因此，教师应该致力于提高问题设置的多样性和适应性，以及创建更加吸引人的教学情境，从而提升课堂互动的质量，促进学生的全面发展。

表6-21 音乐教师互动前备课内容调查

问题	选项（多选）	人数
您在开展互动前需要做哪些准备？	A.备学情	5
	B.备教材	12
	C.备教法、学法	3
	D.备互动环节	9
	E.备教具	3

从表6-22和表6-23中可以看出，多数音乐教师对如何有效进行课堂互动缺乏深入的了解。首先，需要强调的是，有一些教师仍然将主要关注点放在学科知识上，而没有对与互动教学相关的知识进行足够的准备和整理。在备课过程中，他们也未充分挖掘与互动相关的教材内容。其次，一些教师在互动教学方面并没有充分发展自己的导入技巧。在设计情境和问题时，他们未能引导学生表达他们真实的需求。尽管这一环节在整个课堂时间中可能占比较短，但它却具有重要的作用。

表6-22　音乐教师互动教学知识储备调查

问题	选项	占比
您自身关于课堂互动的知识储备量怎么样？	A. 较丰富	26%
	B. 有一定储备量	66%
	C. 缺乏储备	8%

表6-23　音乐教师互动教学经验调查

问题	选项	占比
您对音乐鉴赏课堂中的互动有丰富的经验吗？	A. 较丰富	8%
	B. 有一定经验	66%
	C. 缺乏经验	26%

通过表6-24对高中音乐鉴赏课中的听课观察和本次问卷调查的数据分析，笔者得出的结论是，当前大部分音乐课堂的互动效果并不太令人满意，只有约83%的班级学生能够满足基本的互动要求。在当前的教育环境中，课堂互动的模式往往偏向于一种较为传统的方式，即教师居于主导地位，提出问题，而学生则扮演回答者的角色。这种互动形式，虽然在一定程度上能够促进学生思考并回应教师的提问，但它主要强调了知识的接收而非学生的主动探索与创造性思维的培养。虽然学生可能会增加记忆加强知识的理解，但这种教学模式也限制了他们发展批判性思维和解决问题的能力。真正的学习不仅是知识的积累，更重要的是能够运用这些知识解决新的问题，以及在探索未知领域时发挥出创造力和创新性。

表6-24　音乐鉴赏课互动学生配合度调查

问题	选项	占比
您的音乐鉴赏课中学生互动配合度高吗？	A. 较配合	17%
	B. 基本配合	83%
	C. 不配合	0%

通过分析表6-25的数据可知，在课堂互动过程中，多数音乐教师在应对突发事件时的表现都不够理想，尤其在两个方面表现最差：一方面，他们难以有效地维护课堂纪律，导致互动失控；另一方面，他们未能成功激发学生在互动时的积极性。

表6-25 教师应对互动课堂突发问题能力调查

问题	选项	占比
您在应对音乐鉴赏课中的互动突发情况是什么感觉？	A.十分轻松	41%
	B.比较费劲	50%
	C.很困难	9%

根据表6-26的数据可知，尽管许多音乐教师对自己的互动技巧和相关知识储备抱有一定自信，但实际上这两个方面还有很多发展和提升的空间。在不断的专业发展和学习过程中，他们可以进一步加强自己的互动技能，拓展相关知识，以提供更高质量的教育和课堂互动经验。这有助于更好地满足学生的需求，促进他们的学习和成长。

表6-26 教师互动组织教学技巧自评调查

问题	选项	占比
您自身关于课堂互动技巧掌握程度如何？	A.较丰富、成熟	33%
	B.有一定技巧	50%
	C.较欠缺、不成熟	17%

二、高中音乐鉴赏课中互动主要存在的问题

问卷调查以及访谈中的数据分析是笔者获取了解师生互动的首要信息来源。本章将依据调查数据的反馈，深入剖析当前高中音乐鉴赏课中师生互动存在的问题，以及导致这些问题的根本原因。这一分析将为提出有针对性的优化

策略提供理论支持。

(一) 互动对象机会不均衡

高中生在课堂上的互动选择通常是基于多种因素的综合考虑。虽然他们在实际的课堂活动中可能面临不平等的参与机会，但在互动的过程中，每个学生理应享有平等的参与权。作为教学活动的关键参与者，教师的角色在于引导和平衡这种互动，确保学生能够恰当地选择与之互动的对象。

教师倾向于在课堂互动中选择那些学术表现优异和性格开朗的学生，因为这些学生往往有扎实的知识背景，能更准确地回答问题，并在互动中表现得更加突出。他们因此常常收到教师的口头称赞和实质奖励，这进一步激发了他们参与互动的积极性和自信心。但这种选择方式也忽略了那些性格较为内向、基础知识不够扎实或在课堂上较为羞涩、不愿主动参与的学生。❶这些学生可能会感觉自己无论如何努力都无法获得教师的注意，进而产生无助感，变得更不愿意参与课堂互动。这样不均衡的互动机会不仅损害了这些学生的自尊心，还可能对他们的未来发展产生负面影响。

(二) 互动主体参与度不高

在新课程改革的指导下，高中音乐教师正努力实现以活动为核心的教学模式，他们通过设计多样的互动环节和活动来增进师生互动。但在实际教学中，理想与现实之间经常存在差异。课堂观察显示，当教师提出讨论主题或问题时，经常有学生选择忙于自己的事情，避免与教师的眼神接触，甚至完全不参与课堂活动。❷

面对学生在课堂上缺乏积极参与的现状，教师常常不得不依靠点名提问的方式来激励学生参与课堂互动。这种做法导致学生的参与变得更加被动，而不

---

❶ 哈利·弗莱彻·伍德. 基于问题导向的互动式、启发式与探究式课堂教学法 [M]. 刘卓, 耿长昊, 译. 北京: 中国青年出版社, 2019:31.

❷ 佐斌. 师生互动论——课堂师生互动的心理学研究 [M]. 武汉: 华中师范大学出版社, 2002:53.

是出于自发的兴趣。长期以来，学生缺乏积极表现自己、表达观点的意愿，课堂互动中的参与度普遍较低。这种局面逐渐削弱了教师为设计富有吸引力的教学活动和互动环节所投入的热情。

教师作为课堂的核心引导者，如果不能有效地激发和维持学生的兴趣和参与度，就可能导致整个课堂氛围和教学效果的下降。学生在缺乏积极互动和参与的情况下，不仅会错失学习和发展批判性思维能力的机会，还可能对学习失去兴趣。这样的循环对于教师和学生都是不利的，需要通过更具吸引力的教学方法和策略来打破。

（三）互动主体地位不平等

在高中音乐鉴赏课中，师生之间的互动应该是平等的，鼓励双方进行民主和平等的对话和交流，以促进他们的共同成长。然而，有一些教师仍然受传统教学观念的束缚，他们在课堂活动中扮演了绝对控制者的角色。❶虽然这些教师精心组织和策划课堂活动，但未能为学生提供足够的机会让他们表达个性化的观点和看法。

在高中音乐鉴赏课中，当学生提出不同的声音或观点时，一些教师未能积极地鼓励学生进一步深入探讨这些问题。相反，他们可能会以权威的姿态提供固定的学科知识或答案，或者快速过渡到下一个教学活动，不给学生充足的时间和空间去思考。这种做法不仅减弱了学生积极参与互动的动力，还限制了学生创造性思维能力的发展。因此，有必要鼓励教师采用更加开放和包容的教学方法，以促进平等的师生互动，并激发学生的思维潜力。❷

教师在学生眼中通常具有特殊的威信地位，被视为权威的代表。学生一般

---

❶ 孔梅. 初中语文课堂中的有效互动教学模式研究 [J]. 考试周刊, 2023(38) :37-41.
❷ 佐斌. 师生互动论——课堂师生互动的心理学研究 [M]. 武汉: 华中师范大学出版社, 2002:71.

认为教师的每一句话、每一个观点和想法都是准确的,值得信赖的。因此,尽管学生可能对教师提出的观点和想法存在质疑,但由于对教师的权威地位出于尊重,他们通常不愿意直接提出问题,这意味着在师生互动的过程中,教师和学生之间仍然是不平等的。在互动活动中,学生未能得到平等的对话、交流和沟通机会。

(四) 互动内容缺乏深度性

在高中音乐鉴赏课上,有效的师生互动不仅要求信息的传递具有科学性和思想性,而且需要教师教授的知识具有一定的难度,促使学生深层次的思考。这种互动要求教师不能仅停留在知识的表面层次,还要深入挖掘和创新,以激发学生的思维和创造力。❶ 然而,在课堂实践中常常发现,师生互动仍然局限于传统的提问和回答模式,这种方法往往只触及书本知识的表层。这样不但限制了学生的个人发展,也影响了课堂氛围的活跃度和学习的有效性。为了克服这些限制,教师需要探索更多元化和创新性的互动方式,例如通过小组合作、音乐游戏、创意实践等方法,激发学生的兴趣和参与度。通过这种方式,学生的创造性潜能得以释放,教学资源也得到更充分的利用,从而提升教学质量和学习效果。❷

在教育实习期间,笔者发现了当前高中音乐教学中师生互动的一些局限性。尽管师生间的问答在表面上看似充足,但这种互动往往缺乏深度和实质性,更多是停留在形式上的交流。这种情况下,教师可能认为只要在课堂上进行了基本的问答,就已经满足了互动的基本要求,这种观念实际上忽略了互动的真正意义和潜力。❸

---

❶ 景岩明. 游戏教学: 教师观念的改变与实践 [M]. 长春: 吉林大学出版社, 2013:12.
❷ 陈敏. 高中生物多维互动教学的实效研究 [D]. 上海: 上海师范大学, 2015:25.
❸ 张娴娴. 多维互动教学模式在高校英语教学中的实践 [J]. 英语广场, 2023(30):81-84.

(五) 互动问题缺乏针对性

有些教师在互动环节中提出的问题通常过于广泛和表面，缺乏深入针对具体教学内容或学生理解难点的关注。这样的问题设计往往忽视了学生的个别差异，如他们的知识水平和理解能力，导致互动环节无法达到预期的教学效果。这种单一和重复的问题设置限制了学生思维的发展空间，也减少了课堂上真正有意义的学习和探索机会。

学生们各有自己独特的思维方式和认知水平，并且在进入课堂前已对一些现象和问题形成了自己的看法。但是，教师在设计课堂互动时会对所有学生提出统一的标准问题，这种方法很难适应学生各自不同的发展水平和认知能力。这样一来，互动缺少层次差异和个性化，对学生全面发展的促进作用有限，也不能有效提升高中音乐课堂上的师生互动效果。

(六) 互动方式较为单一传统

理想中的教育方法与现实课堂的实际情况常有所差异。在现实的课堂环境中，师生之间的互动往往还是以传统的形式为主，如问答、讲课中的互动和小组讨论。根据笔者在实习期间的观察和对一些教师的采访，这些教师认为课堂讲授中的互动有助于快速传递信息，并能够帮助他们评估学生的知识水平和能力发展。目前，这种互动主要依赖于口头语言，肢体语言在互动中的应用较为有限。[1]

从笔者的教育实习经验来看，一些教师在设计互动活动时，主题往往不够具体和明确，导致学生在参与过程中缺乏明确的方向，互动活动因此难以深入至实质性内容，而仅停留在表面层次。此外，随着课程的进行，一些学生可能会对这些活动失去兴趣，他们在讨论过程中可能容易跑题或从事与活动无关的事项。更重要的是，教师在这些活动中的角色往往是被动的，缺乏积极的引导和参与，这限制了学生讨论的深度和效果。

---

[1] 孔梅. 初中语文课堂中的有效互动教学模式研究 [J]. 考试周刊，2023(38)：37-41.

三、多维互动教学在高中音乐鉴赏课中应用优化策略

在深入探讨了高中音乐鉴赏课上师生互动存在的问题及其原因后,笔者提出了一些具体的解决方案和改进策略,以期在高中音乐鉴赏课上更有效地促进师生之间的互动。

(一)更新教师的教学观念

随着新时代社会的发展,对教师的期望和要求也在不断提升。因此,对教师的教学理念进行更新和升级显得尤为重要。目前,虽然很多高中音乐教师对新课改有一定的理解,并意识到在教学过程中学生应占据主体性地位,但在实际教学中这一理念并未得到充分体现。因此,音乐教师应从课程内容的传授者转变为引导学生自主学习的促进者,以此真正贯彻新的教育理念。为了彻底更新他们的教学方法,教师们首先需要认识到这一变革的重要性。然后,学习能有效互动的实践方法。

(二)提高教师的知识技能

作为课堂互动的关键角色,教师在更新教学理念的同时,还需要不断提升自己的专业知识和技能,以增强课堂上的师生互动效果。

为了增强课堂上的师生互动,教师应致力于不断扩展自己的知识面,拥有渊博的知识是实现高效教学的关键。这不仅包括熟练掌握教材内容,还包括阅读更多的书籍,尤其是心理学方面的资料,以此来增强自身的知识库。对于教师而言,了解高中生的心理发展特点非常重要,这有助于他们更准确地把握学生的需求,并通过真挚的互动加强与学生的情感联系。丰富的知识储备使教师在课堂上能够自如地回答学生的问题,进而获得学生的敬重和信任。

教师需要在现有的知识基础上不断进行调整和扩充。通过与来自同一领域或不同领域的同事交换意见,教师能够发现自己知识体系的漏洞,并制定改进

计划。在课堂互动中，教师应考虑到学生间认知的差异，力求为每位学生提供平等的学习机会。此外，教师还应致力于提高自己在专业领域内的知识水平。

(三) 激发学生的主体性

在课堂互动中，学生的参与度通常因为缺少主体地位而受限。因此，教师需要在教学过程中强调并肯定学生的主体角色，以此来激发和加强学生的主体性。❶

在教学中，教师需努力营造环境，以增强学生的主动参与和思想交流。这样的教学策略有助于培养学生的团队合作能力和探究精神，同时提高他们的沟通能力。这种方法不仅能激发学生的积极性，还能提高课堂教学的成效。学生应该被鼓励进行自我反思，整理和总结学习过程中的关键点，自主地掌握学习方法，并吸收好的思维方式。在与教师的互动过程中，学生应该主动参与教学活动，并加强与教师之间的情感交流，以此来促进自己的能力发展。❷因此，教师需要创设一个灵活且开放的课堂环境，提供充分的空间让学生能够充分展示自己的主体性，并促使学生内心深处认识到自己的价值和潜能。

(四) 转变学生的学习方式

在传统的课堂中，学生的学习模式主要是被动接收，他们主要吸收教师呈现的成品知识并进行记忆和理解。这种学习模式容易让学生过分依靠教师，缺少学习的主动性和探索精神。因此，应改变这一被动和单调的学习风格，以激发学生主动改进自己的学习方式。教师应该考虑到学生的兴趣和需求，构建开放和自由的教学氛围，鼓励学生主动学习，将学习过程从被动接收转变为主动探索。

---

❶ 佐斌. 师生互动论——课堂师生互动的心理学研究 [M]. 武汉：华中师范大学出版社，2002:54.
❷ 王翠娜. 新课程理念下高中数学课堂有效教学的策略研究 [J]. 上海教育科研，2010(4):76-77.

教师应通过制定学习任务给予一定的奖励措施，激发学生的主动参与意愿，以此来激活他们对学习的渴望，进而改变他们原有的消极和被动的学习姿态。教师的职责是向学生明确指出，学习不只是对教材内容的被动吸收，还应当包括亲自实践和创新的环节。作为学习过程的中心，学生应当采取自觉和主动的态度来学习，摆脱旧有的被动学习方式。

(五) 营造轻松愉悦的课堂氛围

教育环境，作为一种隐性的文化影响，对学生的学习和个人发展具有深远影响。建立一个愉快的课堂气氛是确保教师与学生之间有效和顺畅互动的关键。美国知名教育家杜威强调了教师在建立一个民主且注重科学过程的学习环境中的重要角色。❶

在当前课堂教学环境下，创建一个轻松愉悦的学习氛围应成为教师的主要目标。首先，教师需要与高中学生进行平等的沟通，尊重他们作为独立个体的自主性，接受并赏识他们的个性化想法，这样做能让学生感到自己的意见被尊重，进而激发他们更加主动地参与师生间的互动；其次，教师应在课堂中注意每位学生的参与度，鼓励他们大胆地加入讨论并表达自己的看法，以增强他们的课堂参与感；最后，教师应设计富有感染力且与现实生活密切相关的教学情境，让学生在参与和体验中深刻感受到音乐学习与日常生活的联系，从而引导学生发现音乐的审美价值，这种教学方法能有效提高学生的参与积极性和对音乐学习的兴趣。❷

(六) 加强师生双方的对话交流

从教育的理想角度出发，教师与学生间的互动理应基于平等的对话和交流。为了达成这一状态，师生双方都应努力提升对话交流的能力，以实现更有效的

---

❶ 约翰·杜威. 民主与教育 [M]. 俞吾金，孔慧，译. 上海：华东师范大学出版社，2019:5.
❷ 杨林伟，李富娜. 大学英语课堂师生互动方式研究 [M]. 北京：九州出版社，2018:34.

互动。增强对话能力需要长期的学习和实践。教师应深入学习有关对话能力的理论，如涉及教育学、心理学和音乐学的书籍，积累丰富的对话内容，为有效的课堂活动奠定理论基础。❶

在高中音乐教学实践中，教师应该努力为师生对话和交流创造条件，激励学生主动参与对话并自信地分享他们的想法。鼓励学生之间的合作和小组互动，通过小组讨论、合作学习等活动，促进学生之间的交流和合作。这种互动方式不仅能够提高学生的沟通和团队合作能力，也能增加课堂的趣味性和互动性。教师还需要对学生在互动过程中的表现进行客观的分析和评估，以此增强学生对音乐课堂互动的兴趣，并确保师生互动的顺利和高效。

第三节　多维互动教学的实践探索

这里的多维互动教学实践探索主要包括情境互动、多感官互动和人际互动三类。这里的分类是为了叙述方便，在实际运用中往往以融合的形式出现。

一、情境互动

情境互动是人境互动的重要组成部分。情境互动影响着学习者的参与度、认知过程以及学习成效。情境互动通过营造生动有效的情境，不仅能够使课堂氛围更加活跃，还有助于促进师生之间的良好关系。这种教学方法不仅是为了教授知识，更是为了在互动中培养学生的情感、社交和认知能力。

（一）情境互动的特点

情境互动教学模式是一种教育策略，它将学习过程置于真实世界或模拟真

---

❶ 周敏. 音乐课堂中师生互动下的鉴赏培养与德育渗透问题探析 [J]. 黄河之声, 2014(3):59-60.

实世界的情境中，使学生能够通过实际操作和体验来获得知识和技能。情境互动有以下三个特点。

（1）形象逼真。在运用情境互动时，虽然教师所创设的情境并非真实的再现，但却能够通过形象生动的方式将抽象难懂的概念具象化。❶ 这种方法能够让学生身临其境，更容易理解和掌握知识点，从而提高学习效率。教师可以借助各种教学资源和技巧，如图片、视频、故事情节等，将学习内容置于具体的场景中，激发学生的兴趣和想象力，使他们更加积极地参与学习，达到更好的教学效果 ❷。

（2）情深意长。情境互动的主要特点在于通过生动的场景创设，激发学生的学习兴趣和积极性。教师利用科学合理的语言，将情感融入教材内容，使课堂成为一个丰富多彩的"剧场"。此外，情境教学还强调情感与意象的重要性，为学生提供了广阔的想象空间。通过这种真实的情境，学生的想象力被激发，有助于他们更深入地理解和掌握所学内容。

（3）知、情、意、行融为一体。在课堂上，为了创设适当的教学氛围，教师可以运用多种方法，如生活情境展示、实物演示、音乐运用、直观展示、角色扮演以及生动的语言描绘等，将学生置身于特定的情境之中。这些方法能够唤起学生内心深处的感受和情绪体验，帮助他们克服学习中的困难和障碍，激发出积极的学习动力，促使他们将知、情、意、行融为一体。

（二）以情境教学法促进情境互动

情境在高中音乐鉴赏课中的重要性体现在它能够唤起学生的情感共鸣。实际上，情境作为一种手段，目的是把音乐学科的核心能力和高中音乐鉴赏课程紧密结合起来。在这个过程中，教师的角色是设计出既多元化又能激发思考的

---

❶ 李吉林. 情境教育精要 [M]. 北京：教育科学出版社，2016:4.
❷ 郑勇，陶三发，谭子刚. 情境·探究·建构——课堂教学的最优化 [M]. 济南：山东教育出版社，2007:8-10.

教学场景，以此鼓励学生积极地去发现和参与，从而唤醒他们的思考、创造力及团队合作能力。这样的教育方式有助于学生更深入地理解音乐作品，并从情境中汲取更深层次的启示。❶

在这种情境下，学生不是被动地聆听音乐，而是被鼓励积极地参与到音乐的世界中。他们可以通过角色扮演、小组讨论或创作活动等方式参与音乐互动。这不仅丰富了他们的学习经验，还促使他们思考音乐作品的内涵和表达方式。这种互动过程不但培养了学生的思维能力，还激发了他们的创造力和团队合作技能。❷

音乐作为一门抽象艺术，与绘画、雕塑不同，无法通过直观的视觉感知来理解，也不能像文字那样明确地传达事件和人物的信息。因此，在教授音乐时，教师需要通过情境教学的方式，将这种抽象变得具体、生动，以帮助学生更好地理解音乐的抽象要素。

通过将学生置身于特定的情境中，他们可以更深入地感受到音乐作品所反映的社会、文化和历史因素。这种情境中的学习有助于学生产生情感共鸣，丰富他们的情感体验，更全面地理解音乐作品的情感价值和文化内涵，而不仅是表面上的音乐元素。

情境教学是实施音乐学科核心素养的重要途径。它使学生能够深刻地领会音乐作品背后的意义，激发了他们的情感共鸣，促进音乐教育的有效传达和理解，更好地融入音乐的世界，感受到其中蕴含的美妙和深刻。

(三) 教学实践——以《汉族民歌》为例

《汉族民歌》是高中音乐鉴赏第二单元的第一节课，其中第一节共六首作品，分别为《澧水船夫号子》(湖南民歌)、《脚夫调》(陕西民歌)、《弥渡山歌》(云南民歌)、《姑苏风光》(江苏民歌)、《孟姜女》(河北民歌) 和《幸福歌》(湖北

---

❶ 王彩霞. 基于深度学习的数学情境教学 [M]. 长春：吉林人民出版社，2021:18.
❷ 李华莲. 情境·互动·合作——核心素养视阈下的高中音乐鉴赏体验式教学探究 [D]. 福州：福建师范大学，2022.

民歌)。本节课主要教授的作品为《澧水船夫号子》。

笔者以《澧水船夫号子》为例，采用了情境教学法，创设一个丰富多彩的教学情境，以激发学生的学习兴趣，引导学生主动参与课堂活动，促使他们积极探究并充分发挥自身的主观能动性，在实际的情境中亲身体验劳动歌曲的风格与特色。通过这种互动的教学方式，学生能够更好地理解音乐作品的背后故事和情感表达，从而更加深入地欣赏和理解音乐艺术。

《澧水船夫号子》是一种典型的劳动号子，属于民歌体裁。这些歌曲通常是在人们进行劳动和生产活动时，为了激发工人们的激情而即兴创作的。本节课，旨在帮助学生更深入地了解多样化的民歌，掌握劳动号子的相关知识，模拟劳动的情境，帮助学生真切地感受劳动号子的独特风格和特征，同时更加理解船工在遭遇暴风雨等困难情况下所表现出的坚毅与勇气。

1. 创设情境

本节课用船夫在水流湍急的流域里与风浪作斗争的视频作为导入，在视频中船夫们用力地划着桨，船夫们在一位号子手的带领下高声喊着号子，随着号子声配合着用力，最终齐心协力渡过了险滩（图6-2）。

图6-2 船夫勇渡险滩视频截图

通过视频导入，让学生直观地感受到船夫工作环境之艰险，体会船夫与恶劣环境作斗争的情境。同时让学生思考："视频中船夫们喊的口号是用怎样的形式呈现的？"同学们都能很快地回答出来：一领众和的演唱形式。笔者接着追问："一领众和的演唱形式能够在劳动过程中起到怎样的作用？"学生在问题中表现出积极的思维，发表各自不同的观点和看法：在劳动过程中喊着口号能够让动作更加统一；可以通过号子手的领唱调动起其他成员的情绪；能够让效率提高等。在这部分的学习中促进了学生的创造性，点燃了学生对学习的热情，同时初次体验和感受了劳动号子中"一领众和"的效果。

2. 视图创设情境

通过视频和图片这些形象鲜明、美观无比的媒介，为学生提供直接的体验和感觉，依靠视频、图片展现特定的场景，激发学生的思考。

学生对劳动号子的一领众和的特点有了初步的了解之后，笔者为学生播放《澧水船夫号子》音频并配以河水奔流不息的视频，同时笔者模仿船夫划船的样子，以生动的方式让学生沉浸在河流汹涌变化的情境中，并且引导学生感受在不同的流域的船夫划船的状态。

为了让学生能够更加深入地理解船夫们劳动强度的变化，笔者为接下来的学习设置了游戏环节，并准备好相关的情境，以便于教学。根据《澧水船夫号子》四个不同的划船情境，准备了四幅图。在每个场景中，学生们将根据听到的音乐片段来选择相应的图片。最终目标是使学生能够清楚地识别出与四个不同劳动场景相匹配的音乐片段，并体验到这些劳动场景中旋律、节奏和节拍的变化，利用抢答游戏来唤起学生的学习兴趣。

3. 活动创设情境

通过前期对《澧水船夫号子》的学习，学生对这首劳动号子已经有了初步的了解，紧接着笔者将带领学生进入活动情境，让学生能更深刻地感受船夫们

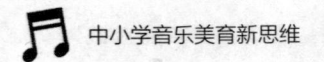

的活动以及劳动号子的一领众和的特点，笔者选取船夫号子中最激烈的过滩号子进行改编，感受船夫们在号子头的带领下冲破险滩的过程。首先将学生分为两个组，每个组的成员分别学习自己的号子，如图6-3所示。

```
┌─────────────────────┐    ┌─────────────────────┐
│  2                  │    │  2                  │
│  ─   XX  XX |       │    │  ─   XO  XO |       │
│  4                  │    │  4                  │
│      嗨咗 嗨咗      │    │      嗨   嗨        │
│         A组         │    │         B组         │
└─────────────────────┘    └─────────────────────┘
```

图6-3　号子节奏

通过分组练习，两组学生都能熟练掌握各组的号子节奏，由此进入到正式的过滩号子的体验活动中，先由教师做领唱担任号子手，号子手的口号如图6-4所示。在感受船夫划桨活动中，笔者要求学生们的呼喊声响亮且充满力量，特别是当唱到"嗨"这个字时，声音必须统一而强劲，以通过这样的方式来体验劳动歌曲的铿锵有力。这个活动旨在让学生们体会到船夫在通过险滩时，随着节奏齐心协力的情景，深刻理解他们面对困难时的勇敢、坚韧、乐观和团结的精神。参与这一活动，学生们将沉浸于过险滩的情境，亲身体验劳动歌曲中"一领众和"的独特演唱方式，深入感受船夫们在航行过程中遇到险滩时的情绪。在学生熟悉了号子之后，笔者邀请一名学生来担任号子手的角色，完全由学生合作来完成这次活动体验。在团队活动中，学生们的积极参与和相互协作可以加深师生以及同学之间的感情。

```
┌─────────────────────────┐
│  领：拿稳舵！站稳桩！   │
│     篙子拿好！不要慌！  │
│     齐心协力！好过滩！  │
└─────────────────────────┘
```

图6-4　号子手口号

4. 编创劳动号子

通过前期的努力学习，学生们的成就感和快乐将激励他们积极参与之后的创作活动。在早期阶段的学习过程中，他们已经在生理和心理上做好了充分的准备，从而为开始进行创编劳动号子打下了坚实的基础。

在这一部分，笔者引导学生思考："在日常生活中有什么样的场合需要用到劳动号子？"学生们的回答五花八门：跑步时的助威口号、搬运物品时的呼号以及在比赛或拔河中的鼓励呼声。学生有了创作灵感之后，笔者要求在创作号子的同时加入简单的旋律，使之成为一个简单的音乐作品。笔者组织学生分成五个组，十人一小组进行十分钟的创编活动，在指导学生开展创作活动时，教师需要细致地观察学生的创作过程和状态。在安排好的创编活动的时间里，学生应发散自己的思维，从生活实际出发，创作出与自身日常相贴切的劳动号子。完成创作后，每个小组可以指派一名成员进行展示。所有小组展示完毕之后，邀请每组的代表分享他们的创意来源和创作意图。

(四) 情境互动教学实践分析

1. 教学设计

情景教学法通过在课堂上模拟或构建生动具体、充满情感色彩的环境和情境，促进学生通过直接体验和情感参与来深刻理解学习内容，全面提高他们的技能和综合素质。这种方法特别强调在音乐鉴赏课上，通过引导学生在真实的情感体验中领略音乐之美，帮助他们更全面和深入地理解富含文化内涵的音乐作品，激发学生对音乐的深层次理解和感受，体会音乐作品深厚的文化内涵，让音乐鉴赏课变得更加生动有趣。在进行研究时，根据教学内容、目标以及从课堂反馈获取的实际效果，笔者可以感受到情境教学法在高中音乐鉴赏课上的运用可以促进多维教学的实施，并且在提高学生的音乐学习兴趣方面具有显著成效，同时，情境教学法还能有效提升教学互动性，使课堂氛围更加活跃，进而提高课堂教学的效率和质量。

在教学活动中,笔者始终把学生置于教学的中心位置,强调激发学生的主动性和创造力。根据学生的心理和身体发展阶段,从他们的生活经验和已有知识出发,培养他们的音乐核心素养。为此,笔者精心设计了包含多媒体教学、游戏、图片、活动等多样化情境创设的教学方案,大幅提升了学生对学习的兴趣。在课堂教学中,重点发展学生的音乐审美感和参与艺术活动的技能,鼓励学生进行集体讨论,激发他们的想象力和创造力,从而积极地参与到艺术实践中去,并且为他们提供了一个展现自己的平台,增强了学生的自信心。通过学习劳动号子,音乐课堂成为一个充满活力的教学环境,学生们渴望知识、积极参与,这不再是一个安静无声的课堂,而是一个充满学生主动参与和探索的课堂。

教师的工作特征强调了其职责的长期性质,教学的成效并非一蹴而就,尤其是情境教学法的应用。短期的情境教学虽然可以立即提升学生的表现,但依旧需要长期实施情境互动,对学生的将来生活和学术发展产生深远的正面影响。因此,教师需要对学生的进步进行长期的监控和评价,确保这种教学方法所带来的积极效果能够持续并转化为学生未来成功的重要基石。

2. 教学反思

在教学实践过程中,笔者遇到了几个问题。第一,虽然采用了新颖的教学策略成功激发了学生的学习兴趣,但因为设计了太多的教学活动,导致缺少了对课程重点内容的深入,并且在有限的课时内难以有效地解决学习中的难题。第二,艺术实践和创编活动由于参与学生众多,难以管理,同时对音乐基础较弱的学生而言过于困难,导致他们不愿意加入。第三,课程各环节之间缺乏顺畅的过渡,课堂时间被不必要地消耗,减少了学生体验和感受音乐的机会。此外,教师的表达方式过于生硬且不够精练,缺乏足够的亲和力。

所以，在进行教学设计时，教师应着重于利用具体情境来安排活动，这样做可以促进学生在情境中更加充分地理解知识。当前，高中音乐学科的教学高度重视将真实生活情境融入知识学习的过程中，这一策略已在实践中证明能有效激发课堂氛围、吸引学生注意力以及帮助学生建立必要的知识框架。

教师可以通过运用情景教学法来创造一个充满活力的学习环境，激发学生对学科的热情。因此，在面对学生学习动力不足或课堂氛围平淡无奇的挑战时，教师们可以用引人入胜的教学情境来吸引学生的注意力，并通过这种策略来增强学生的学习兴趣，从而增加教学成效。这将极大地促进学生的自我表达和主动学习，激发了他们从多方面感知和探索音乐的兴趣，对于促进学生的个性发展、思维能力、品质培养以及智力提高都有显著效果，且对实现教育部核心素养的目标具有重要价值。

二、基于多感官互动的多维互动教学实践

教育家夸美纽斯（Jan Amos Komenský，1592—1670）在《大教学论》中写道："一切知识都是从感官开始的。"❶ 在当今信息迅速传播和多元文化融合的背景下，为了更深入地理解音乐，音乐教育中应该注重多感官的刺激和体验，这有助于提高学生对音乐的综合感知能力。因此在高中音乐鉴赏课中，可以利用多感官互动从多角度着手，从而达到多感官"通力合作、携手为乐"的效果。❷

（一）多感官互动的内在联觉

从心理学的视角来看，多感官互动实际上是一种内在的联觉体验，正如在《心理学大词典》中所定义的，这是一种特殊的心理现象，一种感官体验能够触发另一种不同的感官体验。❸ 例如当人们唱歌时，他们不是只依赖单一感官系

---

❶ 夸美纽斯. 大教学论 [M]. 傅任敢，译. 北京：人民教育出版社，1957：168.
❷ 马晓菲. 多觉联动音乐教学的实践研究 [M]. 南昌：江西教育出版社，2021：8.
❸ 朱智贤. 心理学大词典 [M]. 北京：北京师范大学出版社，1989：78-79.

统,而是多个感官系统如视觉、听觉、味觉、触觉等一起参与工作,这个过程通过一个感官刺激来激活多种感官共同体验,以促进大脑协调这些感官产生联动反应,从而形成一种综合的多感知体验。❶

在音乐教育中,多感官互动的应用可以分为以下几种类型:视觉与听觉的联觉、动作与听觉的联觉、触觉与听觉的联觉以及意象与听觉的联觉,而多感官互动实际上是这些不同类型联觉的集合,综合运用各种感官互动来增强教学效果。

(二)以感觉统合教学促进多感官互动

多感官互动是基于感觉统合的一种教学互动模式,是大脑和身体各个感官(视觉、听觉、触觉、嗅觉和味觉等)相互协调的学习过程,个体能够有效地运用其感官,通过不同的感知途径从环境中收集信息并传递给大脑,大脑再对信息进行加工处理并做出适应性反应的能力。❷感官作为连接个体与外部世界的桥梁,它们是我们理解周围环境并与之互动的基础。简单来说,多感官互动的核心在于培养和优化这些基本感觉的能力,通过视觉、听觉、嗅觉、味觉和触觉,人类能够感受到周围世界的多样性和丰富性,更好地接收和处理来自外界的信息。

本部分以将美术融入到音乐鉴赏课中为例进行讲解。美术是一种视觉艺术,美术和音乐的结合不仅实现了视觉与听觉的多感官互动,还深化了艺术体验的维度和丰富性。通过这种跨学科的艺术融合,学生能够在更广阔的范围内探索和体验情感、思想和美学的表达。音乐与美术同属于艺术的广阔领域,它们有众多的交叉和融合点。在这个意义上,它们之间存在着一定的联系,这种

---

❶ 于西. 音画互动中的视听联觉设计 [D]. 南京:南京艺术学院,2022:32.
❷ 黄晨,孔勉,张月华,等. 儿童感觉统合及感觉统合失调 [J]. 现代临床医学,2019,45(02):145-148.

联系使得这两种艺术形式能够相互借鉴和表达。音乐利用各种高低不同、节奏各异的音符来编织出既迷人又具有独特风格的旋律；而美术则通过多样的变化和创意组合，创造出色彩斑斓、视觉上令人赞叹的艺术作品。一个杰出的音乐作品实际上可以看作是一幅生动的画作，它以音符作为色彩、以华丽的旋律作为线条，营造出一幅富有想象力的精神画卷；同样，一幅精美的画作也能带来视觉上的美感享受，其色彩、线条和结构都能让人感受到类似音乐的节奏和旋律。❶

在课程设计方面，美术与音乐的结合为高中音乐教育开辟了更宽广的领域，同时也为课程结构和设计的改革带来了新的动力。通过引入多样化的教学策略和手段，结合视觉元素来丰富听觉体验，实现视觉艺术与听觉艺术的和谐统一，这种方法让学生们在一个充满乐趣和自由的视听氛围中深入体验音乐之美，探索音乐的深远意境。不仅彰显了课程改革的科学性、创新性和对时代要求的适应性，还体现了教育的全面性和深远性。这种教学方式通过整合不同学科的知识和技能，培养学生的综合素质，使他们能够更好地适应未来社会的需要。

(三) 教学实践——以《音乐情感及情绪》为例

《音乐情感及情绪》是高中音乐鉴赏第一单元"学会聆听"的第二节课。通过让学生感受作品的旋律、节奏、力度、音色等音乐要素来感受音乐中的情感及情绪。

在学习音乐的过程中，理解和应用节奏及韵律至关重要。然而，这些概念本质上较为抽象，学生往往很难理解和掌握它们。相比之下，美术作为一种视觉艺术，其表达方式更为直观明了。在绘画作品中，学生可以清楚地看到由基本的点、线和面组合而成的具体图像，将音乐与美术相结合能够直观地帮助学生理解和感受音乐。

---

❶ 易爽. 以音乐游戏激发学生创造性思维的探索 [D]. 海口：海南师范大学，2023:32.

1. 绘画线条与音乐旋律相结合(视听互动)

旋律是音乐的灵魂,因此在音乐教学中,如何有效地指导学生准确理解和掌握音乐旋律,成为教学过程中的一个主要挑战和难点。

本课用海外社交平台播主 Doodle Chaos 以贝多芬的《命运交响曲》(图6-5)为背景音乐制作的视频作为导入,Doodle Chaos 将贝多芬的《命运交响曲》进行了"可视化"演绎,动画中的几个迷你骑手随着乐曲节奏的变化在乐谱上上下翻飞,运动轨迹与背景音乐的旋律巧妙地结合在一起,节奏卡点准确,视频中人物命运的跌宕起伏,完美贴合了音乐所要表达的命运主题。

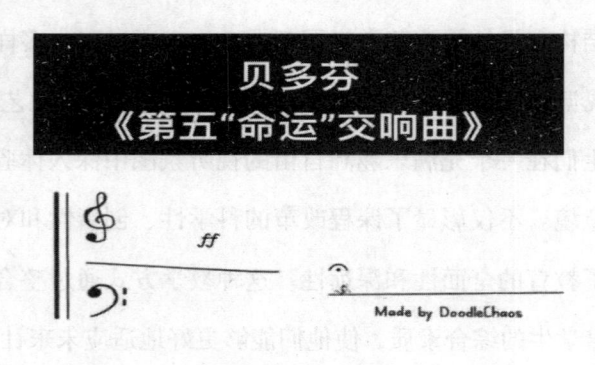

图6-5 Doodle Chaos《命运交响曲》视频截图

通过视频导入,激发学生的学习兴趣,并提问:"视频中的音乐是如何进行'可视化'演绎的?"大多数同学都能回答出是通过绘画线条来表达。根据绘画线条来引出问题:"音乐旋律怎么样通过线条表现出来呢?"让同学们展开小组讨论。结束小组讨论之后,同学们的回答各式各样:节奏短的音符,绘画线条同样也是短的;线条不是一直都是直的,会陷着音乐的变化起伏;音符音域越高,线条的位置越高,音符音域越低,线条位置越低等。这部分的设计旨在让学生认识到音乐和绘画作为艺术形式存在着许多相似之处,音乐中的单个音符、旋律和声乐相当于绘画中的点、线条和色彩,听觉和视觉相互作用,创造了一种独特的感官互动体验。通过讲解,让学生认识到不同的线条对应不同的音乐情绪和要素:

圆润的点线面可以表达舒缓、流畅、柔和的音乐,如图6-6所示。

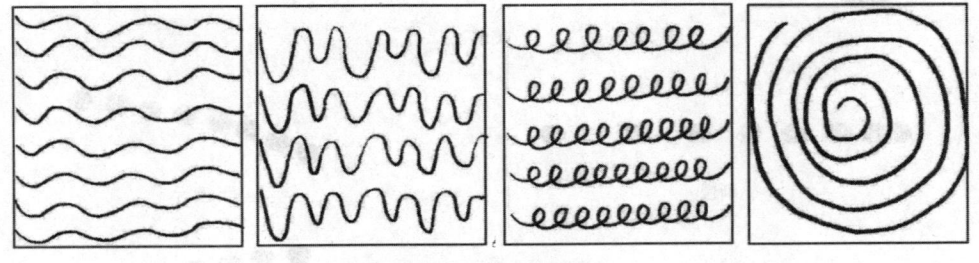

图6-6 圆润的点线面

尖锐的点线面可以表达冲突和力量类型的音乐,如图6-7所示。

图6-7 尖锐的点线面

点线面结合得到丰富的音乐表达,如图6-8所示。

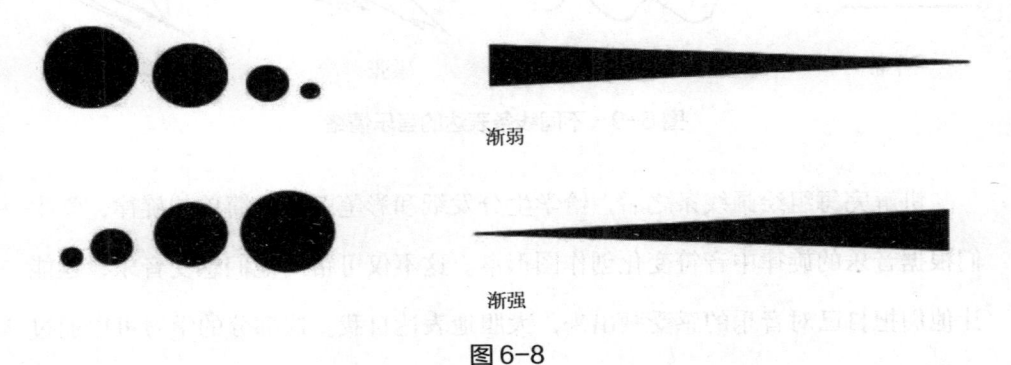

渐弱

渐强

图6-8

突强

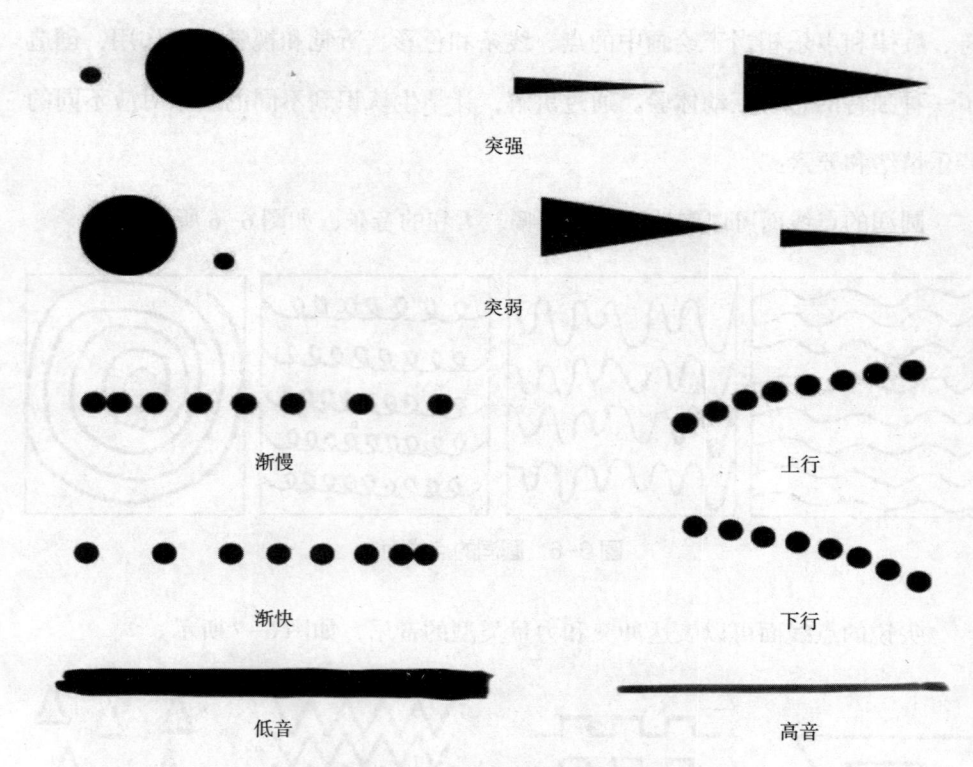

突弱

渐慢

渐快

上行

下行

低音　　　　　　　　　　　　　　高音

图 6-8　点面线构成的音乐内容

不同线条给人不同的感受，如图 6-9 所示。

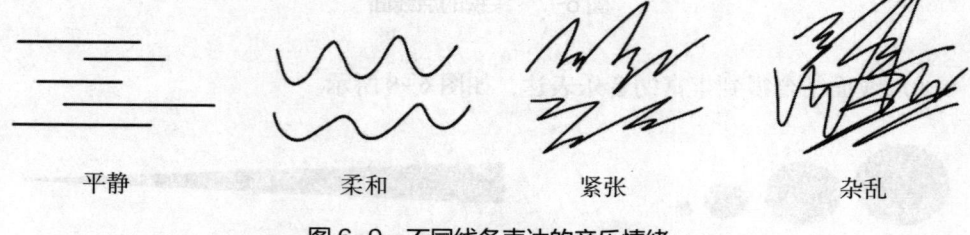

平静　　　　　柔和　　　　　紧张　　　　　杂乱

图 6-9　不同线条表达的音乐情绪

讲解完每组绘画线条之后，给学生分发纸和彩笔，播放简单的旋律，学生们根据音乐的旋律中音符变化创作图形谱。这不仅可帮助他们感受音乐，还能让他们把自己对音乐的感受画出来，大胆地表达自我。这部分的学习可以通过聆听各种乐器的声音,以及音调的高低,理解这些声音如何表现为绘画中的不同线条,例如线条的粗细和直曲变化。同样,音乐的旋律可以帮助学生感受并领会绘画中线条的动态流动和变化。

2. 色彩与音乐旋律相结合(意听互动)

实验表明,人们在听到充满活力和热情的音乐时,往往会想到橙色或红色,而在听到悲伤或忧郁的曲调时,则联想到紫色或蓝色。❶ 这种音乐和颜色间的关联是因为相同的感觉受到了两种不同刺激的共同影响。音乐和色彩紧密相连,它们不只是能够生动地刻画出物体的形象,也能有效地传达深层的情感(表6-27)。

表6-27 不同的颜色表达不同的音乐情绪

颜色	音乐情绪
黑色	沉重、黑暗
海蓝色	思念、怀念
浅蓝色	轻松、优美
纯蓝色	惆怅、忧伤
翠绿色	自然、轻松
白色	纯洁
浅黄色	光明、明亮
鲜黄色	光辉、灿烂
明黄色	活跃
灰色	悲怆、寂寞
淡红色	温暖、柔和
鲜红色	激情、明朗
橙色	温情
褐色	沉稳、安定
紫色	神秘
粉色	美好、梦幻

❶ 汉娜·科诺拉. 我和大师一起画. 康定斯基[M]. 长沙:湖南美术出版社,2020:42.

在色彩与音乐旋律部分，笔者选择最直截了当的方式让学生感受，笔者选择播放四首风格不同的作品进行对比。

第一首为肖邦极具代表性的作品《e小调前奏曲》。肖邦在创作这首作品时正处在他一生中比较暗淡的时期，乐曲缓慢而忧伤，让人不禁联想到阴暗潮湿的下雨天。❶当播放完这一段音乐后，A同学感受到的是灰色、不明亮、暗淡，像是蒙上了灰尘，在雾里一样；B同学觉得这首作品描写的是下雨天，情绪很低落，想到的是色彩饱和度比较低的颜色，淡淡的、灰灰的雾蓝色；C同学觉得是深蓝色，听着非常沉闷忧郁；D同学觉得像是在丛林里，像是雨后森林公主出来巡逻视察自己的领地，很平静，又有抚慰的作用，是墨绿色。

第二首为格里格的《培尔·金特》第一组曲《晨景》。在这首乐曲中，单簧管和双簧管创造了和谐的背景，长笛则演奏出清新而流畅的主旋律；接着，大提琴引入了一个更加深沉的副旋律，当乐曲逐渐达到高潮再回归主旋律时，它呈现出一种田园般的风格；小提琴的波浪状旋律赋予了音乐跃动的活力和明亮清新的色彩。❷这段音乐让人联想到金色的晨光穿透薄雾、穿过树林洒在草地上，当乐曲达到高潮时，仿佛朝阳冲破云层洒出点点金光。当播放完这一段音乐后，A同学的感受是好像站在溪流边，远处是高山，她觉得这一段是绿色和棕色的，因为有植物，很悠扬；B同学觉得有一种风吹麦浪，很自然、很祥和的感受，第二段的音乐变得大气磅礴，是金色和鲜红色；C同学感觉是充满希望的、带有生机的、微弱的金黄色，不刺眼但是非常温暖；D同学说像是清晨，有树有鸟，烟雾弥漫，感觉是绿色、蓝色、烟青色交融在一起；E同学感觉很欢快，就像早晨的大自然是金黄色、浅蓝色、红色的。

第三首为管弦合奏《加勒比海盗》套曲五 He's a Pirate。He's a Pirate 是《加

---

❶ 杨忠林. 肖邦《e小调前奏曲》的演奏分析 [J]. 北方音乐, 2014(15):39.
❷ 冒梅清. 格里格《培尔·金特》第一组曲(钢琴独奏版)Op.46的音乐分析与演奏诠释探究 [D]. 上海: 上海师范大学, 2022.

勒比海盗》系列电影中最著名的乐曲之一。在影片中，主人公即将迎来他人生中最激烈的一场生死决斗，这首乐曲中重复出现的三连音如同战斗一样激烈，连续不断地冲击、影响着听众。作品通过大量使用中低音区的重音色乐器和铜管乐器，成功地营造出战斗场景的紧张气氛和残酷感。❶ 音乐结束后，A 同学觉得一开始比较欢快、雀跃，是浅黄色的，慢慢的仿佛到达了一个开阔明亮的场地，开始变得激昂，变成红色、橙色；B 同学觉得这段音乐有不同的节奏，有不同的起伏，前后颜色很跳跃，就像是暖色调和冷色调在不断地跳跃；C 同学觉得一开始很欢乐，之后仿佛有危险降临，气氛变得紧张，到最后取得了胜利，从黄色到墨蓝色再到红色、黑色相互交融，最后又回到黄色；D 同学觉得一开始是激昂的、充满信心的，中间是战争阶段，是悲凉的，最后是感情的升华，胜利了，颜色从红色到黑白色再到金色。

第四首为民族管弦乐作品《春节序曲》。《春节序曲》展现了浓厚的中国民族音乐风格，其旋律轻快且充满生机。通过欢乐的旋律和热情的节奏，生动地描绘了春节期间延安城的欢庆氛围，乐曲洋溢着鲜明的民族特色，宛如将听众带回到那个时代的延安，让人们亲身体验当时民众的欢乐与激情。听完这首作品之后，几乎所有的学生都觉得非常的热闹、欢快，是鲜红色、金黄色等明亮的暖色。

每个人对同一首音乐的解读和想象都是独特的，在这种解读中并不存在对或错。只要是学生们通过内心与音乐的交流所产生的感受和理解，就是他们的正确答案。通过探索声音与颜色之间的互动，教师可以进一步引导学生去感知和理解各种音乐带来的不同情感体验。

3. 实践创作

通过前期对音乐中的绘画线条以及音乐色彩的初步学习，学生们对音乐与

---

❶ 刘超.《加勒比海盗》系列电影主题音乐的妙用[J]. 电影文学，2014(4):145-146.

美术的结合已经有了大致了解，接下来笔者将学生们分组进行实践创作，给每组同学分发纸和彩笔，笔者播放小提琴独奏曲《流浪者之歌》。作品通过流畅委婉的旋律和富于变化的节奏，表达了吉卜赛人四处流浪的哀愁与热情奔放的性格，吉卜赛民族是一个没有固定居所的流浪民族，虽然世代过着清苦的生活，但这个民族有着活泼乐观、积极向上、能歌善舞的民族性格，全曲由四个部分组成。❶作曲家萨拉萨蒂就在这首作品中将情感与技法完美融合，描绘出吉卜赛民族的性格。该作品风格特点鲜明，音乐色彩丰富，适合学生感受其音乐情绪进行创作。

在聆听音乐进行创作时，需注意：首先在学生挑选颜色时，除了鼓励他们依据自身的感受来选择颜色外，还应鼓励他们大胆尝试运用鲜明且对比度高的色彩搭配来进行艺术创作。这样大胆且具有强烈对比的色彩应用往往能够激起学生们创作出抽象且充满创意的作品。其次在学生聆听音乐时，适当地帮助学生捕捉作品中的主旋律，以及出彩的音乐片段，引导学生分辨《流浪者之歌》的四个乐段，捕捉音乐中的情绪。最后教师要在最大限度上激发学生的创造力，

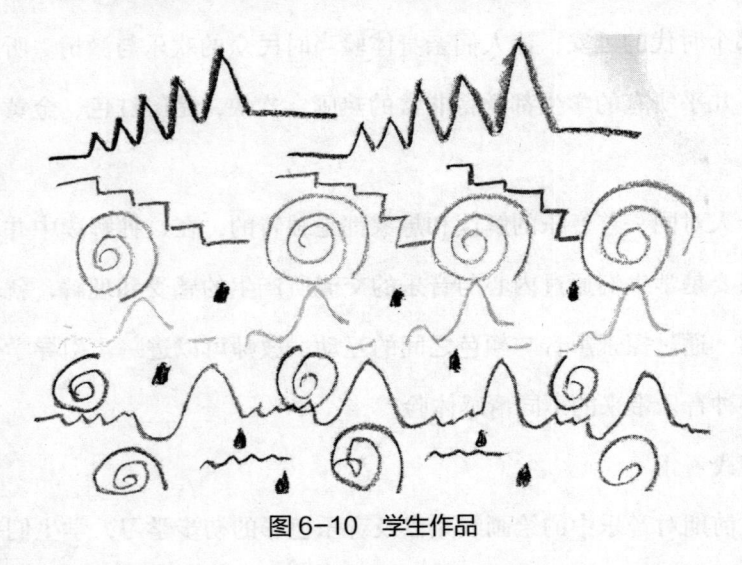

图 6-10　学生作品

---

❶　吴超燕. 小提琴独奏曲《流浪者之歌》的演奏特点与技法研究 [J]. 黄河之声，2022(23)：84.

鼓励学生将自己听到音乐所产生的感受通过颜色、通过绘画线条体现出来，学生创作的作品可以是抽象的也可以是具象的。

创作结束后，笔者请同学们介绍自己作品的创作思路以及创作意图，让同学们尽情展示自我 (图 6-10)。

(四) 多感官互动教学实践分析

1. 教学设计

在教学实践中，笔者主要运用了感觉统合的教学理念，并将美术融入音乐鉴赏课中，在这种视觉和听觉相结合的跨学科教学方法中看到了显著的教学效果，利用这种方法能够让学生全面地体验和理解音乐，而且在提高学生的美学鉴赏力和创新能力方面具有显著效果。

通过这种综合感知的方式，学生能够更深入地沉浸于音乐的世界，理解音乐背后的情感和意义，从而在审美和创造性思维方面得到显著提升。这样的课堂融合方式不仅能激发学生的想象力，还能提升他们的创新思维，并且简洁直观，能够帮助学生们通过颜色和图像来理解通常较抽象的音乐概念和情感。学生也能够感知到其中的节奏和旋律，在聆听音乐时，他们能更加深入地理解作曲家的创作意图，极大程度地提高了学生们的鉴赏能力。另外，根据笔者的经验，大多数学生对音乐与美术相结合的课堂方式表现出了极大的兴趣。这种以听觉和绘画体验为主的课堂，使得学生们表现出浓厚的兴趣和积极的参与度，并且愿意与教师进行互动，相较于传统的单向教学模式，显然更能吸引学生的注意力。

2. 教学反思

将美术融入音乐鉴赏课的做法在课程设计的系统性方面存在一些缺陷和问题。目前的教学设计主要通过使用线条和色彩来帮助学生理解和感知音乐的情感和要素，但这种方法忽视了音乐知识的系统性。教师往往仅将音乐旋律的美术表现形式作为教学的焦点,而没有全面地传授学生音乐知识。事实上,这种课程设计方式在融合美术和音乐方面处于较低的水平,需要教师对美术和音乐进行更系统和深入的研究。这样,才能丰富美术与音乐综合课程的教学内容,并形成一个系统的音乐课程设计。

尽管将音乐与美术相结合的教学方法表现出显著的教学优势,但在实际操作中也遇到了一些挑战。这种方法依赖于学生对音乐情感和元素的敏感性,而学生具有个体差异性。音乐敏感度较高的学生能够在听音乐时敏感地感知到细微的音符和节奏变化,而对音乐感知能力普通的学生则可能在捕捉音乐情绪上稍显不足。同样,学生对色彩的感知力也十分关键,对色彩分辨度高的学生在理解音乐的同时,能够创作出色彩丰富且具有强烈对比的作品,而色彩感知能力弱的学生则反之。因此,学生的个体差异会导致他们创作出的画作风格各异。对于那些通感能力较弱的学生,教师在指导他们进行创作时需要给予更多的关注和引导。而美术和音乐学科的人文性质,意味着每位学生对相同音乐的理解会有所不同。因此,他们对特定线条、色彩和空间构图的理解也各有差异。这些因素为课堂的设计和教学带来了挑战,并在教学中引入了不确定性。教师在教学中不仅要传授核心知识点,还要关注并尊重学生对不同材料的个人理解。通过引导学生深入感知和理解,教师应致力于创建一个开放、包容的学习环境。❶教师应鼓励学生在多个领域展现创新和创造力,提高他们的艺术洞察力,并培养他们积极思考的习惯。

音乐教师对美术知识的理解较浅薄,因此在融合美术与音乐教学时面临一些准备不充分的挑战。在努力将音乐转化为视觉形式的过程中,笔者发现自己缺乏必要的专业美术知识,更多地依赖个人对美术的主观感觉,缺乏系统和科

---

❶ 宣河纪. 李龙娇. 儿童艺术创造力:从简单美术游戏开始 [M]. 北京:电子工业出版社, 2014:63.

学的教学。在未来的研究和教学中，笔者意识到自己需要更深入地学习美术的基础知识，并探索更为简明有效的策略，以更好地将美术和音乐教学结合起来，进而引导学生对音乐的视觉化表达和感知有更深的理解。

三、基于人际互动的多维互动教学实践

人际互动是多维互动教学中较为重要的一种互动形式，课堂中良好的人际互动，可以增强学生的参与度，使学生通过参与各种活动进而激发学习兴趣。❶

（一）人际互动的多样化

课堂人际互动中，可以将教师和学生的互动分为五种类型。

（1）教师与学生群体之间的互动。教师与学生集体之间的相互交流是课堂教学中的一个关键组成部分。这种在一位教师和整个班级之间的互动是构建课堂人际关系的核心。通过这种形式的课堂互动，教师可以全面了解学生群体，以此激发或限制学生的某些行为，整个课堂的互动风格和成效主要由教师的指导方式和行为决定。❷

（2）教师与学生个体之间的互动。教师与学生个体之间的互动主要体现在提问与回答、评价与反馈、目光和肢体语言的交流，以及对学生的个别指导。在这种互动过程中，教师对学生的期望往往会清晰地显现，从而使学生感到被认可和自信。❸

（3）学生个体与学生个体之间的互动。学生间的人际互动通常在课堂讨论、教学活动和练习中发生。这种互动经常表现为同桌或邻近学生间的对话交流，以及小组成员就老师的授课内容或提出的要求进行的合作。这种交流和合作有

---

❶ 佐斌. 师生互动论——课堂师生互动的心理学研究 [M]. 武汉：华中师范大学出版社，2002：75-76.
❷ 亢晓梅. 师生课堂互动行为类型理论比较研究 [J]. 比较教育研究，2001（4）：42-46.
❸ 程晓樵，吴康宁，吴永军. 课堂教学中的社会互动 [J]. 教育评论，1994（2）：37-41.

助于增强同学间的互动，同时也促进了他们的语言表达和团队协作能力的发展。❶

（4）学生个体与学生群体之间的互动。学生个人与小组之间的交流主要在课堂教学、实际操作及讨论环节中进行。这种互动通常包括学生在整个班级前展示、演讲或分享个人看法；或者在小组讨论时提出自己的观点并对同伴的意见进行反馈。这类互动促进了学生之间的沟通技能和人际交往能力的提升。

（5）学生群体与学生群体之间的互动。这类互动主要涉及不同学生小组间的交流和竞争。在组际讨论中，各个小组首先在内部探讨问题，然后将各自的观点和成果带到小组之间的对话中，以达成更加全面和准确的共识。而在组际竞争中，小组为了完成特定任务而参与类似游戏的活动，这不仅激发了学生们的团队精神，也促进了他们的集体意识。❷

（二）以合作式教学促进人际互动

合作式教学是人际互动的重要形式，这是以学生为中心的学习方法，教师与学生共同参与教学活动，教师扮演引导者的角色，帮助学生分配学习任务。学生们则通过互动和团队合作共同完成学习目标。合作式教学法强调让教师与学生各自扮演积极的角色，在这种模式下，学生通过参与学习活动体验到乐趣，并在合作的过程中感受到成就感。在合作学习的过程中，有效的人际互动不仅可以增加学生的参与度和动力，还能够促进更深层次的文化理解和知识的构建。通过小组讨论、合作完成任务或共同解决问题，学生能从多个角度考虑问题，获得不同的见解和解决策略，从而加深对学习内容的理解。

在高中音乐鉴赏课的实践学习中，教师根据学生的不同能力水平来进行分组，使每组学生的水平能够均衡。在能力相似的小组内，学生们更有可能进行

---

❶ 任俊. 写给教育者的积极心理学 [M]. 北京：中国轻工业出版社，2019:78.
❷ 李木子. 小学音乐课堂教学中合作式教学的应用研究 [D]. 锦州：渤海大学，2022:34.

有效的交流和协作。他们可以互相帮助，通过讨论和合作来解决问题，这种互助学习对知识的掌握和技能的发展都极为有益。同时，这种合作式教学的互动方式恰好符合人际互动的教学模式，能够帮助学生学会欣赏和尊重对方的意见，关心他人的感受，学会如何控制自己的行为，从而培养出一种积极而友好的合作精神。更重要的是，它强调团队意识和合作技能的培养，并在多个方面进行了综合考虑。此外，合作式教学还有助于激发学生的问题意识，增强他们的批判性思维能力，实现学生之间的优势互补，并促进了知识的构建。这种教学方式从根本上改变了传统教学中忽略学生主动性和创造性的被动学习状况，将教学过程转变为以学生为中心，确保学生的主体性、主动性和创造性得到持续的培养和提升。

新课程标准的引入改变了学生的学习模式并对教师的授课方式提出了新的要求，过去那种单向传递信息的教学模式已不再适用于新课改的要求。对于高中音乐教师来说，适应这种积极的课程改革氛围，对实现多维互动教学显得尤为关键。在这一新的课程框架中，将合作学习引入高中音乐鉴赏课，能为学生提供更广阔的自主学习的空间，还能激发并培养他们通过创造性思维来学习音乐的能力。

(三) 教学实践——以《鼓乐铿锵》为例

《鼓乐铿锵》是高中音乐鉴赏第三单元"鼓舞弦动——丰富的民间器乐"第五节的第一节课。本节课选取了民间典型乐曲湖南"打溜子"《锦鸡出山》与山西绛州鼓乐《滚核桃》以及北京儿歌《童谣》作为赏析内容，让学生了解"打溜子""鼓吹乐""吹歌"的表现形式，激发学生对民族民间器乐的喜爱和探究欲望，培养学生热爱生活的乐观情趣。本节课主要教授的作品为《锦鸡出山》。

本章节主要引领学生对《锦鸡出山》进行听赏、体验并进行简单的艺术创作，进一步加深学生对音乐的感知、分析和审美能力，引导学生感受和体验打击乐器特有的音色特点和演奏技巧，为每一位学生终身的音乐艺术之旅开启大门。

1. 熟悉各类乐器（师生互动）

本节课主要学习及感受民间打击乐器的魅力，但因为资金有限，用现有的奥尔夫乐器代替一部分民间打击乐器。笔者为本节课的教学准备了丰富的打击乐器（图6-11）：铃鼓、手拍鼓、锣、镲、串铃等。笔者根据乐器音色的特点将打击乐器分为皮革类乐器、木质类乐器、散响类乐器和金属类乐器，逐个介绍每组乐器的名称，并且展示其音响效果，展示完毕后请学生来谈一谈各个乐器的音色特点。皮革乐器有手拍鼓、铃鼓，学生们听到这两种乐器后，都表示其音色清晰明亮，能够为音乐带来轻快的节奏感和强烈的节奏变化，并且铃鼓还加入了一组金属音片，其音响效果更加清脆，适合演奏节奏性强的音乐；木质类乐器有双响筒和木鱼，学生们表示双响筒有两种不同音高的声音，声音短促、干净，木鱼的音色会更低沉空灵一些，这两个乐器的声音比较低沉，一般演奏低音声部；散响类乐器有大小不一的串铃，学生们则会感觉散响类乐器的音量小，声音散，可持续奏长音；金属类乐器有锣、镲、碰铃，锣的特点是声音洪亮，余音持续时间长，镲则是清亮有穿透力。

图6-11 打击乐器

2. 分组感受乐器（师生互动）

该班共有 52 名学生，笔者将学生分成 7 组，四组 7 人，三组 8 人。在课前，笔者仔细观察了每个学生的个性特点及能力强弱，在分组的过程中尽可能让每一组都做到在性别、能力等方面较为均衡，以减少各组之间的差异。各小组成员坐在一起，笔者为学生们分发乐器，每组各分发一个锣、镲、手持鼓、铃鼓、木鱼、双响筒和串铃，并让小组成员自行举荐一名小组长。

（1）熟悉乐器。给各个小组分发完乐器之后，笔者带领学生们熟悉乐器，通过之前对各个乐器的讲解，学生们已经对这些乐器产生了浓厚的兴趣，所以在分发到乐器之后，他们会迫不及待地开始捣鼓自己手中的乐器。此时笔者顺势给学生 1~2 分钟时间让他们感受手中的乐器，等学生对手中的乐器有一定的熟悉之后，开始第一轮练习。

这个练习的主要目的就是让学生能够分辨自己手中乐器的种类。学生将手中的乐器根据笔者在课堂开始介绍乐器的分类方式进行分类，当教师喊木质类乐器时，手持木质类乐器的学生敲打手中的乐器；当教师喊散响类乐器时，学生就晃动自己手中的散响类乐器。这种互动式学习方法使得学习过程更加生动有趣，远远超过了传统的课堂讲授。此外，这种方式还促进了学生之间的交流和合作，因为他们需要听取彼此的乐器声音，了解不同乐器的音色区别，在实践中学习和巩固知识。此外，这个练习还培养了学生的注意力和反应能力。在教师发出指令时，学生们需要迅速判断自己手中的乐器属于哪一类，并作出相应的反应，这种快速的思考和行动训练对于提高学生的音乐技能和认知能力都是非常有益的。

（2）设计节奏类型。笔者为不同类型的乐器根据本节课的教学内容《锦鸡出山》中的片段"山间春色"设计了不同的节奏，如图 6-12 所示，通过回声游戏，帮助学生熟悉各自的节奏。

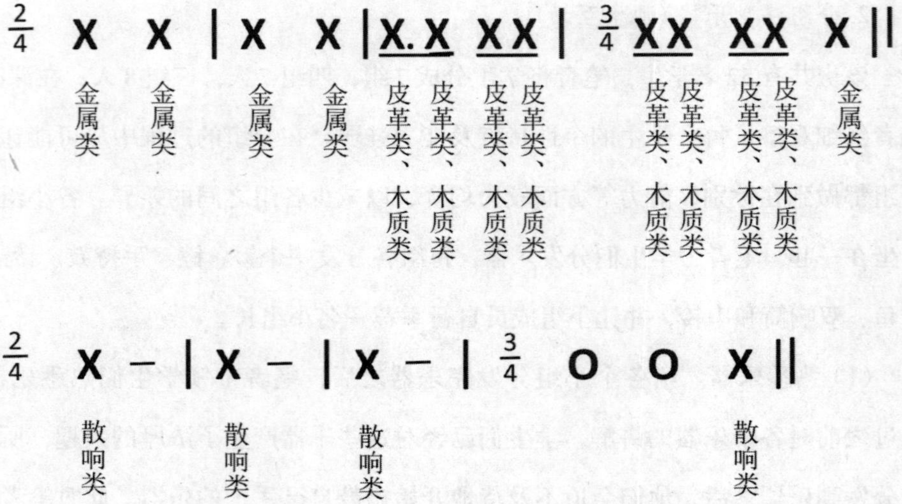

$\frac{2}{4}$ X X | X X | X.X XX | $\frac{3}{4}$ XX XX X ‖

金属类　金属类　金属类　金属类　皮革类、木质类　皮革类、木质类　皮革类、木质类　皮革类、木质类　皮革类、木质类　皮革类、木质类　金属类

$\frac{2}{4}$ X — | X — | X — | $\frac{3}{4}$ O O X ‖

散响类　散响类　散响类　散响类

图 6-12 "山间春色"的节奏

3. 团队协作（生生互动）

当所有学生都掌握了本节课所需的节奏后，笔者为每个乐器小组都分配到相应的节奏型。在每个人都发挥各自能力的情况下，每个声部都能够演奏出独特的音韵，从而共同构建出一个完整的班级乐队。在这个过程中，学生们根据自己所领到的乐器，练习各自的节奏型，各自练习达到一定的熟练度之后，开始小组合作练习。此外，小组长需要领导整个小组配合完成小组合作，在这个过程中能够培养团队协作的技能，并在与他人紧密协作的过程中体验到了愉悦的情感。❶ 这种教学方式不仅是传递知识，更是一种激发学生积极参与、培养全面能力的教学方法。

等学生们能够较为熟练地运用乐器敲击节奏之后，笔者就可以引导他们正式进入班级合奏阶段。在经过前期的刻苦练习后，学生们能够迅速、完美地响应老师的指挥，开始进行音乐的合奏。尽管在演奏的过程中，要求学生感知多声部音乐的节奏和结构可能会带来一些挑战，但通过笔者有针对性的指导，学

---

❶ 新原. 教学创新 [M]. 长春：长春出版社，2007:102.

生们仍能相对轻松地达到预期的演奏目标。这个过程不仅加强了学生们对音乐的感知能力，还展示了他们在团队协作和协同演奏方面的能力和灵活性。

4.分组创作（生生互动）

小组创作的作品是器乐曲《锦鸡出山》，这是根据湖南土家族人民喜闻乐见的民间音乐"打溜子"改编的一首器乐曲。乐曲以锦鸡为描写对象，利用多种打击乐器独特的音质和丰富的演奏技巧，生动地展现了锦鸡的各种日常活动，同时通过这些描绘反映了土家族群众对生活的热爱和乐观态度。《锦鸡出山》全曲共有五个小标题，分别为《山间春色》《结对出山》《溪涧戏游》《众御顽敌》《荣归》。刚刚已经带领学生们学习和感受第一个标题《山间春色》的节奏，并且通过小组合作，学生们已经感受到合奏成功所产生的愉悦感和成就感，教师需要在这个基础上乘胜追击，让学生带着学习的兴趣进行小组合作创作。教师为学生简单讲解《锦鸡出山》余下的四个音乐片段，如图6-13所示，让学生们以小组为单位自由选择一个片段进行创作，学生可以根据原谱分工合作，也可以根据自己对音乐情绪的理解进行改编创作，每人各司其职，参与其中。

在音乐创作的过程中，可以有目的地引导学生着重对节奏和音色的巧妙搭配。透过对节奏和音乐的变化，不仅需要学生表达出自己的想法，同时也能够强调整体的"统一"感。对于初次涉足乐器即兴演奏的班级，教师更应该关注学生表达出作品的音乐内容，而不在于追求学生的技术。

在学生进行创作时，教师需留意学生的创作状态。当学生面临创作上的难题时，及时提供帮助是至关重要的。当学生充满创意但难以具体实现时，教师应充当"助手"的角色，灵活捕捉学生的每一个创意，协助他们将这些灵感转化为具体的音乐表达。每位学生的创作过程都是唯一的，他们应该被允许根据自己的想法前进。特别是在面对陌生的音乐创作或其他艺术形态时，学生们需要有机会去熟悉并以他们自己的方式与之交互。这种方法不仅有助于激发学生的创造性思维，同时也使教师能更好地引导和支持学生在音乐创作中成长。

笔者给学生们十分钟的创作时间，时间结束后各小组成员集体进行展示，可以要求老师来协助展示。所有展示结束后，每组选一名代表分享他们的创意来源和目的，并让其他学生对他们的小组展示进行评价。此方法旨在促进学生的自我驱动学习，尊重他们的个性差异，并激发他们的创造性思维。

结队出山
稍快
| 呆 呆 | 呆 配 当 ： | 呆 配 呆 卜卜 | 当卜七卜 当 | 呆 配 呆 卜卜 | 七卜七卜 当 ‖

溪涧戏游
| 配 当 | 配 配 当 ： 配 | 当 配 的 卜卜 | 当卜当卜 七卜卜 | 当 配 的 卜卜 | 七卜当卜 七卜卜 |
| 当卜当卜 七卜卜 | 七卜当卜 七卜卜 | 当卜七 当卜七 | 当当 的当 | 的配 当 ‖

众御顽敌
慢起渐快　自由地
| 呆卜 呆卜 呆卜 呆卜 呆卜 呆卜 呆卜 呆卜 呆卜 乙呆 呆 ‖

荣归
| 呆 配 当 | 七卜七卜 当 | 呆 配 当 | 七卜七卜 当 ‖

图 6-13　《锦鸡出山》节奏谱

（四）人际互动教学实践分析

1. 教学过程

在教学实践中，人际互动不仅是学习过程中重要的组成部分，也是学生获得知识、技能的中心环节。这种互动发生在教师与学生、学生与学生之间，这样的交互过程使得学生能够从不同角度理解和探讨学习内容，从而促进了对知识的深入理解和长期记忆。在教学设计中运用有效的人际互动教学策略能激发学生的学习兴趣和动力，使学习变得更加生动和具有吸引力。当学生在学习过程中感受到参与感和认同感时，他们能更积极地参与学习活动，从而更好地掌握知识和技能。因此，教育者应重视和促进课堂上的人际互动，创造合作学习的机会，设计互动式学习活动，鼓励学生之间的积极交流，以支持学生的全面发展。

在《鼓乐铿锵》这个课堂实例中，通过创新的活动设计，课堂成为促进互动学习的有效平台。这种设计巧妙地将实践体验融入教学过程，采用小组合作的方式来进行教学。这样的设置不仅激发了学生的学习兴趣，还促进了学生在小组内的团结与协作。此外，这种教学方法增加了学生的主动参与度，加强了师生以及学生之间的人际交流，从而提升了课堂教学的效率和学生的学习成效。

本节课的课程内容既切实可行又具有适度挑战性，并且在课中能够灵活应对出现的任何问题。在引导学生进行小组讨论时，提出的问题应既有深度也能激发讨论，与学生的知识水平相适应。

2. 教学反思

通过团队合作的实践活动，学生们迅速被音乐的魅力所吸引，并在体验到协同合作的乐趣后展现出了更加自信的态度。这样的教学模式不仅有助于学生更深入地掌握音乐的节奏、情绪以及独特风格，还促使他们对音乐进行更加深入的分析和理解。然而，课堂上也存在一些问题。首先，学生的课堂纪律控制不足，在协作学习过程中，笔者发现学生可能会有分散注意力的行为，在进行合作音乐学习时，部分小组的热烈讨论可能会使课堂声音过大，一些学生可能会借机打闹，从而扰乱课堂秩序。为了避免这种情况，教师需要提前强调并监控学生的课堂学习和讨论行为，对表现不佳的小组及时进行辅导，对不积极参与的学生给予额外的激励和指导，同时利用小组长来加强小组内的纪律管理，确保小组成员可以有序地分享和讨论自己的看法。其次，学生之间的参与度不一，因此教师在组建小组时，尽量让小组成员的能力、兴趣和学习风格多样化，这样可以帮助学生从不同角度达到互补的作用。最后，明确角色分工，为每个小组成员分配明确的角色和责任，让他们知道自己的任务和期望，这样可以增加他们的参与感和责任感，并定期反馈和调整，教师可以了解学生在合作学习过程中的参与情况，并根据反馈结果进行必要的调整，比如重新分配小组成员或调整任务难度。通过实施这些策略，可以有效提高所有学生在合作学习中的参与感，促进学生之间的交流和学习，提高学习效果。这些问题都需要在未来的音乐课程中进行调整和改善。

在小组活动结束后，教师引导学生对自己及其小组的贡献做出反思和评价。这种评价有助于促进团队内部积极的互动关系，并使每位成员对自身在活动中的角色和表现有一个清晰的认识。由于小组成员对团队的了解最为深刻，教师通过引导他们进行自我评价，可以帮助学生识别自己的优势和需要改进的地方。在学生完成自我评估之后，教师应对各小组的表现给予公正且富有建设性的评价，赞扬那些表现出色的团队，并对需要改进的团队提供明确的反馈和建议，以激励所有小组持续进步和成长。

多维互动教学应用于高中音乐鉴赏课是一项重要且长远的教育工作，它对于提高高中音乐教学质量大有裨益。这一教学模式不仅有助于学生的综合发展，还与高中音乐教育的标准和素质教育目标相吻合，并为教师提供了更多培养学生互动能力的思考角度。

此研究基于高中音乐教育的实际情况，结合笔者实习经历，通过实地调研收集关于高中音乐鉴赏课中多维互动教学的相关数据。通过分析结果可以得出，在目前的实践应用中，依旧存在众多问题，这些问题主要源于教师过旧的教学理念、不完善的教学设计、学生对新教学方法的理解不足以及评价体系的不合理等。鉴于高中学生的年龄特性和音乐学科的特性，这些因素均对多维互动教学的成效产生了影响。因此，在具体教学实践中，教师应充分考虑到这些特性，并实施灵活的教学策略来适应实际的课堂情况。同时，多维互动教学模式对教师的教学技能提出了较高的要求。基于以上问题，笔者提出了相应的改进措施和策略，同时设计具体案例，为多维互动教学的应用提供实践依据。

在高中音乐鉴赏课中实施多维互动教学实践，能够明显感受到学生在课堂中的表现更加活跃，对知识的理解也更加透彻，并且能够自主探究音乐，取得实质性的进步。学生们普遍认为参与多维互动教学的课堂为他们提供了更多展示自己的机会，侧面体现了多维互动教学在促进课堂有效互动方面的成功。学生们的表现能力和水平得到了持续性的提高和发展。虽然本研究取得了一定的进展和成果，但也存在一些限制性因素。本次实践研究的周期相对较短，仅持续了两个月的时间。尽管多维互动教学实践取得了一定的教学成果，但要想一直保持学生的音乐学习能力以及他们的学习热情，并非一蹴而就，需长期的系统培养和持续的教学计划。本研究仅针对高一年级学生展开，在研究对象上存在一定的局限性。

教学实践是一个不断变化的教学活动，教育和教学理论也在持续地发展和更新。但是由于受限于客观因素和笔者个人的学术水平，这项研究仅对该主题进行了基础性探索，缺乏更广泛深刻的研究。同时，提出的改善策略其效果还未经验证，这种教学模式还需要通过实际应用来不断改进。

第七章 以音乐游戏激发学生的创造性思维

联合国教科文组织2015年第38届大会发布的"教育2030行动框架"中明确提出,未来的教育将着重于发展创造性思维、批判性思维和写作能力等方面。因此,世界各国都把发展教育中的创造力作为优先事项,并将其确定为学生应具备的核心素质或能力之一。在新时代,"激发创新创造活力"尤其成为教育的重点,也是教育的难点。游戏作为最能让学生主动参与的活动,能够极大限度地调动学生的想象力、思维能力、社会交往能力和创造力,无疑是培养学生创造性思维的重要渠道之一。

《中共中央 国务院关于深化教育改革全面推进素质教育的决定》指出:"要转变教育观念,激发学生独立思考和创新的意识,切实提高教学质量。要让学生感受、理解知识产生和发展的过程,培养学生的科学精神和创新思维习惯,重视培养学生收集处理信息的能力、获取新知识的能力、分析和解决问题的能力,语言文字表达能力及团结协作和社会活动的能力。"教育的目标正从单一的知识传授转向综合素质的培养,特别是在音乐美育领域,这一转变尤为显著。音乐课堂应当成为培养学生创造性思维和创造力的综合性、整体性平台。通过音乐,学生可以丰富感性经验和审美情绪,激发表现力和创造力。音乐游戏、体态律动、声势、器乐编创和内心听觉等活动,不仅促进左右脑的协调与发展,还为学生的创造性思维和人格发展提供了条件与空间。

音乐教育能够培养学生的创造力，通过创造性的音乐创作或演奏，学生掌握了表达自己想法的方式。音乐是个性化的艺术，音乐教学也应当注重个性化发展，遵循"以人为本、因材施教"的原则。在音乐教学中，教师应鼓励学生大胆创新，挖掘潜能，激发学生的创造意识。音乐游戏的应用可以最大化地激发出学生的创造潜能，促进学生创造、想象及表达等能力的全面发展。

第一节 音乐游戏激发创造性思维的策略

创造性思维是创造力的核心，也是创造教育要培养的最可贵的思维品质。正如吉尔福特所说："在发散思维中我们看到的创造力才具有最明显的标志。"[1]在创造性思维的整个解决问题的过程中，创造主体往往是无意识的。这个过程中最重要的部分，即发现问题、发现解决问题的新方法、找到解决问题的关键阶段，思维活动往往是通过思考无意识地、直观地实现。

一、创造性思维概述

创造性思维是人脑高度组织化和信息化的独特功能，也是人类创造力最重要的主题条件和基础。人脑是世界上最高级、最复杂的物质，是思维的物质器官和载体。创造性思维本质上是人脑的一种功能活动，或者说，创造性思维是由人脑的生理活动直接形成的。因此，人脑就成为创造性思维活动赖以存在和发展的生理基础。因此，探讨人的创造性思维，不能不涉及对人脑生理结构系统的讨论。除了极其复杂的生理结构，人的创造性思维的形成，又以特定的心理活动——创造性心理活动为基础。现代心理学研究成果表明，创造性思维的

---

[1] 陆烨. 隔代教养对儿童创造力的影响 [D]. 上海：华东师范大学，2020.

发展与非智力心理特征如动机、兴趣、情绪和意志高度相关。

(一) 创造性思维的脑生理基础

创造性思维作为一个特定的复杂系统，有着它存在和发展的基础层次。

在20世纪中期，于1981年荣获诺贝尔生理学或医学奖的罗杰·斯佩里（Roger Wolcott Sperry，1913—1994）对脑波的功能进行了长期的观察，提出不同的思维活动记忆会对他们的脑波产生一定影响。大脑把自身的活动区域非常清晰地平均划分为左脑（左脑皮层）和右脑（右脑皮层）。除此之外，斯佩里教授还发现，当右侧的大脑处于活动状态时，左侧的大脑皮层则处于相对宁静和冥想的状态；同样，当左侧的大脑皮层活跃时，右侧的大脑皮层则处于相对放松和平静的状态。

左右脑的区别究竟在哪里呢？左半球（左脑皮层）以语言、抽象思维、目标导向思维和分析能力为主，负责语言、阅读、计算、排序、分类和时间感知，其特点是连续性，被称为理性脑；而右脑半球（右脑皮层）则是图像处理以及想象力、发散性和直觉思维的中心，并以连续性、分散性和完整性为特征，被称为感性脑。简而言之，左脑善于分析、抽象计算和求同，而右脑则倾向于综合、想象、虚构和求异。[1]

上述左右脑两半球在功能上各司其职、互不重复、互不代替，但并不是互不来往、绝对孤立的。被人们称为天才的爱因斯坦曾经说过："当我思考问题时，我不是用语言思考，而是用移动的、跳跃的图像思考。当这种思考完成后，我必须做出巨大的努力，把它们变成文字。"[2] 由此可知，左脑在获取信息后，传递给右脑。右脑会以自己的方式对信息进行加工，然后再把加工以后的信息传递给左脑。经过这样的过程，大脑以协同的方式构建信息。通过整合不

---

[1] 刘卫平. 创新思维 [M]. 杭州：浙江人民出版社，2006:16.
[2] 灵感. 每天学点创意学 [M]. 北京：新世界出版社，2011:9-10.

同的要素，将其添加到自己的创造力之中。在使用全脑时，整个大脑皮层的各种技能都在创造中发挥作用，其中每一种技能都对其他的技能起着补充和支持的作用。

(二) 创造性思维的心理基础

人的创造性活动是脑生理活动、心理活动和实践的复合作用的综合性过程。创造性思维心理活动结构首先是作为对创造目标进行趋近、创造的心理冲动过程存在的，它包含着创造兴趣、创造动机、创造情感，创造意志等心理活动的发动和驱动的运动功能趋向。

1. 发现细节并广泛地创造兴趣

兴趣作为心理活动的一个类别，指的是对某一特定对象的积极态度，它具有心理动力的倾向。❶ 在兴趣的驱使下，创作者能够关注小事物，在旧领域中发现新气象。艺术家 Arshile Gorky 和 Willem de Kooning 曾经每晚在纽约街头散步，观察街头散落的废纸上反射的霓虹灯，并记录这些形状和光影，将这些司空见惯的画面视作别有天地。这也意味着当学生发现和认识了客观对象的美和获得了成功的喜悦后，会因此产生心理上的愉悦感。正是因为广泛而集中的兴趣，学生能够对更多事物给予深刻的观察和思考，并积累许多的创作素材。在这个过程中，学生的观察力、聚合思维、发散思维、逻辑思维等思维能力都得到了发展。

2. 目标明确地创造动机

动机是一种内在的主观原因，它推动和激励个人的行为，是诱发和维持人类行为的主观愿望，并将个人的行动引向某个特定目标。❷ 动机作为心理活动范畴，会影响创造力的表达或激发创造力。例如，当贝多芬意识到自己很快就

---

❶ 刘文. 心理学基础 [M]. 南京：南京大学出版社，2018:23.
❷ 刘文. 心理学基础 [M]. 南京：南京大学出版社，2018:24.

要失聪时，他没有放弃，而是通过动态地、持续地与自己进行情感沟通，创作了一系列伟大的作品，如《英雄交响曲》《第四钢琴协奏曲》，以及最著名的第九交响曲《欢乐颂》。他后期作品给众人展示的是极为复杂、富有创造力的深度情感表达。总的来说，动机不是单一的刺激，而是挑战、兴奋、竞争、改善的愿望，或简单的自我表达冲动的组合刺激，动机激发创造的重要动力。

3. 积极、饱满地创造情感

情绪作为精神活动的一个类别，主要是指满足人类主体对其精神态度的情感反应的需要，通常表现为高兴、愤怒、悲伤、快乐和其他各种情绪。积极、健康的情绪对创造性心理活动有积极的强化作用，而创造性心理活动又对创造性思维活动有积极的影响。许多鼓舞人心的想法是在快乐的情绪状态下产生的。❶消极、低落的情绪会干扰或阻碍创造性心理活动和创造性思维。因此，激发情绪是进行创造性活动的重要因素。

4. 坚定不移地创造意志

意志是个体调节行动、克服困难、实现预定目标的心理过程。作为一种心理因素，它指的是人类心理活动的基本特征，即克服心理阻力，调节心理活动，以实现预定的目标。创造意志主要表现在自觉性、顽强性、自制性上。创造的欲望可以有意识地指导和调动一个人在创造性思维活动过程中的行为，从而实现创新的目标，也能够使其克服一切心理困难，完成创新目标。❷

以上表明，创造性的心理活动品质和精神人格的组成要素来自各个不同的方面。这表现在可以通过外在活动的刺激对创造心理活动系统进行强化、调节和控制。这些元素不是孤立地发挥作用，而是在功能上具有共同性和综合性。因此，它们可以在功能运动的过程中形成相互联系、连贯和整合，从而促进创

---

❶ 贾林祥. 心理学基本理论研究 [M]. 南京：南京大学出版社，2019:56.
❷ 刘卫平. 创新思维 [M]. 杭州：浙江人民出版社，1999:29.

造性心理活动的存在和发展。

(三) 创造性思维运行机制

几个世纪以来，关于创造过程的争论大致可以分为两类，一类是唯心主义理论，另一类是行动主义理论。唯心主义理论者认为，当你产生创造性的想法时，你的创造过程就完成了。不管你最终是否执行这个想法，当想法在头脑中完全形成时，你的创造工作就完成了。即"创造性的本质是瞬间的顿悟"这一思想通常被称为"克罗齐—科林伍德"(Corce-Collingwood) 理论。行动主义理论者认为创造过程的本质是执行。他们指出，在现实生活中，创造性的想法常常在处理材料的过程中出现。当你开始执行想法时，你常发现它并不能像预期那样实现，因而你不得不改变想法。有些时候，最终的产品与你开始的想法完全不同。❶例如，在爵士乐即兴演奏中，因为它是即兴的，音乐家们也不知道接下来他们将表现什么；音符即时出现，来自全体成员复杂的意见交换，所有活动都是在未知状态中开始的。

创造力研究的最新动向是跳出内源取向，关注创造过程的内容和背景。Sawyer 强调通过实践活动中思想碰撞产生的新质。❷他提出创造的源泉不是意念，而是行动，即人的实践活动是产生创造性思维和创造力的源泉。根据 Sawyer 提出来的八阶段（表7-1）：发现问题、获得知识、收集相关信息、酝酿、产生想法、组合想法、选择最优想法、外化想法，展现了一个创意从萌芽到成熟的真实过程。

---

❶ [美] R. Keith Sawyer. 创造性：人类创新的科学 [M]. 师保国，译. 上海：华东师范大学，2012:102.
❷ [美] Ronald A.Beghetto, James C.Kaufman. 培养学生的创造力 [M]. 上海：华东师范大学出版社，2013:6.

表 7-1 创造过程加工模型的比较

Sawyer (2006)	Wallas (1926)	创造性问题解决 (Isaksen, Dorval&trenfinger, 2000)	理想循环 (IDEAL cycle: Bransford&Stein, 1984)	可能性思维 (Burnard, Graft&Grainger, 2006)
发现问题		构架问题	确定问题，定义目标	形成问题
获得知识	准备	搜索数据	学习	
收集相关信息			观看	投入
酝酿	酝酿	建构机会	探索可能的策略	玩
产生想法	顿悟	产生想法		有想象力
组合想法		产生解决方法		
选择最优想法	验证			
外化想法	详细阐述	建立接受	行动并预期结果	自我指导

综上所述，创造性思维的运行不是单一的，而是由身、脑、心等多方面刺激产生。因其具有社会性和综合性，对创造性思维过程的培养不应只停留在心理层面。在完整的创造性思维过程中，通过实践活动对个体进行外部刺激，从而作用于身心和头脑，进而激发其创造性思维，培养创造能力。

二、音乐游戏概述

游戏是每个人的天赋。在基础阶段的音乐教学活动中，游戏是由学生发起和控制的，也是学生感兴趣的，游戏是学生学习的最佳环境。游戏作为一个学生获得发展性机能的一种有效方式，能够发展其社会性、智力、创造思维和身体机能，是发展自身认知和社会情感的载体，能让学生用自己的感官、动作和头脑与大千世界主动交往。

音乐游戏能使人的想象、联想、情绪感受等诸多审美情感心理体验以及审美意识活动相连。对学生来说，音乐游戏就是在进行"玩和奏"，这其实是审美意识产生的开端，他的学习动机也在学习游戏过程中被自然地调动起来了。因此，音乐游戏实施的过程也是深化认知理解、发展社会情感、促进身体和动作的过程。

（一）游戏理论

游戏伴随着人类的存在而存在。在古希腊时代，柏拉图认为游戏满足了孩子的跳跃需求，而亚里士多德认为游戏是一种无目的的娱乐和休闲方式，只有康德开始对游戏这一最古老和最普遍的现象进行理论研究。康德通过将游戏与艺术工作联系起来，客观地提升了游戏的地位。在席勒的时代，游戏的地位被提升到一个新的高度，他断言："只有当人是完全的人时，他才会游戏；只有当人游戏时，他才是完全的人"。❶ 这一时期的游戏理论，通常被称为经典游戏理论，侧重于哲学上的研究，以得出人们为什么玩游戏，游戏的主要目的是什么等问题，其中最具代表性的四种理论是：预演论、精力过剩理论、松弛消遣说和精力过剩说。❷ 游戏是一种发生在各个年龄阶段和各种文化中的人类现象。

伴随着现代心理学理论的出现和发展，人们试图从动机和认知的角度来研究游戏对情绪和学习发展的影响。在皮亚杰构建主义发展理论中，儿童在世界上有效发挥作用的能力完全取决于这个孩子能做什么，在儿童全部行为的背后是生物和心理图式，孩子发展的过程就是图式不断同化的过程。然而，当图式不适合儿童的目标时，他们就要进行修改以适应现实。❸ 皮亚杰注重发展中的感知动作和表征方面的内容，维果斯基则注重文化的维度——历史和社会发展，他认为所有的概念学习都发生在社会互动中，然后才得到内化。在这个发展区内，社会互动的内容具有挑战性，却是可以达到的。❹ 游戏在儿童发展过程中

---

❶ [美]扎克·海维勒. 游戏设计入门：理解玩家思维 [M]. 孙懿，译. 北京：人民邮电出版社，2020:34.

❷ Bammel G. Leisure and human behavior (2nd ed.) [M]. Iowa: Wm.C.Brown, 1992.

❸ [瑞]让·皮亚杰. 发生认识论原理 [M]. 王宪铀，译. 北京：商务印书馆，2021:55.

❹ [苏]利维·维果斯基，北京师联教育科学研究所. 发展思想与教育论著 [M]. 北京：中国环境科学出版社，2006:81.

扮演着至关重要的角色，它不仅促进了智力及其各种表现形式的发展，还对情感、个性、社会化、想象力和思维的灵活性等方面产生了积极影响。这些能力的提升有助于儿童适应变化并做出自由选择。

个体的游戏经常是不受外部规则制约的。对于一个在真实世界中学习的儿童来说，通过在假装游戏和假设的情境中创造与运用符号，他的象征性思维能够得到提升和发展。通过游戏，他明白了现实与想象之间的界限，也对可能成为现实的事情形成了愿景，这就形成了他们进行发明创造的内在动力。

总的来说，一方面游戏是个体表现自我、与外界沟通的重要方式。另一方面通过游戏也会促进他们的进一步发展，游戏对于儿童获得最大程度的发展和最佳的学习效果是至关重要的。游戏的特点与儿童的特点之间的匹配对于幼儿的发展产生了协同作用，而这是教师主导的活动无法做到的。

(二) 音乐游戏特点

音乐游戏是发展学生创造性思维、给学生提供探索事物并重组新经验的重要途径。这是学生在宽松民主的环境中，主动自由地操作材料，在创意过程中产生新思想创造新事物，以表达自己的思想情绪以及对外部世界认识的一种活动。这个过程中，学生得以了解自己和周围的世界，通过游戏获得胜任感，并在社会、文化和物质环境方面收获无价的发现。在创造性音乐游戏中，他们的社会性得到发展，包括分享、合作、轮流和协商能力。通过社交游戏，他们能了解不同人的性格、脾气和行为。随之，他们变得更加了解自己和他人，并学会以不同方式思考。因此，音乐游戏实施的过程也是深化认知理解、发展社会情感、促进身体和动作的发展的过程。

1. 深化认知理解

游戏和认知发展之间存在着联系，因为游戏会促进更复杂和成熟的认知行为，而这种更复杂的认知行为又会影响游戏的内容。在游戏中，学生接触到需要做出选择和指导的认知任务。少儿可以控制他们游戏的内容和行为，可以选择探索熟悉的行为或更加新奇的活动。在游戏中少儿面对那些非良构问题情境，能够很好地激发其创造性思维、批判性思维等高阶思维的发展。

因为经常需要操纵物体如奥尔夫小乐器、丝巾、纸杯等，游戏就提供了问题解决的最近发展区。当挑战来临的时候，学生面对挑战，并通过生理上和心理上的尝试错误来寻找解决办法。通过把玩不同材料，能够帮助少儿分辨与目的相关或不相关的信息的能力都能得以提高。坚持性是最容易通过愉快的活动学到的，通过反复的充满激情地获得新的技能来练习，学生就获得了掌握性的动机或在问题解决中的坚持性。学生们喜欢通过游戏来完成任务或解决问题，而不仅是为了被表扬和认可。在游戏活动中学生获得了解决问题的经验，当他们再次面对问题情境时会下意识地运用上次获得的经验去解决问题。通过发展解决问题的技能，学生们能识别物体和想法之间的联系，并能将其应用于新的情况，从而增加他们的创造能力。

在学生探索的过程中或过程后会产生一定的疑惑或问题。当学生主动参与，深入到课堂活动中，他对知识的理解会由理性理解向感性理解迈进，对于相关问题的思考也会更加深入。两千多年前，孔子敦促自己和他的学生"每事问"。他赞赏质疑的价值和重要性，并认为"疑是思之始，学之端"[1]。当学生遇见问题时，他们就会产生解决问题的需要和强烈的内心冲动，他们的思维就会被激活，以解决当地具体的实际问题。各个层次的学生都会使用不同的解决问题的工具，在解决问题中自觉或不自觉地扩展他们的知识。学习便是经常怀疑，随时发问。知道得越多，问题就越多，思考也就更具有深度。

---

[1] 欧阳文. 学生无问题意识的原因与问题意识的培养 [J]. 湘潭大学学报（哲学社会科学版），1999(1): 129.

2. 游戏发展社会情感

学生在社会环境和自然环境中，通过对音乐事件和形象的积极探索，形成了音乐认知、运动、社会和审美情感的多维甚至是系统的积累。玩耍是对日常生活所需的社会技能的练习，在游戏中需要考虑其他人的角色，学生因此发展了社会意识，这使得游戏成为发展对他人的同情心和减少自我中心的桥梁。例如在玩"抱团"游戏时，总会有学生两两一对或一位同学落单。学生通过对周围环境的观察，去接纳和保护落单同学的行为，也会增加学生的社会性。同时，当学生处于一个情感安全的环境中，他们可以探索新的和令人兴奋的东西，他们可以自由地表达广泛的情绪。

音乐游戏可以引导学生对同一社会或个人问题产生不同的看法，并有助于培养良好的情感态度，强化正确的价值观。通过游戏，学生学会了享受与他人不断互动的乐趣，学会了控制攻击性行为，尊重许多内部规则。因此，游戏成为学习角色和社会规则以及实践文化和社会习俗的最初的非正式舞台。

在心理学上，个人的行为是由需求驱动的，没有需求就不可能有动力。根据美国心理学家马斯洛的需求层次理论，人的需求可以分为生理需要、安全需要、社交需要、尊重需要、自我实现需要五个层次。❶创造主体希望自己的创造能力能够在创新和游戏的过程中得以发挥，希望他的创新心理需要、成就感需要、责任心需要能够得到满足。简单、有益的音乐游戏一方面可以培养学生的社会交往能力，另一方面学生更容易获得满足感和成就感。音乐并不是目的，音乐只是散发心灵力量的一个手段。

3. 音乐游戏促进身体和动作的发展

学生早期的探索和游戏行为对感觉和肌肉系统的生长、控制都有帮助。Athey指出，动作的重复和排序有效地建立了产生运动的神经通路，并使这种

---

❶ [美]马斯洛. 世界经济管理著作精选[M]. 北京：企业管理出版社，1995:274.

因果反应成为未来的基础。❶ 在游戏活动中，练习运动反应有助于更顺利和准确地发展运动技能。例如，在节奏游戏中，当音乐响起时，人类的本能会自然地引导身体对有节奏地运动做出反应。身体自然地随着音乐摇摆或迈步，进一步用身体表达音乐和情感，从而释放出一种内在的力量。在这个过程中，学生获得能够掌握较大的移动物体的控制办法，并且理解了身体是如何在空间移动的。同时，精细运动技能和手眼协调则通过把玩更小的物体得到发展。通过学生对自己身体、形象和生理能力的感知也能够产生某些方面的自信。

在各式音乐游戏中学生不仅身心能够和谐发展，而且能通过体态律动、乐器即兴、和声即兴、戏剧表演、音乐绘画活动，发展其身体协调能力、自我控制力。通过各式各样的传达手段，学生能用身体表达音乐，传达内心感受，以此激发其创造性思维。音乐游戏中的节奏训练超越了简单的重复和机械练习，因为机械训练往往忽视了本能原则和对细节的敏锐感知以及主动的动作反应。当学生在聆听后产生共鸣，这表明他们的统觉能力和联想力在自发的动作中发挥了关键作用。这种即兴的行为不仅体现了个性，而且展现了创造力。只有在自发的音乐活动中，才能实现身体控制与内心感受的完美融合。

三、创造性思维在游戏中延展

创造性思维往往伴随着音乐游戏在"探索—模仿—即兴—创作"中不断地发展和延伸。由感知到表现，由模仿到即兴，由灵感到创造。学生以自主学习的方式参与到各种音乐游戏中。在联觉的作用下，学生的想象力、直觉力、聚合思维等内部思维能力得到进一步激发。由此，学生头脑所建立的"音乐—听觉—身体—情感—思维"之间一种迅速交流、转换的密切联系，也能够在游戏的最后环节得到展示与验证。

---

❶ 景岩明. 游戏教学：教师观念的改变与实践 [M]. 长春：吉林大学出版社，2013:12.

（1）在自由探索中发现可能。在自由探索阶段目标集中在如何激发学生的好奇心，使他们能够积极地探索、讨论、反思和创造。为了激发学生的学习兴趣，教师应首先提出一个有趣的音乐主题作为整堂课的重点，学生围绕这个主题进行聆听和分析、表演和创造活动。阶段的第二个重要步骤是获得相关的音乐知识和技能。例如给学生分发简单的打击乐器，让他们在一定的时间内自由探索不同的敲打方式，以及能够发出的"非常规"音响效果。在此阶段，学生可以获得解决问题的工具。为了建立支持艺术探索的氛围，教师要重视学生所有的努力而不是特定的结果。要聚焦过程而非结果。要给予学生足够的时间去实验、重复和反思。学生只有一遍又一遍地操作相同材料，发现它们的性质以及提高使用它们的特定技法后，才能在创作领域深入发展。

（2）在模仿中积累素材。模仿分为对同一符号系统的模仿和对不同符号系统的模仿。对同一符号系统的模仿，如从语言到语言、动作到动作，只需要模仿能力和反应能力。❶ 这一类型的模仿虽然没有创造力的直接作用，但是通过对音乐要素的感知，其思维的内在结构逐渐在完善，内心感受愈发丰富。在经过第一阶段对音乐素材的探索和重复模仿后，许多想法会不停地出现，并在这个阶段逐渐被修改完善或者一直存在潜意识中。潜意识伴随着不同符号系统之间的模仿，通过想象和联想将一个符号的特征或意义转移到另一个符号上，在更抽象的声音和动作之间的符号转换更是如此。

一节音乐课40分钟，其中不仅要包括对音乐素材的分析和学生对素材的探索和熟悉，还包括进行自主创作。自主创作的时间通常只有20分钟左右，如果是小型的创造活动可能只有5分钟的时间给学生进行创编。在短时间内，学生更容易倾向依靠直觉和灵感进行创作。在即兴创作中，通过时间、压力和资

---

❶ 李妲娜，修海林，尹爱青. 奥尔夫音乐教育思想与实践 [M]. 上海：上海教育出版社，2002：81.

源的约束,激发学生的求异思维和发散思维。学生在有限的时间内依靠直觉和灵感进行创作,这种压力可以激发学生的创造力和激情。

(3)在有目的、有意义的创作活动中发展创造力。在音乐游戏实施过程中应注意避免纯即兴,一方面可以让学生有目的、有目标地完成活动,另一方面可以让学生针对某一领域进行深度思考。音乐创作活动自由度很大,能给学生提供充足的空间进行创作。通常音乐创作活动会根据音乐要素并结合某一活动展开,如体态塑形。如果学生只是根据音乐随意地进行身体的律动,这是没有完成教学目标的活动。在教学过程中,要让学生用肢体尽可能地表现音乐的节奏、节拍的特点、旋律的变化、音乐的色彩以及旋律的发展等。虽然音乐创造性活动具有一定的"随机性"和"自由性",但学习过程并不是松散的,创作不是漫无目的和没有限制的自由创作。这样的音乐课堂看似松散实则环环相扣,不断向深处推进。随着游戏的不断深入,学生的思维和身体也不断地得到了发展。

四、以音乐游戏激发创造性思维的应用策略

学生只有在实践中才能发展思维,因此采用先感性后理性、从音响开始的方法,可以让学生主动参与、自主构建。当学生将个人的解读融入合作游戏时,他们的社交技巧和艺术感觉都会得到提升。但是在实施创造性的音乐教学中,教师除了要有正确的教学观念并掌握一定的教学方法外,还需在音乐课堂氛围中提出问题以激发学生讨论,选择开放性的艺术材料与艺术形式给学生,为其创作成果提供更多可能。游戏的设置也应当符合学生身心发展规律,能够让他们基于真实问题情境进行创作。

(一)创设良好的氛围

开展创造性教学首先要营造一个良好的氛围,这不仅要给予学生一个能够自由表达的、"安全"的环境,更体现在讨论引导、教室空间设置、教具选

择和问题设置上。在轻松愉悦和充满创造氛围的课堂中，更有利于培养学生的创造性思维。胡格—赫尔姆斯指出，在自由游戏的过程中，当学生与环境和他人进行愉快的互动，儿童表现出了自发性和创造性，并能够控制自己所体验的刺激的数量时，大脑就准备好创建有意义的连接了。学生只有从事游戏活动时才不会像从事其他活动时那样受到榜样与纪律的制约，他的思维才会更加发散。❶

1. 讨论营造氛围

在创造性教学中，教师除了积极引导学生感受和体验，更为重要的是让学生表达。因此，应该给学生提供"争吵""讨论""交流"的机会，创设良好的交流氛围，让学生都能够踊跃地表达自己的想法，并且无拘无束、畅所欲言。表达对学生的想象、形象思维的发展、灵感的激活以及创造能力有着重要的作用。例如，在京剧鉴赏课中，可以让学生观看相关视频后，针对课中的对白部分进行小组讨论，并将结论在班上分享。根据讨论内容，教师可以让学生大胆模仿京剧中的对白，甚至整节课上的师生都用自编的戏曲语言来进行交流。在音乐游戏过程中，创造思维由个体思维活动开始，从而向群体思维活动转化的社会化过程，即通过一定的传媒工具的传播方式，将自己的创造成果推向小团体，并由此引起各种思维主体的重新组合和运动。在相互争论、相互融合的思维互动过程中，形成了一个各种思维主体相互作用、相互促进、共同创新思维成果的蓬勃发展局面。

2. 物理空间营造氛围

在空间的设置上，教师可以根据本节课的教学内容自由地设置。其目的旨在给予学生利于讨论、活动和与教师进行沟通互动的空间，在这样舒适、开放性的环境中，即使是严肃的事情，学生的焦虑程度也会较低。在教师空间的设

---

❶ ［美］Karla D.Carmichael. 游戏治疗入门 [M]. 王瑾，译. 北京：高等教育出版社，2007:7.

置上可以根据教学需要进行调整。例如，当开展小组合作时，可以将桌椅摆成"品"字形；当老师需要长时间讲课或学生上台表演时，可以摆成"马蹄"形。除此之外，教师还可以根据教室情况让学生席地而坐或自由地选择一处坐下。自由的座位设置不仅更加容易获得良好的教学效果，也能让学生在心理上更加轻松，在思维上也会更加开阔。从某种意义上说，学生在舒适的环境中的恐惧焦虑更低，这样可以促进他们更好地了解自己，更好地与他人交往，培养自己的兴趣，发现生活中的乐趣，给予他们克服生活中的障碍和困境的勇气。

3. 问题营造氛围

"发明千千万，起点在一问；人力胜天工，只在每事问"。[1] 质疑与问题是创造性课堂中的重要因素。学生在问题中发现矛盾，产生疑问，引起思考，从而激发质疑思维、辩证思维。质疑，是学问的起始，是创造的敲门砖。在创造性课堂中教师可以抛出问题引发学生的思考与讨论，学生也可以针对课堂内容提出质疑。许多理论家和实践者认为，游戏为学生提供了非结构性的问题情境和开放的探索空间，有助于发展他们的创造性思维，提高他们解决问题的能力和写作能力。在游戏的过程中，学生能够使自己内在的生命和外在的现实相互协调，并且习得了区分、判断、分析、综合、想象和表达的本领。学生沉湎于游戏和游戏中获得的满足感，形成集中注意的习惯，并且迁移到其他学习中去。当学生能勇于突破权威思维，敢于质疑，敢于冒险，也就意味着他们具备了足够的自信、勇敢与独立人格，这才是音乐教育的目的。

（二）提供开放性的艺术材料

在开放性的环境中，学生可以探索绘画材料和制作简易乐器材料，聆听并回应不同形式的音乐，展示动作并通过律动表达情感，模仿他人并在戏剧游戏

---

[1] 黄国成，陈宥伊，闻品华，等. 小学语文课堂教学中学生问题意识的培养研究 [C]// 中国管理科学研究院教育科学研究所.《教师教育能力建设研究》科研成果汇编 (第七卷), 2018:373-377.

中创造属于自己的新角色。同时，许多非艺术材料也可以帮助学生发展其小肌肉运动技能、大肌肉运动技能和手眼协调能力，以便学生能将他们的探索应用于创造性的音乐实践活动中。拥有这些基本的感知觉和运动技能使学生在实施创造的阶段减少挫败感，为其创作成果提供更多可能。

1. 提供多元化的艺术形式和材料

学生会被一种或者多种的艺术表现形式所吸引，音乐游戏以丰富的形式和多样的感官刺激能更好地满足学生的好奇心与求知欲。许多学生喜欢唱歌，愿意尝试打击乐器，通过律动来表达自己的想法和感受。他们愿意用动作和道具去模仿熟悉的角色，或为自己和他人创设戏剧游戏的情节、场景。因此，教师应提供各种学生可以使用及经过改变符合学生目的的材料，来支持学生的艺术性探索与创造性游戏。

在艺术材料的选择上要准备男孩和女孩都感兴趣的材料以及能够反映学生文化经历（家庭和社区）的材料。此外，还要考虑提供能够体现广泛的文化背景以及不同能力、不同年龄的人的材料，加强学生对多元文化的理解。❶ 这些材料包括服装、烹饪设备以及其他物品。陈列不同年龄、性别、能力的人的工作照，为学生的游戏提供支持。各种各样的具有多元文化特点和性别中立的材料，也有助于消除学生基于外貌或行为而产生的文化或性别刻板印象。

2. 在艺术材料和学生生活之间建立联系

开放性的材料和体验要允许学生在材料与自己的生活之间建立联系，这才使得音乐游戏能够作用于学生的创造性思维，并指向更加真实的艺术表达和创造。当学生在进行分类、操作并发现艺术材料的大量可能性时，他们会有严谨和专注的表现。只有教师能够提供大量的艺术材料如黏土、刷子等绘画工具；手摇铃、双响筒、铝板琴等奥尔夫乐器；卡纸、布等场景和服装材料时，学生

---

❶ [英]威廉·多伊尔. 游戏力[M]. 成都：四川文艺出版社，2021:32.

才能与真实的材料接触并进入真实的场景，且与其真实生活之间建立联系。建构主义学习理论认为，儿童通过自主构建来学习新知识，可以提高学习的灵活性，并促进知识记忆的持久性。❶ 同时，学习者是带着不同经验、观点和不同学习方式进入教育环境的，并且通过新旧知识经验之间的相互作用，来构建自己的经验结构。因此在进行音乐游戏的组织时，要尽可能选择学生有所了解的内容展开。一方面"旧知识"有利于"新知识"的构建、归纳与生成，另一方面在"旧知识"的基础上展开教学有利于教师对新知识的传授，避免学生对新内容、新形式的生疏。❷ 音乐素材是所有音乐实践活动的基石，在进行音乐教育时要寻找适于开端、富有创造可能性，而且又在生活中随处易得的生活物品作为教具。

(三)选择适宜学生发展的活动

游戏的设计要符合年龄段的特点和实际，从学生的年龄特点出发，设计适合本年龄段的游戏，让学生在游戏中获得认知和对事物的喜爱。同时，生活即教育，教师也要注意联系生活实际，从学生最熟悉的场景和素材入手，让学生能够基于真实的问题进行创造。

1. 符合学生身心发展规律

在进行创造性活动时，教师要考虑学生具备的音乐能力和实际水平，要由浅入深、逐步深化地展开教学。在活动的初期要避免过多地给予学生技术压力和负担，尽量让学生感到轻松愉悦，随着学生对音乐的体验和认识不断地深化，可以设计一些更加有难度的创造性音乐活动，加大音乐表现的难度与深度。针对学生在设计音乐游戏活动时，可以从旋律、调性、乐段、音阶、和声与织体、音高与

---

❶ Zhe Chen, 叶嘉雯, 莫雷, 等发现学习及其促进 [J]. 心理发展与教育, 2008(1):119-122.
❷ 迈克尔·扬. 把知识带回来：教育社会学从社会建构主义到社会实在论的转向 [M]. 北京：教育科学出版社, 2019:30.

音程关系以及身体律动能力等方面作为切入点。每个阶段的学生在身体机能和创造力等各个方面的最佳发展期是不一样的。例如，在音高与音程关系方面，低年龄阶段的学生能够创造短旋律，并用肢体表达出来；在调性、乐段、音阶方面，能够做"回声游戏"并且能够尝试分辨出旋律中心音；在和声方面，能够进行五声音阶的创作。高年龄阶段的学生，能够确定多声部的稳定音准；在演奏方面，能够做回声演奏；在听音感受方面，能用肢体语言或者书写来体现所听到的旋律；在读谱方面，能够讨论旋律的进行并用乐谱展现熟悉的歌曲；在音乐创作方面，能创作出有风格差异的短旋律以及能创造出山或城市的轮廓。[1]

因此，在进行音乐教学游戏时，应根据学生本身的特殊性，选择简单却可以吸引注意力的教学和设计，针对学生创造力和想象力进行培养。无论是身体律动上的游戏，还是乐器演奏、绘画类的游戏，好游戏的一个重要方面体现在游戏者之间的社会互动。好的游戏都有确定的目标和不确定的结果。随着学生音乐游戏经验的增多，他们会用更多的方法解决问题，创造更多可供选择的策略，游戏的挑战水平也会相应提高。通过这些游戏，学生的智力和创造能力都能得到锻炼。

2. 基于真实问题设计教学

这里的真实问题的实质是与生活密切相关的问题，是在教学情境中学生通过对课堂的观察，将其与生活联系在一起所产生的真实问题。在音乐游戏的课堂中，活动可以从学生的真实经验"听到音乐就会忍不住摇摆"入手，通过感受不同速度的歌曲和休止符与身体的关系，最后形成跑、走、听的不同律动梳理和分类，鼓励学生用身体感受音乐，发现音乐与身体之间的联系。运用科学探究的逻辑思维，建构起由近到远最后回归底结构的探究路线，在层层推进中，

---

[1] Campbell P. S., Scott-Kassner C. Music in Childhood Enhanced: From Preschool through the Elementary Grades, Spiral bound Version[M]. Cengage Learning, 2018: 36-38.

为学生的学习搭建支架。在真实的问题情境中学生会发现其中的联系,运用思维能力考虑更复杂的问题。但是,单有真实的问题情境还不够,教学还应该为学生的学习创造一个遵循思维规律、符合真实的学习过程。在学生知道为什么要学,学了之后能解决什么问题后,这样的学习一开始就是对真实情境中问题的困惑而起。在真实的问题情境中,学生是主动构建知识的主体,并且这种活动和创造是在集体合作中展开的。❶

在真实的问题情境中能够激发学生发自内心的学习动机,并且能够以元认知来调节和提升学习,探索和尝试学习过程中的失败和挫折。因此,教师应注重把握机会,采用适当的学习方法,激发学生的学习热情,引导他们积极愉快地参与和互动。逐步增强学生的创造信心,培养学生的创造习惯,提高学生的创造意识,丰富学生的创造精神,激发学生的创造思维。在真实的问题情境中,激发学生的好奇心和探究欲,充分调动学生的生活体验,形成学习共同体,构建完整的思维,从而培养解决真实问题的素养。

第二节 音乐游戏激发创造性思维的实施

基础音乐美育需要理论指导,但归根结底是实践行为。此处音乐游戏激发创造性思维的实践探索主要包括"奏""画""演"三个方面,它们在具体实践中往往是以融合的方式出现。

一、以"奏"激发创造性思维

在讨论乐器教学时,我们不得不提奥尔夫的原本性音乐教育。奥尔夫曾这

---

❶ 洪俊,刘徽. 跨学科统整[M]. 上海:华东师范大学出版社,2020:22.

样描述他的创造过程:"我摆脱了动作训练中只用钢琴的办法,而我追求的却是通过要学生自己奏乐,即通过即兴演奏并设计(创造)自己的音乐,以达到训练学生的主动性。"❶ 所以,他运用比较容易学会的原始乐器和人体相近的乐器来训练。器乐教学有助于培养学生的身体协调能力,促进身心健康发展。并通过参与社会交往,培养和发展学生的自信心、与人交往的能力和处理人际关系的能力。在学生探索乐器和与他人交往的过程中能进一步激发想象力、协作能力和逻辑思维等宝贵能力。

(一)以团队合作为主促进思维交互

以节奏为开端,从奥尔夫乐器入手,是音乐课堂最具代表性的创造性实践之一。因为其简单、易上手,学生无须长时间烦琐的技术练习就能使用工具。打击乐器是所有乐器组中最独特、音调最丰富的,它们的设计也是充满奇趣和幻想的,所以很容易激发学生即兴演奏的欲望,从而产生非常理想的效果。奥尔夫乐器合奏作为以团队合作为主的音乐游戏活动,学生在合作的过程中不断沟通、交流,这也使得在酝酿期的个体创造思维活动成果获得了补充、丰富和完善。

奥尔夫乐器最为常见的游戏形式是接龙游戏、回声游戏或即兴游戏。在即兴游戏中,学生通过对乐器演奏方式和音响效果的探索,掌握其演奏方式,积累素材,打破固定思维。一般来说,在课堂上演奏是一种集体活动和体验,所以在合奏活动中,能力较弱的学生可以根据自己的能力参与某些活动。而且在合奏中,独奏者和成员之间的关系也培养了群体意识、合作意识和良好的人际关系,每个人都是团体中不可或缺的成员,并做出贡献。在团体中,每个学生都要注意指挥,养成读条和记条的习惯,但这种服从是给自己的个性以完全自

---

❶ 卡尔·奥尔夫. 学校儿童音乐教材——回顾与展望[M]. 廖乃雄,译. 上海:上海教育出版社,2004:35.

由的服从。如铝板琴，它通常是进行主旋律的演奏。但是在合奏中，它也要根据具体歌曲的需要随时让位给别的乐器，而充当"配角"。通过这种音乐角色转换的活动可以培养学生的集体意识和社会性。

恩格斯曾明确指出："历史是这样创新出来的：最终的结果总是从许多单个的一致的相互冲突中产生出来的，这样就有无数相互交错的力量，有无数个力的平行四边形，而由此就产生出一个总的结果，即历史事实。这个结果又可以看作一个作为整体的不自觉地和不自主地起作用的力量的产物。"❶由此可知，创造思维就是一个创新社会思维场域，是一种由无数个体思维主体在社会交互过程中形成的高度综合的整体状态，是个体的思维活动之间、群体思维活动之间进行互补互交的社会运动。很多游戏是社会性的，在乐器合奏中就必须包括和一个或多个游戏伙伴的协调活动。这也使得在酝酿期的个体创造思维活动成果获得了补充、丰富和完善。这种互补互交的思维运动，表明了创造性思维由个体思维活动及其成果逐步通过互不融合的方式向群体思维活动及其成果转化的社会化思维过程。

器乐游戏是集体活动，而且是互动性极高的集体活动。它需要团队之间的配合，主体间信息的交流和传达。创造性思维活动同音乐游戏一样，它不仅是个体主体的思维活动，更重要的是一个群体主体的思维过程。在这个过程中，同学们的情绪是轻松和愉悦的，人际模式是正向的、积极的。❷

（二）以乐器合奏激发创造性思维的教学实践

1. 探索乐器

我们准备的乐器种类较为丰富，如打棒、双响筒、单响筒、沙锤等。在课

---

❶ 胡珍生，刘奎林. 创造性思维学概论 [M]. 北京：经济管理出版社，2006:39.
❷ 任俊. 写给教育者的积极心理学 [M]. 北京：中国轻工业出版社，2019:78.

堂开始后，教师逐个讲解乐器的特点以及音响效果（图7-1）。

图7-1 课堂准备的奥尔夫乐器

2. 熟练乐器

在分发完乐器后便可自然过渡到乐器训练中，这个过程不需要外在的催促，学生会运用这些简单的乐器去表达声音的轻重、高低、明暗。在熟练乐器的过程中主要包含三个阶段。①熟练乐器：熟练乐器最好的方法就是回声游戏。在游戏的初始要从简单的节奏型入手，再逐渐加大难度，在练习乐器的过程中学生会发现自己的问题，并默默地去改正。②熟练本节课所需音乐要素：当基本要素掌握后就可以与本节课所需的节奏型相结合，在回声游戏中慢慢渗透本节课所需的音乐节奏型。③熟悉团队协作：当所有同学掌握本节课所需的四个节奏后，就可以给每类乐器小组分配节奏型，当每个人各司其职，每个声部演奏本声部的节奏时，一个班级乐队便产生了。这个过程中学生不仅掌握了节奏型，主动地去探索了那些重复的节奏，而且还在无形中学会了观察指挥、配合合作，并在与他人合作中获得了愉悦的情绪。

为了有效地帮助学生体验演奏，教师在指挥的过程中不要使用击画节拍的方法，而是使用打击节奏型法。必要时，可以将学生演奏乐器的模仿动作做出来,以减轻学生的记忆负担,使学生能够轻松自如地演奏和享受音乐。在演奏时转换声部之前,可以将自己的头部和目光转向下一个将要演奏的声部。

当学生对乐器的掌握进入一个较成熟的阶段后,便可以播放《自由探戈》,让所有同学准备好开始第一次正式演出。学生能够根据前期的练习,在老师的指令下迅速且完美地进入音乐,完成合奏。尽管在演奏的过程中让学生感知多声部音乐的节奏和结构有一定的难度,但是有效地指导仍然可以使学生比较轻松地达到目标。

当学生完成第一次合奏后,他们从中获得的愉悦感和自信心,可以促使他们认真地聆听教师接下来对歌曲要素和风格的分析。为了能够让学生进行有目的、有意义的创作,教师一定要带领着学生感受音乐各声部之间的关系以及各音乐要素的表达形式。

3. 创作

通过前期的积累,学生的成就感和愉悦感会促使他们积极地面对接下来的创作活动。因为在前期的学习中无论是从生理还是心理,都进行了较为充足的准备,便可以开始创作活动。在学生创作的过程中音乐一定要一直播放,因为学生音乐素养参差不齐,大部分学生是根据感性材料进行创作。学生可以通过对音乐的感受,编创四个节奏型作为"节奏基石"。每个人只需无限反复同一节奏型,便可以完成整首歌曲的合奏,需要注意的是这个"节奏基石"一定要符合歌曲特点。在编创的过程中,可以有意识地提醒学生对节奏和音色进行布局。通过节奏和音乐的改变,既可以强调"变化"又可以强调"统一"。对于初次接触乐器即兴的班级或者比较简单的作品来说,可以采用音乐节奏与配器节奏相同或相似的方式处理。对于比较熟悉乐器即兴的班级来说,则可以采用拉大音乐节奏与配器节奏之间区别的方法。❶在组织学生进行创作时，教师要注意观察学生的创作状态，当其遇到创作困难时，教师要及时提供帮助。当学生有创作灵感但无法将其实现时，教师应当作为一个"捕手"，灵活地捕捉学生的每一个灵感，并帮助学生将灵感转化为具象表达。

（三）以乐器合奏激发创造性思维的课堂反思

1. 乐器分配与空间安排

合适的乐器分配和空间安排是保证舒适有效地演奏的重要因素，它既是保证活动秩序以及声部音色混响效果的关键，也是活动整体审美效果的有机组成部分。在本研究的乐器即兴游戏中，第一次教学与第二次教学差别还是比较明显的。例如在第一节课时因为乐器分配和空间安排不当，调换位置花费了很多的时间，并且打乱了学生学习的积极性。由于人数和乐器种类较多，学生根本不知道怎样调整。最后耗费了很长时间学生的座位依旧混乱，而且在调换位置时学生良好的积极情绪被中断，对后续的教学也会产生一定的影响。

在分配乐器时可以按音色进行分组，最为常见有"单马蹄"形和"双马蹄"形。除此之外，也可以安排成"品"字形（图7-2），或者"满天星"队形（图7-3），即每块或每行为一个音色组，共分成6行，相邻的两个纵队为一个音色组。如果准备的乐器中出现了大鼓和吊钹就需要依情况安排二者的空间。因为大鼓和吊钹的音色主要起"混响"作用，如果二者演奏的内容完全相同时，应该把他们安排在铃鼓组的后面或旁边。如果二者演奏完全独立时，应该把他们安排在指挥的身边或任何显示其独立地位的空间中。在第二节课时，根据音色分发乐器省去了中间调换位置所浪费的时间，课堂教学也更为连贯。倘若因教学需要交换乐器，可以要求学生必须先将原来使用的乐器放在座椅

---

❶ ［美］埃尔·赫维兹. 儿童与艺术 [M]. 长沙：湖南美术出版社，2008:57.

上，在迅速无声地找到新座位；拿起新乐器，坐下后把新乐器放在腿上做好演奏准备。

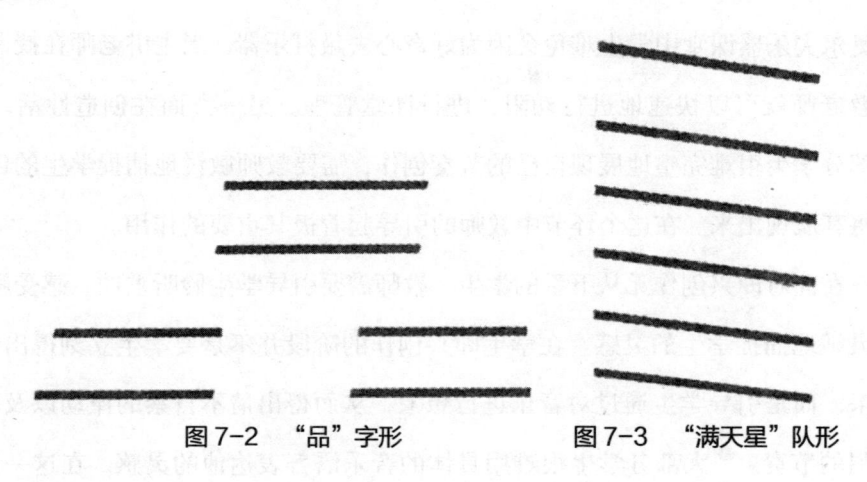

图 7-2 "品"字形　　　　图 7-3 "满天星"队形

2. "变通总谱"的设计

在创作的过程中，同学们有想法但是不知道怎样表达或怎样记录下来时，可以运用"变通总谱"来辅助学生创作。通俗地说，变通总谱就是以便于学生感知、理解和记忆的"符号"体系来记录乐器演奏的次序和方式。"变通总谱"一共有三类，分别是动作总谱、图形总谱和语言总谱。

动作总谱使用身体表现配器方案。身体动作可以表现节奏、音色、速度、力度的变化及其结构。在动作总谱中，可以用节奏动作、模仿动作、舞蹈动作来做材料。但是动作总谱在使用时不仅要注意避免选用较难的动作，也要注意不宜用笨拙的肢体动作来表现比较密集的节奏。图形总谱使用形状和色彩表现配器方案，可以用几何图形、乐器音乐的象征图、乐器形象简图来用作乐谱的材料。语言总谱则是用嗓音表现配器方案。可以用有意义的字、词、句、衬词、象声词来用作乐谱材料，创造出来的语言总谱要尽量有趣、易记、上口。

3. 合作式教学更利于课堂实施

多师教学多出现在低龄儿童的课堂中，为了避免学生分心、课堂混乱、对教学的不理解，合作式教学能够很好地解决课堂上教学管理的很多问题。面对人数众多的班级，多师也可以实现"小班教学"即一位老师对一小部分学生。❶在奥尔夫乐器课堂中学生难免会因为好奇心去敲打乐器，当主讲老师在授课时，助教老师就可以快速地进行劝阻，进行课堂管理。另一方面在创造性活动中，大部分学生很难完整地展现自己的节奏创作，需要教师敏锐地捕捉学生的创意，并将其展现出来。在这个环节中教师的引导起着极其重要的作用。

在面对即兴创作无从下手的学生，教师需要引导学生聆听歌曲、感受歌曲，并灵敏地捕捉学生的灵感。在学生即兴创作的阶段并不是要学生立刻得出创作成果，而是引导学生通过对音乐进行想象，从而得出情不自禁的律动以及随意哼唱的节奏。❷大部分学生很难用具体的音乐语言表达他的灵感，在这一阶段需要教师担任支撑者的角色，发现和捕捉学生的灵感，并要对学生的创意表达肯定。如果只有一位教师，很难能捕捉大部分学生的灵感。在多师的课堂中，教师不仅能够关注到每一位学生，而且还能协助学生进行创作和团体合作。例如，在进行初步的创作后，教师可以每人负责一个小组，在组内进行简单的排练，并充当指挥的角色。总之，要使全班同学都有效地参与课堂、参与到创造性的活动中来，合理搭配，优化课堂。

二、以"画"激发创造性思维

在教学游戏中音乐常与绘画相结合，比如画图形谱、聆听音乐进行绘画等。音乐课堂中的绘画游戏不仅是学生表达审美感受的通道，也是学生传递价值或者顿悟的出口。通过此类活动让学生能够专注聆听音乐，感受每个乐句的走势，增强其对各类音乐要素进行捕捉。同时还能激发学生的好奇心与创造力，

---

❶ 新原. 教学创新 [M]. 长春：长春出版社，2007:102.
❷ 袁善琦. 儿童趣味教学 [M]. 北京：人民音乐出版社，1994:129.

培养想象力、乐谱追踪能力、音乐记忆力等。在音乐绘画游戏之初，首先要确定点、线、面和颜色的独立表现力，然后将相应的声音组合发展成一个和谐的整体（旋律），使抽象绘画的符号充满生命的节奏，最后通过视觉和听觉的联想，体现生命的节奏和宇宙的规律的和谐。在联觉的作用下，学生将所听见的音乐作用于头脑，最终以绘画的形式呈现。

（一）以内在联觉为主扩展思维

音乐作为一种声音材料，其内容通过有组织的音响在运动中展现出来。因为声音直接刺激人的听觉系统并产生听觉体验，同时也必然会引起非听觉的联觉体验。学生通过对音响的感受，能形成声音与形象的联觉、听觉与视觉的转换、动态与心态的对应、音符与情感的交融。这些丰富的内在体验都构成激发创造性思维所需的想象、直觉、独创性、发散思维、聚合思维和逻辑思维的内在结构。

现代心理学家把唤起相同心理运动体验的两个事物之间的关联称为"同构联觉"。音乐的动态结构作为一种物理运动，即时间的流动，具有主体的心理运动和对象的物理运动的基本特征。❶比如，音乐中一个音列的连续上行，会给人以空间知觉中上行的感觉，这种上行的心理运用体验就与物体在空间运动的视觉感受产生了相同的运动体验，于是听觉与视觉发生了联觉现象。瓦西里·康定斯基（Wassily Kandinsky）认为，抽象绘画是一种视觉音乐。康定斯基对形式、色彩和其他绘画元素与心理之间的关系做出了独特的解释。例如，色彩是对心灵产生直接印象的一种方式，色彩是钥匙，眼睛是锤子，颜色经由视觉通道拨动心灵的琴弦。❷两者之间的基本关系是颜色受形的规范，同时又强

---

❶ 戴里克·柯克. 音乐语言 [M]. 茅于润，译. 北京：人民音乐出版社，1981:129.
❷ [俄] 瓦西里·康定斯基. 康定斯基：康定斯基论点线面 [M]. 余敏玲，译. 北京：中国人民大学出版社，2003.93.

化形的视觉效果。他坚信色彩所具有的力量和能力可以调动起观众的情绪，从而感动他们。他鼓励艺术家不仅要通过眼睛，更要通过心灵去观察世界。在音乐绘画游戏中，音乐中的和声、织体和调性的变化可以给人的心理造成"敏感、深浅、疏密、浓淡"等联觉反应，通过对声音的捕捉以及色彩、线条的生成，学生能够运用自己的绘画语言表现音乐内容。也就是说听觉中的音响效果与视觉中的心理感受产生了联系，同时又沟通了直觉体验中的某种潜在的联系，从而促进学生创造性表达。

除了感官上的联觉活动，音响的快慢、张弛也会直接导向生理上的变化。如声音的快与慢直接导向心律的节奏与速度和血脉的紧缩和舒缓。人类对于快慢的体验是最直接的，因此许多幼儿活动也会先从"跑、走、停"开始。因为人的心脏以每分钟60~80次的节奏频率跳动着，高于或低于这个频率人们都会感觉到快与慢。同样在音乐中强弱循环的次数增加就会给人以节奏加快的感觉；音符在每一单位时间里过于密集就会给人的心率以速度加快的体验。[1]同时，由于音响配置的不同，所发出的声音会产生浓与淡、纯与杂、紧与松、谐和与刺耳、流畅与生涩等效果。这种声响效果就会通过听觉系统直接刺激人的神经系统，最终引起紧张状态的起伏与变化。由上可知，因游戏的多样性和音乐的特殊性能够给学生营造松弛有度的环境，给予其多感官的刺激，从而全方面刺激学生的想象力、感受力、直觉力和各种思维能力。

（二）以音乐绘画激发创造性思维的教学实践

在音乐绘画游戏中，学生通过探索颜色与线条、熟悉创作要素与预设、创作，完成了由颜色到线条、由深入观察到自主创作的过程。因此，音乐绘画的教学过程应当是环环相扣、循序渐进的过程。在实施的过程中，除了要让学生动起来、创起来，还要着重启发学生感受颜色、线条的变化与心灵的表达。

---

[1] [芬]汉娜·科诺拉. 我和大师一起画. 康定斯基[M]. 长沙：湖南美术出版社，2020:84.

1. 探索颜色与线条

本节课主要运用康定斯基音乐绘画的理论,着重引导学生进行音乐抽象绘画。抽象的绘画相对于具象的绘画更难理解,在创作时学生也更难实施,因此在课堂的前半段时间要尽可能地启发学生对色彩和线条的感受和想象。

课堂以两幅画(图7-4、图7-5)作为导入,并引发学生展开小组讨论——抽象与具象的区别。这一问题的提出旨在点明今天我们绘画的主题与方向——抽象绘画。在讨论完相关问题后,根据图画的色彩引出问题:"音乐可以被我们看到吗?"同学的回答大都是肯定的,有部分同学无法说出缘由,有一位同学回答"通感",有些同学回答"音乐可以让人感到悲伤或喜悦,这种引发的情感可以用颜色来形容"。单从生理层面来说,音乐作为刺激听觉的介质是无法被人们看到的。但是通过联觉,也就是通过跨感官的灵感机制,感官刺激会在其

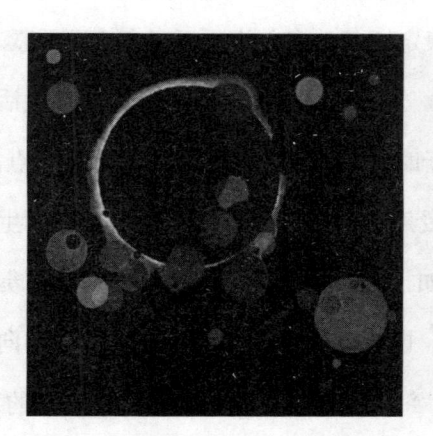

图7-4 瓦西里·康定斯基《点》　　图7-5 保罗·塞尚《苹果静物》

他感官中产生不自主的体验,通过感知、表象到意象形成过程中的各种感觉的转化、渗透的心理过程可以使音乐可视化。这部分的设计意图旨在引发学生对音乐与绘画、音乐与色彩、音乐与线条之间关系的思考。

建立音乐与色彩、线条之间的关系,是本节课的教学重难点。最直接有效的方式便是让学生通过音频直观地感受。在音乐与色彩部分,我选择两个不同

的乐器演奏片段，一个是大提琴，一个是小号。当播放大提琴音乐片段时，有的学生感受到了黑色，因为感觉音色十分暗淡；有的同学感受到的是蓝色，因为他觉得音乐像深海中发出的声音。当播放小号音乐片段时，有的学生觉得是橙色，因为他感受到了很热情、强烈的情感；有的同学觉得是绿色，因为小号的声音很有生机就像春天的小草一样，所以他觉得是绿色。每个人对同一段音乐都有着不同的想象和答案，答案没有对错，只要是学生心灵与音乐碰撞出来的答案就是正确的答案。通过对声音与颜色的游戏，进一步引出康定斯基对每种颜色不同的理解。如：黄色具有"上升"的能力，它像老鼠一样尖锐的叫声会不断地提升高度；红色会发出像小号一样强有力的声音；深蓝色则包含着"下降"的对照性力度，它会发出像大提琴一样深沉的声音。❶当老师对各式的答案都给予肯定时，学生会更加大胆地、自发地、由心地表达自己。

在音乐与线条的部分，主要是借鉴了康定斯基的点、线、面三个绘画元素。通过聆听音乐让学生感受音乐线条的形态。这个部分，我选择了来自日常生活中的声音——时钟，和一个音乐片段。对于时钟的声音，大部分同学会选择点，在这个过程中教师要注意引导学生除了感受声音与形态的连接，还要引导学生感受这个绘画元素在心中慢慢延展开。比如，时钟的声音是由非常均匀的节奏展开的，它的每一声都可以是平铺展开的，也可以像水珠的涟漪一样从中间向外慢慢扩散开来的。因此，我们在绘画时，每个圆点都可以是独立的、连贯的，也可以是重叠和交叉的。根据圆点位置的不同，声音可以是绝对的，也可以是任意的。

2. 熟悉创作要素与预设

探索完色彩与线条，在学生头脑中建立起了音乐要素与绘画要素之间的关系之后，便进入了本节课第二个重要的内容——有目的地绘画。我们的音乐绘

---

❶ [芬]汉娜·科诺拉. 我和大师一起画. 康定斯基[M]. 长沙：湖南美术出版社，2020:42.

画一定要避免纯即兴，虽然完全依靠头脑中的想象画面进行绘画的难度相对较小，但与本节课的教学相悖。在绘画开展之前，教师就要说清楚要求与规则，有约束、有规则的活动更能激发学生的创造力。音乐绘画与达尔克罗兹的体态律动有些许相似的部分，就是你的肢体动作和创意一定要展现音乐要素。这个部分通过观看康定斯基的绘画视频，让学生直观地感受如何建立绘画要素与音乐要素之间的联系。如，当音乐是级进下行时，线条也是由上往下的；当音乐是快速的一连串短小的节奏时，线条也是一颗颗紧凑的小圆点；当两段旋律相似，音高不同的乐段出现时，康定斯基会用相似的线条——一个在上、一个在下——展现出来。通过康定斯基的绘画视频讲解，让学生进一步了解音乐与绘画之间的关系。在观察康定斯基绘画的过程中，不仅锻炼了学生的观察能力、捕捉音乐的能力，还锻炼了他们的想象力与逻辑思维能力。

3. 创作

通过前期的基础活动，学生已经开始迫不及待地想要进入绘画活动。为了避免学生脱离课堂，教师可以给予明确的时间限制和目标。本节课的音乐选择的是一首较为简单的管弦乐，该歌曲节奏简单、旋律清晰，利于学生进行绘画。

在创作时，教师要注意以下几点：①时间的控制。给学生进行绘画的时间是17分钟，教师可以在每个时间节点给学生一定的提醒。一方面提醒学生时间所剩不多，另一方面给予学生一定的压力，学生创作的灵感往往就在适当的压力和轻松的环境中产生。②选择对比强烈的颜色。在颜色的选择上，除了让学生根据自己所感受到的颜色进行创作，还要让学生尽量选择对比强烈的颜色进行创作。强烈色彩对比往往更容易得出一些超乎学生常规的作品，也是引导学生打破常规，打破固有思维。③避免具象的绘画。画出具象的内容是十分常见的，在大家聆听一段音乐后头脑中首先出现的大多也是具象的画面。大部分学生也会优先将头脑中具象的画面画出来，但在本节课中这应该是要尽量避免的。

要尽可能地引导学生仔细聆听音乐节奏、旋律、节拍、强弱、曲式等要素,并根据音乐要素进行绘画。

下面这幅画是学生的作品(见图7-6),画面十分和谐且丰富。里面有非常多的点元素,因为歌曲为四三拍,节奏鲜明。每一个大的圆点都有线条进行连接,这说明学生不仅关注到了部分也兼顾了整体。歌曲旋律线条在该画中以两种方式呈现,一种是点和线的连接,另一种是红色的波浪线。红色的波浪线和火红的太阳也显示出了他对整个歌曲情感的把握。

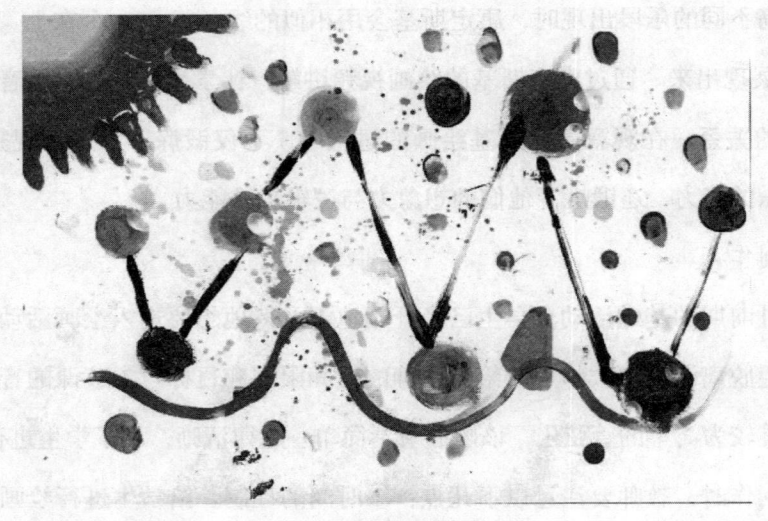

图7-6 学生作品

歌曲给人的整体感觉是积极向上的,因此学生运用了许多饱和度较高的颜色,且在左上角画了一个火红的太阳。图中的大圆点是歌曲的主要节奏,节奏随着歌曲的发展颜色也发生了变化。每个节奏如同颗颗珍珠一般,旋律把它们串联在一起,这便形成了整幅画的两个主要内容。其中还有许多白色、红色、黄色的小圆点是因为这首歌曲的节奏十分明显,红色的线条代表着整个歌曲的旋律线条是起伏不断的且是火红热烈的。

（三）以音乐绘画激发创造性思维的课堂反思

1. 选择合理的艺术材料

选择合理的艺术材料分为两个方面，一方面是音乐材料的选择，另一方面是美术媒材的选择。在音乐材料的选择上，主题过于鲜明的音乐不利于表现抽象的绘画内容。在第一节课中，我选择了《不忘初心》作为本节课的绘画音乐，最终学生画出来的内容90%是跟爱国有关，且80%画的是具象内容。主题明确、风格鲜明的歌曲更容易引导学生画出具象的内容。具象的内容也可以适当地开发学生的创造能力，但相较于抽象内容，它缺少了思考的过程。相较于直接表达灵感，更重要的是培养学生的组织能力和思维能力，也正是因为这样，有内涵、有安排、有规则的抽象绘画比具象绘画更难。在第二节课中，我选择的歌曲是一首简单的管弦乐。歌曲不复杂，却能给学生提供更多的想象和组织的空间。学生在这首歌中可以更加专注对音乐要素的捕捉和情感表达，而不是一味地依靠想象进行低难度的创作。

很多艺术题材像画架、沙画、黏土、水彩都可以用于创造性表达。初次接触音乐绘画的学生可以选用大的油画棒、水彩马克笔和大纸张这样的媒材。本节课选用的媒材是水彩颜料和大纸张，水彩画往往是湿润的、稀薄的、透明的，它们经常产生意想不到的效果。❶当学生在尝试制作表面特征时，湿润的颜色可能会掺混在一起。因此，具有不确定性的颜色和晕染的线条能给抽象的音乐绘画带来更多的惊喜。

2. 以线条展开教学

线条和颜色是本节课要着重讨论的内容，二者是相辅相成的关系。许多颜色组成的色块其实构成了线条中的"面"，每个彩色的线条又是由颜色去表达的。在教学时，应当以线条开展活动还是以颜色开展活动呢？在第一节课中，

---

❶ 杜玫. 幼儿美术与创造性思维发展 [M]. 北京：北京科学技术出版社，2006:58.

我是先讲的线条，然后讲的颜色，让学生探索三原色熟悉颜色然后展开创作的程序。但绘画活动有别于其他音乐游戏，它更易上手，更容易让学生进入心流状态。也就是说，当学生开始进入绘画的时候，他很难再被外界影响，很难听到老师的指令。当学生专注于颜色的调配时，会不断地扩散自己的思维进行"乱涂乱画"，当教师发出指令进行音乐绘画创作时，其很难再配合活动。

在第二节课时，教学程序改为先讲颜色再讲线条，并以讲解康定斯基的音乐绘画实践进一步巩固本节课的教学核心。通过学生对视频的观察以及教师对视频的讲解，学生在脑海中不断对相关素材进行演练和收集，有利于后期直接进入音乐绘画的创作。先颜色，后线条，然后再演练，最后进入创作。这样的教学程序更符合学生的学习规律和学习习惯。同时，教师要注意在音乐绘画的初步阶段，一些学生会觉得无从下手。教师在这个时段不能急于求成，而应根据学生的不同兴趣、爱好和能力，帮助他们确立表现的主题，并在构图、造型、颜色等方面启发引导。教师可以帮助学生将自己记忆中的相关经验与图式进行回忆及重组，但不能过多干预，以避免自己的想法替代学生的创作，一般是在学生发生创作困难时提供必要的帮助。如在聆听歌曲之后，让学生分享自己对音乐的感受。

3. 评价作品和欣赏作品相结合

在音乐绘画活动评价中，教师应该将评价作品和欣赏作品相结合。在传统的美术课上，老师经常注意到并偏爱那些比较活跃、成果"显著"的学生，而一些美术能力较差的学生因为作品不符合大众审美而被区别对待，这种方式对学生来说是不公平的。[1] 在创造性的音乐活动中，每个参与的学生都会因为教师的点评而感到开心或者是失落，从而影响他们的下次创作。在创造性活动中，

---

[1] ［韩］宣河纪. 李龙娇. 儿童艺术创造力：从简单美术游戏开始 [M]. 北京：电子工业出版社，2014:63.

获得愉悦体验的学生会更加期待下一次的创造性活动，反之亦然。从这一点出发，教师应将学生在参与美术活动中的心理感受纳入活动评价的框架之中，并引导学生体验和说出自己的感受，从而帮助学生建立积极的自我认同。

在创作过程中，学生会出现不确定性和暂时的停顿，教师的鼓励、理解和信心会激励他们继续前进。每位教师都希望学生能够成功，但学生是发展中的个体。处于创作状态的学生，其行为和表达方式往往超越常规。教师要有开放的心态，能够更好地看待这个问题，从理解和接受的角度引出学生行为中的创造性因素，给他们以鼓励和信心，让他们进一步创造，并给他们提供有灵感的创造工具。因此，在最后的评价欣赏环节，要给予每一位学生正向的评价，并且要因人而异地给予富有智慧和个性的赞扬与指导。这样的鼓励可以抚慰学生的心灵。教师给予思维上的点拨和启发，也将成为学生继续创造的精神支柱。如果教师坚持这样做，创造行为会成为班级的常态。

三、以"演"激发创造性思维

音乐教育戏剧作为集音乐、舞蹈、器乐、表演、文学为一体的综合性艺术，能通过教学内容让学生将以往的经验运用到学习活动中，运用想象力与创造力，通过声势、动作、语言、声音、器乐等进行即兴创作与表演。戏剧作为学生把握外部世界、认识自我的重要途径之一，不仅能丰富音乐课堂教学形式，也能进一步促进学生发展。教育戏剧能给予学生形体思维和抽象思维相结合的时空和领域，让学生更加自由、畅快地在感悟和创造的生态中学习。学生在音乐教育戏剧中是快乐的，是有动有静的，是有规则的、自由的[1]，同时也是充满探索的、放松和专注的。

---

[1] 陈达萌. 陪孩子玩的100种游戏：用戏剧游戏培养九大能力 [M]. 天津：新星出版社，2020.

(一) 以外在活动为主激发创意

戏剧表演游戏和学生的创造性思维发展携手并进，二者都依靠学生的象征性思维，涉及从外部活动中汲取经验来建立联系、想象可能性以及处理模糊性或者相互矛盾或对立的看法。比如，学生在假装游戏中意识到一个解决问题的好点子的同时，也可能带来其他的问题。这种认识可以帮助他们发展推理能力和解决冲突的能力。在戏剧表演游戏和其他创造性活动中，学生既使用发散性思维，也使用聚合性思维。最初，他们想出许多方法来展开一个特定的场景或创造性地表达自己，在权衡各种可能性之后，他们转换到聚合性思维来实施已经选定的一种方法。在这一创造性过程中，他们会在适当的时候来回转化这两种思维方式。

在戏剧游戏的即兴环节，学生内心会出现某种模糊不清的意念或者飘忽不定的心理体验，实际上这正是寻找突破点的过程，也是内觉移易的过程。内觉作为一种模糊的、朦胧的感受与体验无法直觉传达出来，但是它可以在一定的媒介下转变成符号、动作、确定的情感和形象等来让人领悟。因游戏环节时间限制，需要学生在一定的时间内就呈现成果，其思维能量也会逐渐达到顶峰，灵感的清晰度也会不断增强，一旦这时有适当的外在活动给予一定的刺激，就获得了可以确切表达这种意念或体验的形式，内觉就可以不通过语言的中介直接转化，以艺术形式呈现灵感。

戏剧是虚构的，在表演过程中，学生会或多或少地扭曲了现实。这种虚构特征是依靠幻想、假扮、假装来进行表演的游戏。在展现某一戏剧角色时，学生会下意识地展现其潜意识。这种"只可意会不可言传"的心理现象是人类心理活动与创造性思维活动的强大动力。实际上，在戏剧表演的心理活动中，很多时候都是受到意识下的潜意识所引发或支配的，虽然潜意识在许多时候显露出的是一种人的原始冲动或本能的欲望，但由于没有意识的束缚而显得格外自由和活跃。最明显的例子是音乐家柏辽兹，他在为贝朗瑞的《五月五日》诗谱曲时，谱到曲尾时无论如何也想不出合适的曲调来传达这句词的意思。两年后，他不慎失足掉下河去，得救爬上岸时，听见一位路人所唱的曲调，正是他两年前苦思不得求解的曲尾旋律。❶ 这就说明潜意识的显现是主体对视觉表象与听觉表象有意识地积累和储存的外露，是创作主体的某种潜能被外在信息刺激后所转化的一种显能。这也就是创造性思维的酝酿效应。音乐家柯克曾说过一句话："我们称为灵感的东西，只不过是把传统中已经存在的材料加以下意识地再创造而已。"❷ 因此，在音乐教育的教学过程中，前期的准备阶段和模仿阶段是至关重要的。前期所积累的素材和体验都是后续灵感闪现的重要基石。通过前期的积累，在活动的刺激下，灵感在潜意识中酝酿，最终猛然涌现。

在戏剧表演游戏中，儿童使用工作记忆来表征和指导自己的行为。他们练习角色时的行为都是以新方式将碎片化信息整合到一起，并利用创造性思维进行思考的过程，如抵制不符合角色特点的表演，避免做出与该角色不匹配的反应等。戏剧表演作为一种自我表达形式，学生在做模仿和角色表演游戏时，也正展现了同学们感兴趣和关注的东西。在活动中，学生通过说话或写作阐明其思维，指导团队合作，这种自我表达形式有助于增强其理解能力，展现其创意。

（二）以音乐教育戏剧激发创造性思维的教学实践

音乐教育戏剧能为学生提供一个没有风险的舞台，使他们根据自己的想法进行探索和试验，测试和评估自己的技能，并且以自己的方式调整环境。在角色扮演中，学生可以从不同角度分析情景。他们可以运用相应的手势、动作、乐器、语言练习他们的发散性思维，因为他们需要去考虑假装去做的各种不同的事情。在游戏的内容和方式确定之后，他们会把注意力转移到如何将游戏搬

---

❶ 朱光潜. 文艺心理 [M]. 合肥：安徽教育出版社，1996:196.
❷ 戴里克·柯克. 音乐语言 [M]. 茅于润，译. 北京：人民音乐出版社，1981:210.

上舞台。本研究将以《三打白骨精》为课题，进行音乐戏剧游戏和戏剧排练。

1. 前期准备

（1）工具：丝巾、布袋子、铝板琴、三角铁。

（2）角色：老太太、老头、白骨精、孙悟空、唐僧、旁白、树、山。

（3）故事梗概：师徒四人要去西天取经，然后碰上了白骨精。白骨精为了能够吃到唐僧肉，便扮成小姑娘搭讪。当这个小姑娘准备靠近唐僧时，孙悟空用火眼金发现小姑娘其实是白骨精，便拿着金箍棒挥去（配乐响起）……在把白骨精打死后，师徒四人又踏上了西天取经的道路。在路上又碰见了一位老太太，这位老太太问四人是否看见他的姑娘……

2. 表演前的暖身活动

在进行音乐教育戏剧的表演前，教师可以带学生围绕特定主题，经由肢体、声音、语言等身体资源共同创作戏剧角色、情节和情境。并在创作过程中反映自身独特经历，发展想象力、创造力以及解决问题的能力。

为了使戏剧教学更加连贯，教师需要对《三打白骨精》的故事线索、情节冲突等进行构思，并做好相应的环境和经验准备。教师可以准备相关的戏剧游戏，如自我介绍、身心放松、肢体活动、和你对视游戏、即兴模仿、即兴戏剧表演等进行热身，也可以通过观看视频、图像等，以问答的形式调动学生已有的经验，激发学生对戏剧主题的思考与表现。通过暖身活动引起学生的学习动机，包含肢体的放松和扮演兴趣的激发。

在本节课中运用观看图像和即兴模仿游戏让学生初步接触相关角色。教师将唐僧、孙悟空、猪八戒、沙和尚和白骨精的图片呈现在黑板上，让学生依次对角色特点进行讨论，并邀请个别同学模仿。在对角色进行初步探索后，便可以进入即兴的戏剧表演游戏中。该游戏要求学生不能说话，只能用嗓音和肢体动作塑造角色、讲述故事，另外要求表演前不能进行讨论，且剧情要连贯。首先将所有同学分为三个小组，每位小组成员扮演一个角色并依次表演一段剧情。在每组表演结束后，由其他两个小组猜剧情内容。

3. 熟悉戏剧内容

《三打白骨精》可以分为音乐部分、戏剧表演部分以及合作部分。因此，在教学时教师可以分段、分块进行教学和创作。通过前期的游戏，学生已做好后续表演的准备，便可以针对课题开展学习。在进入戏剧主题之前，学生需要足够的时间去探索和模仿角色，从而进一步合作创作他们自己的故事。❶ 所以，在开始进行自我表达之前，必须让学生掌握剧本内容、熟悉旋律。

本节课是将音乐部分和戏剧部分分开进行排练，最后将二者结合在一起。首先，教师引导学生围读《三打白骨精》的 A 段 (图 7-7)，也就是描述师徒四人一路西行，行走在路上的片段。在学生掌握大致剧情后就可以进入主题旋律的学习。在熟悉旋律时，可以让一位同学为首，其余学生模仿其演唱，并不断重复演唱主部旋律。在演唱时，需要求学生避免一直盯着谱面。在学生唱得越来越熟悉时，教师可以指挥铝板琴演奏者开始用琴加入大家。以此就形成部分同学演奏铝板琴，部分同学进行演唱的配乐部分。这里要注意，第一个加入的铝板琴演奏的是固定和声节奏。

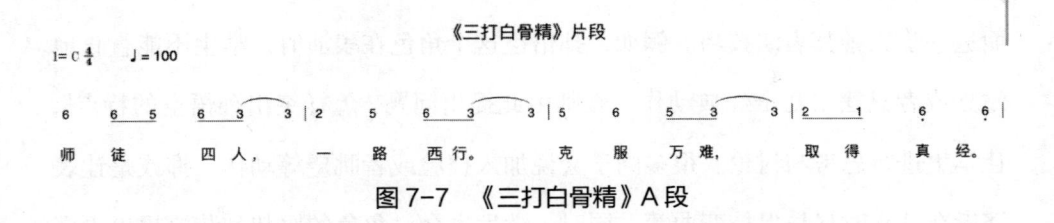

《三打白骨精》片段

1=C 4/4　♩=100

| 6 6 5 | 6 3 | 3 2 | 5 | 6 3 | 3 5 | 6 | 5 3 | 3 2 | 1 | 6 6 |
| 师 徒 | 四 人， | 一 | 路 | 西 行。 | 克 | 服 | 万 难， | 取 | 得 | 真 经。|

图 7-7　《三打白骨精》A 段

当学生能够掌握并演奏主题音乐后，教师便可以将所有同学分为两组。第

---

❶ [美] 玛西亚·内尔. 从游戏的理论到实践：用教师的玩支持孩子的学 [M]. 贾苏苏，译. 上海：华东师范大学出版社，2020:40.

一组是用铝板琴和声乐来表现主部的音乐内容,另一组用声音演唱固定旋律。在教师的指挥下,两组相继进入剧情,形成相互呼应的双声部合唱(图7-8)。通过简单旋律不断反复就形成《三打白骨精》音乐最重要的部分。尤其要注意的是,一组和二组能够一次就完成合作的原因是两组演奏都是固定的节奏型,因此在排练时要避免使用音阶。这样的合作是简单式的、傻瓜式的,且非常高效的。

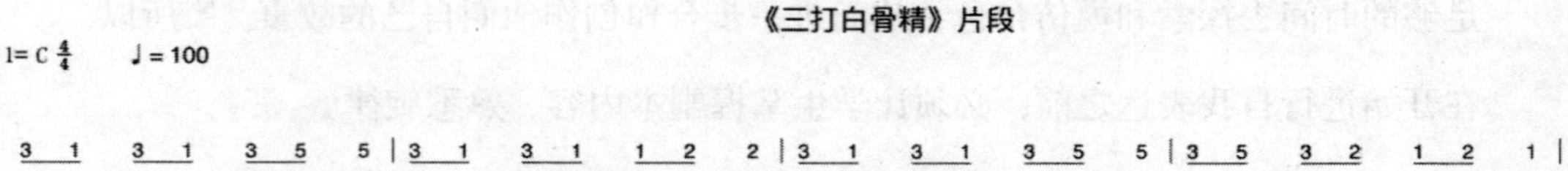

《三打白骨精》片段

1= C 4/4   ♩ = 100

3 1 3 1 3 5 5 | 3 1 3 1 1 2 2 | 3 1 3 1 3 5 5 | 3 5 3 2 1 2 1 |

图 7-8 《三打白骨精》A 段和声部分

4. 展现剧情

在这一阶段,教师通过使用一定的戏剧技巧与策略,引导学生进行讨论,并通过小组合作完成对故事的角色关系、情节发展、场景等进行想象与即兴创作,解决戏剧冲突,从而不断丰富与发展预设的主体框架。

教师讲述剧情发展,在讲解完剧情后,要对演奏组、演唱组、演员组依次讲解任务和注意事项。待所有同学准备完毕后便可进入戏剧表演环节。首先,让学生自由地根据剧情进行表演,并组织其余学生一起讨论该角色的特点,从而进一步完善其表演技巧。例如,孙悟空这个角色在表演时,学生不能直直地站立或者只摆出几个经典动作。教师由此提出问题"怎样突出孙悟空的特点",让学生进行思考与讨论。很多同学会说加入挠脸或者眺望等动作,抑或是让表演者在站立时尽量保持弯曲等。同时,学生也会对角色的服装和装扮提出更多的要求,这个过程也就完成了对服装、化妆和道具的完善。学生通过对角色的分析与观察,不断地思考。在对重点角色进行讨论后,便可以完整地展现剧情。在正式表演时,配乐组可以由老师指挥,演员组则是在旁白剧情叙述的过程中展现剧情。在配乐演奏和戏剧表演相互作用下,学生在对戏剧情境的创造与参与过程中,进一步促进剧情的发展。

在戏剧表演结束后要组织学生分享与讨论,在这一阶段教师要引导学生出戏,并以自我的真实身份回顾并反思活动过程,分享自己的感受与体验。其中反思的内容包括对主题的反思、对创作(扮演)的反思、对角色(自己与他人)的反思等。❶学生在身体与思想、角色与自我的不断对话中,能够进一步引发深层的思考,促进自我认知的发展和人格的完善。

(三) 以音乐教育戏剧激发创造性思维的课堂反思

1. 戏剧活动要贯穿课前、课中和课后

学生在进行戏剧活动之前必须共同决定主题、商定角色、收集道具。游戏前的准备工作有时是相对较快的过程,但是要想把游戏充分表演出来则需要花费较长的时间。在戏剧活动开始之前可以运用轮廓画让学生明确角色的外表、服装、携带物品等典型特点。教师可以给出具体的场景或人物的轮廓画,并让学生根据描述内容进行集体创作。描述方式可以是学生口述、教师画,也可以是学生口述、教师画并模仿角色形象。例如戏剧主题活动《三打白骨精》,教师出示人物轮廓图,与学生共同绘画唐僧、孙悟空、猪八戒、沙僧和白骨精的人物形象。教师可以设问"假设这个人是孙悟空,你觉得需要添加些什么才能使他更像?"除了课前的热身活动,在教学的过程中当学生比较腼腆害羞时,可以采用"和你对视"游戏,这个游戏可以打破学生彼此间的陌生感,在后续的学习中加深彼此尊重的意愿。

在案例《三打白骨精》实施过程中发现,由于其篇幅较长,直接让学生自行阅读剧本可能效果不好。因此,教师要在课前利用课余或者学校安排的课后时间,协助学生熟读剧本,并引发一些背景材料。同时,通过语段朗读、台词

---

❶ 方先义. 儿童戏剧 [M]. 北京: 中国人民大学出版社, 2018:167.

模仿游戏、创作标题和绘制人物关系图,来提高趣味性,丰富活动的类型,提高活动的层次感,以帮助学生熟悉并了解剧本、戏剧冲突及故事中人物活动的环境。同时,为了让学生能够在课堂中有更多的思考和讨论实践,也为了让学生课后再次对《三打白骨精》进行反思与创新,可以将人物档案的活动设计成课后作业。学生在做人物档案时不仅能把握矛盾冲突,还能够厘清人物关系。

2. 正确处理预设与生成之间的关系

在进行戏剧活动前教师需要对主要角色、故事线索、冲突的具体内容进行构思,其他的内容则是在活动过程中教师和学生共同创作的,如角色形象、角色关系、场景的创作、冲突的产生与解决等。[1] 在戏剧创作过程中,教师应该隐藏自己的想法,并且积极引导学生表达自己的各种想法。在教师与学生讨论中大家的想法逐渐达成一致,具体的细节也逐渐完善。只要是主题框架之下被允许存在的,教师就不应该过度干涉。预设的方案框架需要教师与学生在生成性的过程中共同丰富和完善。

教师在示范方式方面也要注意预设与生成的关系。示范是教师传授新方法、新技能的一种必要手段,但却不能成为经常性的手段。当学生完全依赖于教师的示范时,就缺少了师生共同碰撞的生成过程。因此,教师可以使用新的戏剧策略让学生先进行自主探索,如"哈哈镜""空物想象""雕塑家"等。教师的示范应当放在学生完成了自由探索与表现后,这样才不会造成角色之间、师生之间思想的碰撞的缺失,以及生成性过程的缺失。所以,教育戏剧的实施过程应该是在师生不断沟通、交流、碰撞中逐渐生成的。

四、以音乐游戏激发创造性思维的教学实践反思

通过三个教学实践发现,创造性课堂教学问题主要出现在三个方面,分别

---

[1] 张金梅. 幼儿园戏剧教育课堂 [M]. 南京:南京师范大学出版社,2014:27.

是教师理念、学生创作以及课堂管理。教师作为设置课程的主体和课堂教学的引导者，对于发展学生的思维有着重要的作用。在学生进行创作时可能会遇到很多的难题，这时教师就是将学生的创意展现出来的重要媒介。除此之外，创造性音乐课堂一方面可以给学生营造轻松愉悦的环境，另一方面这也十分容易造成课堂混乱。因此，教师可以从课前、课中、课后三个阶段进行课堂规则的设定、实施与反馈。

(一) 教师理念

作为创意课堂的领导者，教师在创意教学中起着主导和支持作用。教师是发展学生的个性的动力，是深化学生认知的支架。学生的思维不断受到教师分析和综合思想的影响，教师可以帮助学生评价和规划自己的学习，促进学生自省。有学者认为，通过一系列的指导、引导和批评，教师可以促进学生的冒险和自我评价，学生需要依靠自己内在的创造动力来做出创造性的决定，解决模糊而复杂的创造性问题，并形成足够的自我效能感。❶

大多音乐教师对于"创意实践"的理解大多停留在带学生做歌曲的编创、动作的即兴以及作曲创作上，或者部分教师意识到培养创造性思维和音乐创造力之间的区别，但由于个人原因，觉得很难组织课堂活动来鼓励学生的创造性思维。学生光是勤奋学习是不够的，要注重开发其创造性思维和潜在能力，学会如何实际和创造性地运用知识。因此，教师应该在传统的教学过程中教学生如何运用创造性思维能力。❷

创造性思维是一个动态的心理过程，随着时间的推移，发散性思维和收敛性思维会经历不同的阶段。虽然不是所有的音乐活动都需要创造性，但探索不

---

❶ [美]玛西亚·内尔. 从游戏的理论到实践：用教师的玩支持孩子的学 [M]. 贾苏苏，译. 上海：华东师范大学出版社，2020:105.
❷ [英]东尼·博赞. 思维导图唤醒创造天才的10种方法 [M]. 周作宇，张学文，译. 北京：外语教学与研究出版社，2005:102.

同声音的愿望和倾向表明，新思维的发展需要与音乐学习技能的发展相结合。例如，上课时可以采用适当的提问技巧，引导学生的思路方向，帮助和鼓励学生运用批判性思维来发展他们的创造性思维和音乐性。通过非良构的问题能够更好地吸引学生的思维，激发学生的兴趣，是教师开展创造性学习活动所应具备的优秀素质。❶ 在音乐课堂中，除了让学生进行创作和即兴，教师应该利用每一个机会让学生去想象和思考声音。教师应帮助学生通过反思以及长期训练发展他们的创造性音乐技能。同时，教师应让学生通过对声音的探索，找到解决音乐问题的方法，从而激发学生的创造性思维。因此，所有的学生都应该在课堂上进行批判性地聆听练习，并使用审美决策技能。

简言之，教师应向学生渗透创造性思维，鼓励他们从不同寻常的视角看待问题，这些都对创造性思维的教学非常有用。例如，当学生对表演进行解释时，教师应鼓励他们使用发散性思维，可以通过发散性思维和聚合性思维的典型差异来进行教学。在器乐课上，学生往往只用聚合性思维来关注如何弹好一个乐句。教师应鼓励学生突破这种情况，用发散性思维来探索可用于表演的创造性、可能性。让学生有意识地使用创造性思维思考尽可能多的方法来展示一个固定的乐段。在本次教学实践中，笔者深刻地意识到教师身份在课堂上的重要作用和重大影响，并见证了学生在学习中表现出灵活而复杂的认知能力，也观察到在作为教师的我逐步调整自己的理解和身份角色后，学生对音乐课的兴趣和热情发生了重大变化。

作为一线教师，需要时常思考教育的最终教学目标是什么，在教学的实施过程中是否做到了以学生为重。一个有创造力的课堂应该有轻松活跃的氛围，鼓励学生参与并积极思考。在这样的课堂上，学生的回答没有对与错，更多的是对问题的探索和实验。因此，教师需要认识到学生创造性思维的特殊性，引

---

❶ 景岩明. 游戏教学：教师观念的改变与实践 [M]. 长春：吉林大学出版社，2013:12.

导他们进行音乐探索，尊重每个学生的个性，与他们建立友好的关系，创设一个让学生感到自信和"安全"的创造性氛围。

(二) 学生创作

音乐游戏作为最容易被学生接受，最能引起学生自主参与的形式，对学生创作的"成果"并无过高的要求，通常学生会给予老师超乎想象的结果。但是学生在进行创作时也会遇到个别难题，最突出的两个问题分别是学生羞于表达和多以灵感为导向进行创作。

1. 鼓励学生表达与创造

在笔者实施的三个教学案例中，鲜明地感觉到学生在奥尔夫乐器即兴游戏中会更加内敛，在集体的讨论部分也会有个别同学羞于表达自己的想法。在音乐绘画游戏中，学生能够更加舒适地就老师提出的问题进行讨论，在创造的环节也能够随意走动和讨论。这除了受到学生心理发展特点的影响还涉及学习动机的影响。

一方面，中学生处于心理不断发展和变化的时期，心理上会变得很害羞，他们的内心世界变得更加复杂，他们透露内心世界的次数减少，一系列身体上的变化不可避免地导致了情感上的变化。❶ 这些变化通常不容易被发现，即使有，他们也倾向于控制自己的情绪，因为他们的意志力在这一时期得到发展。另一方面，学生在面对有一定压力的活动中，更难以舒适的体态和轻松的心态面对创造。因此教师可以根据教学实际情况选择相适应的活动。

在创造性游戏的初期，可以从听和画开展活动，以聆听作为开端。教学过程可以采用"整体—部分—整体"的反思性音乐聆听教学框架。第一阶段完整地听音乐，让学生对作品有一个完整的印象。第二阶段可以通过对不同音乐元素或不同片段进行聆听，在对音乐背景和音乐片段的发散性思考中加强思维能

---

❶ 李丽秋，邱婧君. 青少年心理健康教育 [M]. 海口：海南出版公司，2011:93.

力。第三阶段则是利用整体体验，将第一阶段对乐曲的整体印象与第二阶段发散性思维练习的音乐内容结合起来，从而获得完整的音乐审美体验和对创造性思维的培养。在音乐的想象和绘画的过程中，学生很容易进入心流状态，从而丰富其内心活动获得审美感受。因此，在游戏的选择上一定要从学生的心理发展特点出发，设计适合学生生理、心理发展水平，适应学生音乐学习的基础，使他们感到轻松、愉快、力所能及，使他们体验到成功的喜悦和"满足感"。

2. 以灵感为导向进行创作

学生在不太熟悉的音乐领域进行即兴创作时，他们大多以灵感、第一直觉为导向进行创作。这并不是坏事，对于初次接触音乐创作类活动的学生来说利大于弊。根据乐器合奏的课堂实际情况来看，有两个小组是根据灵感和直觉来创作的。学生对音乐的感受是极强的，他们可以通过音乐的节奏不自觉地进行律动和哼唱，也可以根据音乐拍打出合适的节奏。以灵感为导向进行创作对于学生来说十分简单，也是初次尝试创作的入门"工具"。

一方面，学生能以灵感为导向进行创作的活动，往往都不需要预先制定的乐谱和排练，对技术的要求较低。学生们可以根据音乐内容更自由、更灵活地表达自己的情感，也正是因为这样，这些活动有助于培养学生的快速思维和反应能力。由于即兴创作活动没有事先准备，早期的即兴创作会使创作的结果显得原始、稚嫩和不成熟，这是不可避免的。正是在这种不成熟中蕴含着大量的创造力和能力，学生们觉得这种即兴创作活动很有趣，从而充满热情。

另一方面，灵感是直觉与潜意识的集合。富有创造力的人相信且喜欢使用自己的直觉。著名心理学家荣格（Carl Gustav Jung，1875—1961）认为直觉是源自人类深层经验。他将直觉定义为"既不是感觉也不是直觉，是一种完全且彻底自我呈现的内容"[1]。许多有才华和天赋的人喜欢运用直觉思维进行创作。通

---

[1]［日］河合隼雄. 荣格心理学 [M]. 李静，译. 上海：东方出版中心，2020:3.

过直觉进行创作，一方面能够极大地鼓舞学生，让学生相信自己也具有独立进行创作的能力，激发学生的学习积极性，让学生的学习可持续发展。另一方面，音乐创作有别于理科的创作，音乐创作就是极大依靠感性材料进行创作的。通过对生活的感受、理解，以及对音乐的聆听和碰撞，以音乐为载体表达学生的内心感受。因此，在教学的过程中除了让学生保持"运用灵感"，还可以通过丰富学生音乐音响素材、采用即兴性活动让学生的创作能够综合运用多种能力，扩展其思维。

（三）课堂管理

创造性的音乐游戏不是一蹴而就的，它需要前期知识技能与思想上有充足的准备。因此，教师可以运用创造性分析问题的游戏作为一堂课的开端，也可以将技能的训练作为开端。在活动中持续深化的课程必定拥有轻松愉悦的课堂氛围，令学生感到舒适的环境能让其勇于表达自己的想法。轻松愉悦的课堂氛围也代表着学生可以进行自由讨论，但当学生自由讨论、自由活动不合时宜时，就会造成课堂的混乱。

1. 课前：让学生迅速进入学习状态

音乐课堂是最好的运用学生想象力的课堂，学生通过音乐的聆听、图片的观看，能够立刻产生联想的画面。因此，在课前可以运用创造性分析问题的方式，引导学生聆听音乐，激发想象力，为后续创造性思维的活跃热身。

在课堂开始之前可以让学生聆听一个音乐片段或者有配乐的幻灯片、视频，让学生发挥想象思考"这描述的是怎样的故事"。他们可以选择很多方式来回应：连环漫画、图片、创造性写作或者诗歌。让学生选择一种方式回答问题，然后跟学生说明他们可以尽可能地发挥想象。不过要事先提醒他们：每个人必须提供一个合理解释说明为什么他们的点子是可行的，实施结果会是怎样的。学生作答的时长最好控制在五分钟内。这五分钟要保证他们能勾勒出最初的想法，如果有学生在规定时间前完成了，可以让他们再选择一种方式，再回答一遍。

等时间一到，邀请学生进入三人小组。每个学生轮流向组内其他成员展示并解释自己的想法。等这一环节结束，围绕该问题的讨论继续跟进"哪个答案最有可能，为什么"。教师可以在黑板上展现这些问题，让学生保持同步思考。❶最后，把全班同学的注意力拉回来，发起班级讨论，让各组同学分享自己的想法。教师可以以此为起点，让同学们认真思考学习重点和别的同学的答案。

这个活动有助于激发学生的创造性思考。当老师提出开放性问题时，一定要尊重每位学生的创造性答案。学生在自由探索答案的过程中激发了许多可能性。从长远来说，通过学生们的答案提供不同选择，教师也在区分和提高创造性思考的难度。在创造性课堂教学中，可能有些同学想要跳出固定思维，苦苦挣扎于思维的禁锢，如果是这种情况，教师可以通过简单的提问来帮助他们跳出思维的盒子。例如，不管问题是什么，让他们将问题拆解成单独几部分来思考，通过将事物拆解，整个思考过程会变得更容易一些。

2. 课中：游戏化的课堂守则

吵闹的课堂也代表了学生思维活跃，愿意表达和交流，渴望表达自己。同时，欲望和情感的流动反映了他们的主动参与。然而这也显示出消极的一面，例如暴露出课堂纪律的缺乏。因此，教师要事先估计会出现的状况并采取合适的策略，作为教师要对课堂情况加以分析和干涉，要认真分析区别对待，以保护学生的积极参与合作探究的意识。

目前有许多非常好的课堂管理体系，如克里斯·比弗尔提出的"五项课堂

---

❶ ［美］琳达·阿尔伯特. 合作纪律：课堂管理指南[M]. 万纯元，译. 北京：社会科学文献出版社，2012:57.

守则"，教师可以根据本班情况自由设置符合班级情况的守则。守则设定之后每天至少要用手势指挥、演练一次课堂守则。当老师说守则的序号后，学生重复序号以及守则内容。例如，老师说"守则一"后，学生说："守则一，迅速遵从指令"，同时做出相应的手势。手势的设置除了可以用口令的形式进行课堂管理，还可以用多种游戏的形式呈现。例如，让学生充当老师的角色的游戏、镜像模拟游戏、变换游戏等。在变换游戏中，教师可以根据情况将全班的学生分为两组，当下达让学生当老师的指令后，第一组开始伴着手势教第二组模仿这些手势，当老师喊"变换"时，就变成第二组教第一组做手势。在此基础上，学生还可以用手拍打固定节奏型并说"变换"，然后做出手势。❶

除了口令外，可以对学生的正面或负面行为进行区别，瞄准学生个人的行为问题，改善学生的课堂表现。例如"彩色练习卡"，彩色卡片分别是绿色卡、灰色卡、紫色卡、红色卡和黑色卡，分别代表了：学生一整天都表现良好；学生得到警告；学生得到惩罚；学生需要把老师的便条交给家长；学生被送到校长办公室。❷这些彩色卡片可以自行划分用途，但在总体上都遵循一种模式，颜色被用来区别一系列后果越来越严重的不当行为。在创造性的课堂上，未被注意到的不当行为会导致课堂的进一步混乱。因此，教师需要不断监控课堂，并知道如何快速、下意识地防止小问题接连发生。面对一些问题时，教师及时地控制对课堂会有一定的帮助。但在面对有些问题时，可以适当地保留。教师在课堂中不要对所有的问题都做出反应，很多学生的不良行为可以暂时忽略，并没有破坏性，不需要用捣乱的方式来制止。如果这种坏习惯持续存在或开始干扰课堂工作，就需要进行一定的干预。

---

❶ ［美］克里斯·比尔夫. 全脑教学 [M]. 北京：中国青年出版社，2014:209.
❷ ［美］克里斯·比尔夫. 全脑教学 [M]. 北京：中国青年出版社，2014:162.

3. 课后：象限反馈学习动机

创造性思维是一个持续不断的思考过程，创意和灵感的酝酿可以长期存在于潜意识之中，因此创造性的音乐课堂也应当是一个具备完整生态循环的课堂。除了在课前的悉心引导、课中的发散思考，课后的及时反馈也是极为重要的一环。教师只有在充分了解学生的内心活动下，才能更好地设置、完善课堂。因此，教师可以设计一个小练习来探究每个人的内心动机和活动喜好。例如在纸上画出四个象限，横轴代表热情，竖轴代表自信（图7-9）❶。

图7-9 情感象限

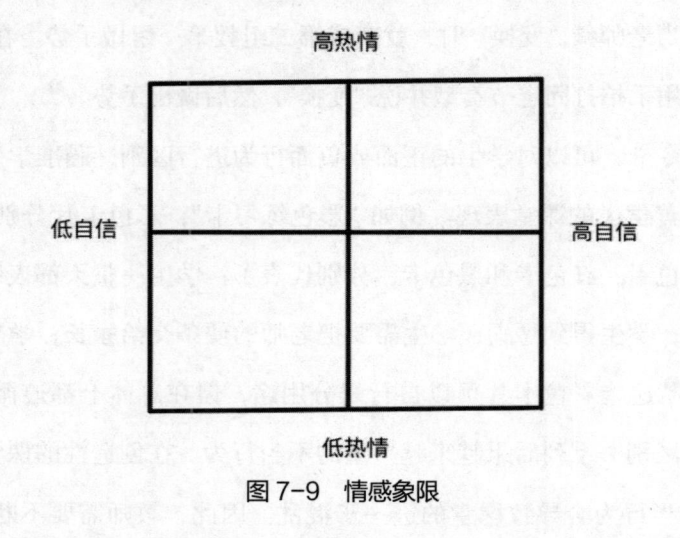

学生根据本堂课参与过的活动，分别填写这四个象限。左上角代表高热情与低自信，学生们需要分别找出符合这些象限要求的活动。对于大部分学生来说，这确实是一个困难的任务，因为他们在日常生活中并不会主动地运用这一标准去对事物进行分类。完成了统计后，教师要组织学生进行讨论。右上角象限中的事物会花费大量的时间，主动地投入会带来自信，而自信又会强化学生的热情。学生出于自发的积极性参与这些活动，因为他们能在这些活动中充分

---

❶ [美]蒂娜·齐莉格. 斯坦福大学创意课[M]. 潘欣，译. 北京：中信出版集团，2018:52.

展现自己的才能。左上角的象限代表的是那些学生想做但不会去做的事情。学生缺乏自信的原因是他们没有花费足够多的时间去练习相关的技能。左下角的象限是学生毫无兴趣追求的事物,右下角是学生有自信做好但是缺乏热情的事情。通过小练习,能让学生和教师了解到个体发动活动和维持活动的心理倾向,即学习动机。

真正的创造源于人的内在动机,动机反映了一个人做某件事的态度,通过象限能够直观了解其内在动机,也就是了解创造本身。内在动机是学生进行创造活动的动力与源泉,也是培养学生创造力和创造性思维的重要保障。[1]这个象限蕴含的理念可以推及生活的方方面面,学生可以通过象限了解自己,教师可以通过象限了解学生。当学生能够开始思考自己的想法时,思维便会把他拉向更深的心理活动中。

创造性思维作为一种复合型的思维能力,很难像灌输式教育那样教给学生,只能借助多样的形式、多元的素材和多感官的刺激,激发学生的创造性思维和创新能力。所以教师在设计音乐游戏时不仅要营造良好的氛围、丰富的活动类型,还要依据学生身心发展规律选择适宜的音乐活动。在实施游戏时,教师要肯定学生的每一个想法,并竭尽全力捕捉他们的每一个灵感。同时,教师也要灵活运用音乐游戏,使学生在其中进行自由的探索与学习,在问题的情境中解决问题,在与他人合作的过程中培养社会交往能力。学生在自主参与的创造性活动中,能够发挥自身的主动性和内在潜能,最终促进自身在创造性思维与想象力等层面的全面发挥。

音乐游戏作为能够融合多种教学形式的整体性音乐活动,能够引导教师更加科学有效地进行音乐教育,同时给教师提供了更多培养学生创造性思维的思考角度。虽然在现在的音乐课堂中,一些音乐游戏与音乐教学方法得到了广泛

---

[1] 林崇德. 发展心理学 [M]. 北京:人民教育出版社,2009:82.

的运用，音乐课堂也由以前的"教唱模式"向更加自由的课堂转变。但是在一线课堂中，以音乐游戏培养学生的创造性思维与创造力还是有许多的困难与阻碍。创造性课堂需要教师的观念上的革新、思想上的转变，也需要教师不断地提升教学能力、学习新的教学方法。

总的来说，未来音乐课堂将更广泛地运用音乐游戏，以贴合教学需求。教师们将重视培养学生的创造性思维，通过音乐游戏激发学生在音乐中的创造力和快乐体验。这种教学方法不仅追求学术上的成功，更致力于学生的全面成长，使他们在日常生活中能感受到更多的满足、愉悦和自我价值。通过音乐游戏，学生的生活将变得更加生动和充满阳光。

后 记

本书的基础教育既包括幼儿园、小学,也包括初中、高中,几乎涉及所有非专业音乐教育。"专业音乐教育"并不因"专业"更高级,"非专业音乐教育"也不因"非专业"而更低级。从适用群体来看,专业音乐教育只适用于很少一部分人,而非专业音乐教育或曰音乐美育适用于所有人;从教育导向来看,专业音乐教育具有围绕音乐作品的内向性,而非专业音乐教育必须开放、必须面向学生的全面发展;从教育方法来看,专业音乐教育相对单一、不强调各类教学法的使用,而非专业音乐教育五彩缤纷、必须灵活使用各种行之有效的音乐教学法。

本书的教学方法探索包括积极心理学、感觉统合、体态律动、多维互动、音乐游戏等。当然,精彩、有效、适宜的基础教育的音乐课堂实现具有无数可能,这里只是抛砖引玉,期待更多有志人士,尤其是高校音乐教育学科的师生投身于此,提升基础音乐教育的质量。我们在基础音乐教育阶段看到的一些问题,究其源头正是来自高校音乐教育学科。我们呈现的基础音乐教育阶段存在的种种问题,也是为高校音乐教育学科的改革提供基础材料。我们的调查主要来自海南省的基础教育学校,为了避免不必要的麻烦,按照社会学研究的惯例对学校名称进行了隐匿处理。

在中学音乐课堂,鉴赏所占的份额很大,但是要知道,音乐鉴赏并不等于

"听音乐"，其同样也可以涵盖"感美—立美—创美"。无论是什么样的音乐课堂，都至少包括了音乐知识的认知和使用、调动全身心感受音乐、分析音乐、表演音乐、创作音乐等；在这里，音乐也不只是"听觉艺术"，而也包括视觉、触觉、运动觉、味觉等；音乐是一种综合艺术，至少在基础教育阶段，音乐是作为综合文艺形式存在，这是我们必须强调的理念。这时候，探索各种音乐教学路径就成为题中应有之意。我们认为，不管是基础音乐教育还是高等音乐教育，不管是非专业音乐教育还是专业音乐教育，在解决"为什么教"之后——这个问题容易解决，都需要思考和实践"怎么教"的问题——而这个问题并不容易解决。

本书写作分工大致如下：

工作内容	责任人	责任人单位
绪论、第一章、第二章、第三章、第四章	董婷婷、张燚	海南师范大学音乐学院
第五章	彭屿嘉	重庆市开州区赵家中学 （重庆市开州中学浦里校区）
第六章	刘诗雨	浙江省衢州市常山县实验中学
第七章	易爽	湖南石油化工职业技术学院

本书是海南省高等学校教育教学改革研究资助项目"面向基础美育的海南高校音乐教育学科改革研究"（项目编号 Hnjg2024ZC-21）的最终成果。我们虽然立足海南，却争取反映中国基础音乐教育的普遍情况，而基础音乐教育也是音乐教育学科的重要组成，所以研究最终定名为《中小学音乐美育新思维——面向基础教育的音乐教育学科改革研究》。扎根实际而追求更大范围的适用，正是我们研究的指导方向。